JOHANNES EGLE, 1923 in Blaustein bei Ulm geboren, wuchs in einem christlichen Elternhaus auf und ging schon in jungen Jahren auf Distanz zum herrschenden nationalsozialistischen Regime. 1942 zur Wehrmacht einberufen, kam er an die Ostfront, wurde schwer verwundet und von 1945 bis 1948 als Kriegsgefangener in mehreren russischen Lagern interniert. Sein Glaube half ihm, diese Leidenszeit zu überstehen, und ließ den dreifachen Familienvater in den Nachkriegsjahren – trotz eines enormen Arbeitspensums als Unternehmer – in seiner katholischen Heimatgemeinde St. Maria Geislingen/Altenstadt als Diakon aktiv werden. Johannes Egle verstarb 2006 im Alter von 83 Jahren.

Johannes Egle

Getragen über den Abgrund

Tagebücher 1939–1949

Herausgegeben
von Irmgard Egle und Bärbel Fischer

Weitere Informationen über den Verlag und sein Programm unter
www.buchmedia.de

Bibliografische Information der Deutschen Nationalbibliothek
Die Deutsche Nationalbibliothek verzeichnet diese Publikation in der
Deutschen Nationalbibliografie; detaillierte bibliografische Daten sind im
Internet über http://dnb.d-nb.de abrufbar.

Juni 2010
© 2010 Buch&media GmbH, München
Umschlaggestaltung: Kay Fretwurst, Freienbrink
Herstellung: Books on Demand GmbH, Norderstedt
Printed in Germany · ISBN 978-3-86520-367-0

Inhalt

Vorwort · 9

Tagebuchaufzeichnungen · 13

Rückschau · 127
Der große Endkampf · 128
Die letzte Phase des Kampfes · 140
Die bittere Leidenszeit beginnt! · 147
Im Polizeilager in Posen · 151
Wahre Geschichten · 154
Wir kommen nach Estland – an den Finnischen Meerbusen! · 161
Das Licht leuchtet in der Finsternis · 165
Der große, eigentliche Arbeitseinsatz beginnt · 171
Die erste Post aus der Heimat! · 178
In der Knochenmühle von Tutschkowo! · 192
Das Jahr der Heimkehr! · 201
Es wird Wahrheit!
Auf der Heimfahrt zwischen Moschaisk und Minsk · 208
Herzlich willkommen · 211

Hinweis – statt eines Nachwortes · 221
Das weitere Leben von Johannes Egle · 221

OSTFRONT, 1. UND 2. FRONTEINSATZ
GEFANGENSCHAFT IN ESTLAND UND ZENTRALRUSSLAND

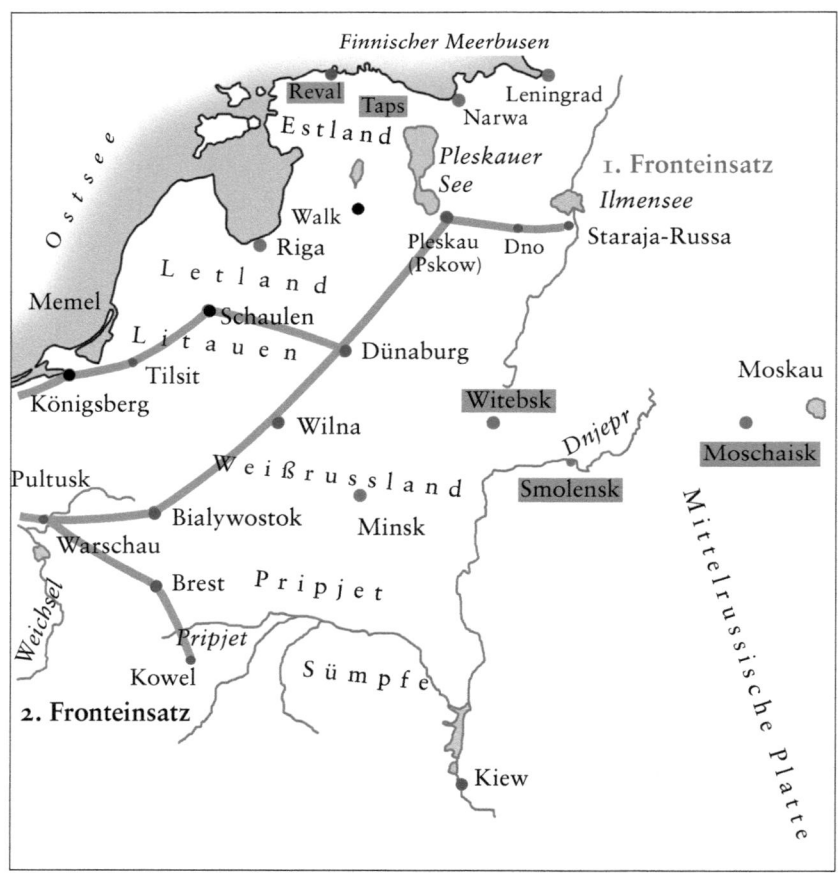

1. **Fronteinsatz**
am Ilmensee   (Strecke: Tilsit – Schaulen – Dünaburg – Pskow – Dno)
Rücktransport: Macherino (bei Staraja-Russa) – Dno – Pskow – Dünaburg – Wilna – Posen – Chemnitz – Plauen

2. **Fronteinsatz**
Warschau – Brest – Kowel (Pripjetsümpfe)

Pommern, 3. Fronteinsatz und Gefangenschaft

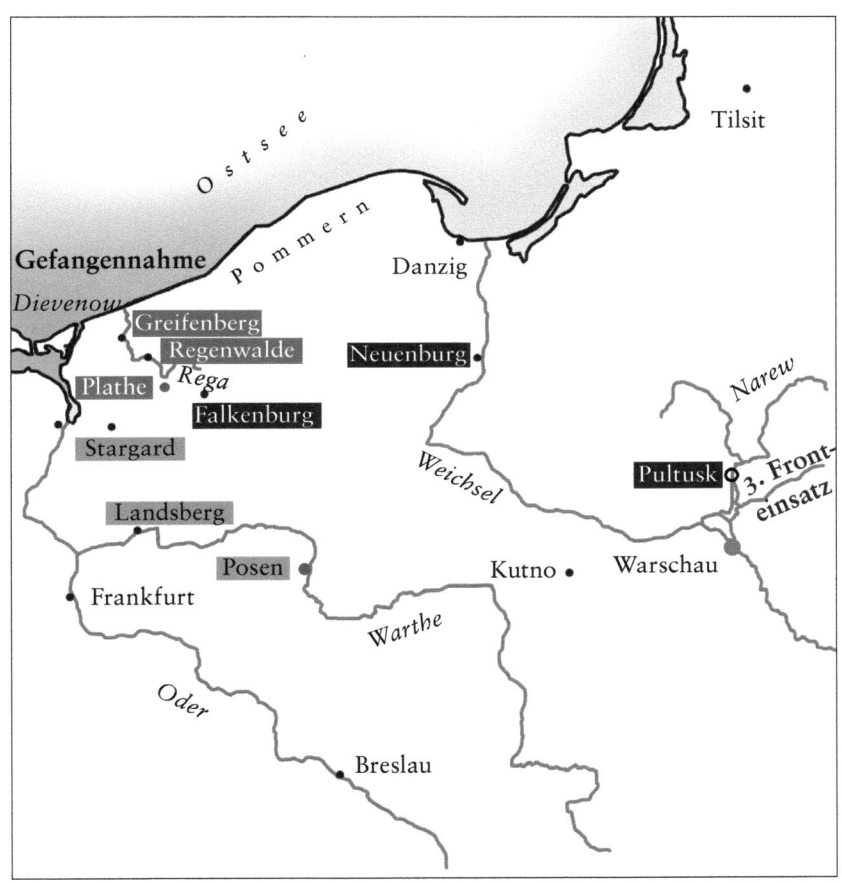

3. Fronteinsatz
Pultusk am Narew (nördl. von Warschau)
Rückzug nach Pommern ab 14.1.1945: Neuenburg – Falkenburg – Regenwalde (Fluss Rega)

Gefangenschaft
Plathe – Stargard – Landsberg – Posen – Estland (über Wilna, Dünaburg, Pleskau) – Walk – Reval – Lehtse (südlich von Tabs) – Loksa (zwischen Reval und Narwa) – Moschaisk – Tutschkowo
Rückfahrt: Brest – Warschau – Kutno – Posen – Frankfurt/Oder – in die Heimat

> »Der dich schuf,
> wird dich tragen,
> auch über den Abgrund weg!«
> *Johanna von Bismarck*

Vorwort

Geislingen, den 25. Januar 2006

Es war eine schlimme Zeit, in die ich hineingeboren wurde. Mein Geburtsjahr war das Inflationsjahr 1923 mit bösen Folgen. 1933 kamen die Nazis an die Macht, und im Jahr 1939 begann der Zweite Weltkrieg, wo ich von 1941 bis 1948 Soldat und in russischer Kriegsgefangenschaft war.

Andererseits waren die Verhältnisse vor 70 Jahren und noch früher um einiges ruhiger als heute, nicht so hektisch, insbesondere nicht so spaßbetont. Obwohl wir damals weder Radio noch Auto noch Telefon hatten, waren wir zufriedener und glücklicher als die heutige Gesellschaft. Wir vermissten nichts im Geringsten. Man las mehr Bücher, korrespondierte eifriger und machte in der Freizeit Wanderungen in unserer wunderschönen Heimat.

Die Ereignisse, von denen ich nachstehend berichte, liegen anfangs etwa 66 Jahre zurück. Seit meinem sechzehnten Lebensjahr halte ich die wichtigsten Geschehnisse meines Lebens schriftlich fest.

Heute schreiben wir den 25. Januar des Jahres 2006. Ich bin 82 Jahre alt, werde im Juni dieses Jahres 83. – Es war im Jahr 1939, einige Wochen nach Kriegsbeginn, als ich die ersten Eintragungen in mein Tagebuch machte.

Als Heranwachsender, der mit zehn Jahren die Machtübernahme Hitlers erlebte, war ich noch voller Begeisterung über die Anfangserfolge der Deutschen Wehrmacht. Der Aufschwung brachte Vollbeschäftigung, die Autobahnen entstanden, die Wirtschaft florierte.

Diese Umstände begeisterten mich als Junge. Und so war es naheliegend, dass ich mit elf Jahren ins deutsche Jungvolk eintrat. Meine Eltern waren strikt dagegen, konnten sich aber gegen die allgemeine Euphorie der gesellschaftlichen Meinungen nicht durchsetzen. Insbesondere meine Mutter nannte Hitler einen »Lumpen und Verbrecher«.

Ich war begeisterter Pimpf, war der Dienst im Jungvolk doch für uns Kinder abwechslungsreich und voller Spannung. Auch fand ich nichts dabei, dass ich trotz gegensätzlicher Ideologien eifriger Ministrant war. Als elfjähriger Junge sah ich nur das Vordergründige, und das erregte meine volle Zustimmung und Begeisterung.

So geschah es also, dass ich es rasch »zu etwas brachte« und in der Rangfolge Jungenschafts-, dann Jungzugs- und zuletzt Fähnleinführer des Fähnleins 13 »Michelsberg« mit etwa 200 Jungen wurde.
  Wir erhielten im Jungvolk eine regelrechte vormilitärische Ausbildung, die mir später bei der Deutschen Wehrmacht sehr zu Hilfe kam. Wir machten Schießübungen, übten das Exerzieren und führten Gelände- und Fehdespiele durch und das bis zur »Kriegsführung im Kleinen«.
  Man wurde zu Kameradschaft und zu »Zucht und Ordnung« erzogen, was mir großen Spaß machte. Das Motto in der Hitlerjugend hieß: »Hart wie Kruppstahl, zäh wie Leder, flink wie Windhunde«. Und so kam es, dass ich ein richtiger Draufgänger wurde. Sie nannten mich wegen meiner Stärke und meines Mutes »Tarzan«, und wenn dieser Ruf bei einer Fehde ertönte, dann jagte ich eine ganze Schar der Feinde in die Flucht.
  Ich war keine 17 Jahre alt, als im Mai 1940 ein einschneidendes Ereignis geschah, das mich total umwarf und mit der Zeit zu einem vollkommen anderen Menschen machte.
  Bei einer Radtour begegnete ich einigen gleichaltrigen Jungen; darunter war auch mein Schulkamerad Paul B. Wir kamen ins Gespräch, und es stellte sich bald heraus, dass diese jungen Menschen eine vollkommen andere Lebensauffassung hatten als ich. Sie lebten genügsam und vor allem distanzierten sie sich von dem Naziregime. (Ich muss dazu sagen, dass ich bis dahin ein ziemlich oberflächliches Leben geführt hatte.)
  Diese Jungen waren begeistert von Gott, was mir damals ziemlich fremd war, obwohl in mir von Zeit zu Zeit eine ganz tiefe Sehnsucht nach Heil aufbrach, ich aber die Kraft zu einer Umkehr nicht aufbrachte, sondern immer wieder in die alten Gewohnheiten zurückfiel.

Die folgenden Tage waren erfüllt von einem intensiven Nachdenken über mein Leben, und am 19. Mai 1940 fasste ich endlich den Mut zu einer Generalbeichte bei einem Geislinger Vikar in St. Sebastian. Dieser Tag brachte die totale Wende in meinem Leben. Ich jubelte und jauchzte im Innersten meines Herzens in einem bis dahin nicht gekannten Lebensglück. Nun hatte mein Leben endlich wieder Halt und einen ganz tiefen Sinn erhalten.

Es stellte sich heraus, dass diese Jugendlichen in einer von den Nazis verbotenen Jugendgruppe waren, die Verbindung zu einer Ulmer Gruppe (u.a. die Familien Saur und Deiniger) hatte, die wiederum Kontakt mit den Geschwistern Scholl aus München hielt. Diese wurden ja wegen Protestes gegen das Naziregime zum Tode verurteilt und durch Enthauptung hingerichtet.

Deshalb kam auch bald die Gestapo hinter uns und zensierte auch meine Post, als ich inzwischen beim Militär war. Die Jüngeren unserer Gruppe wurden zur Vernehmung bestellt. Sie waren aber geistig den »minderbemittelten« Gestapoleuten haushoch überlegen und redeten sich mit allen Mitteln der Kunst hinaus. So blieben sie also vor weiteren Maßnahmen verschont.

Wie ging es nun mit mir selbst weiter? Ich lebte in einem inneren Zwiespalt, war ich doch immerhin ein nicht gerade unbedeutender Führer in der Hitlerjugend. Nach einiger Zeit war ich aber zur Konsequenz bereit und legte mein Amt als Fähnleinführer nieder mit der Begründung, ich müsse Latein lernen, weil ich die Absicht hätte, katholischer Geistlicher zu werden.

Es gab einen Riesenskandal. Der damalige Stammführer der HJ, Wilhelm F., machte mich fertig und steckte mich in die Zwangs-HJ, aus der ich an meinem 18. Lebensjahr meinen Austritt erklärte. Bis 18 war es nämlich Pflicht, in der Hitlerjugend zu sein.

Diesem Wilhelm F. wurde nach dem Krieg der Prozess gemacht. Ich war damals noch in der Gefangenschaft. Er kam meines Wissens einige Zeit ins Gefängnis, wurde aber in den folgenden Jahren ein angesehener Heimatforscher. Als ich später einmal in Bad Überkingen als Diakon einen Gottesdienst hielt, kam er zufällig dazu und war von da an äußerst freundlich und zuvorkommend zu mir. Er befragte mich in der Folgezeit immer wieder zu bestimmten Themen und theologischen Zusammenhängen. Übrigens waren meine jüngeren Freunde bei seinem Prozess zugegen und halfen durch ihre Aussagen mit, dass er glimpflich davonkam.

Der Krieg nahm seinen Verlauf, und ich selbst lebte in einem inneren Zwiespalt mit der Frage, ob ein Krieg berechtigt sei oder nicht. Ich kam zu dem Ergebnis, dass nur ein Verteidigungskrieg seine Berechtigung haben durfte, niemals aber ein Angriffskrieg. Was war zu tun in unserer Situation, in der wir uns befanden? Ein Auflehnen gegen das bestehende Regime hätte das sichere Todesurteil bedeutet. Ich kam zum Reichsarbeitsdienst und musste dort schlimmste Naziführer erleben. (Anm.: Das war aber in der Deutschen Wehrmacht vollkommen anders. Es gab nur wenige systemtreue Vorgesetzte, in der Mehrzahl dagegen solche, die sich mehr oder weniger offen gegen das Naziregime auflehnten. Und so war die Wehrmacht bei der Bevölkerung im Krieg und auch noch viele Jahre nach dem Krieg angesehen und anerkannt.)

Ich nahm mir vor, wenn ich gegen Frankreich kämpfen müsste, die Waffen wegzuwerfen, sollte ich meinem französischen Freund Marcel P. begegnen. Mit Russland war das unserer Ansicht nach anders. Dort herrschte ja das »gottlose« kommunistische System, und das war meines Erachtens damals die einzige Berechtigung für den Krieg. Wir waren der irrigen Meinung, der Kampf gegen »Ungläubige« sei berechtigt.

Ich versah meinen Dienst beim Arbeitsdienst vorbildlich und wurde bald zum Vormann befördert, obwohl die damalige Führung meinen christlichen Standpunkt kannte. Ebenso gut war mein Verhalten in der Deutschen Wehrmacht. Ich stieg vom einfachen Schützen nacheinander zum Gefreiten, dann zum Unteroffizier, Feldwebel, Leutnant bis zum Oberleutnant auf, erhielt wegen Tapferkeit an der Ostfront das Infanterie-Sturmabzeichen und das Eiserne Kreuz erster und zweiter Klasse. Zuletzt führte ich die 3. Jäger-Kompanie im 5. Jägerregiment (Standort Ulm).

Lassen wir nun aber den Sechzehnjährigen berichten mit Originalaufzeichnungen aus den Tagebüchern.

Tagebuchaufzeichnungen

GEISLINGEN, DEN 30. DEZEMBER 1939

Am 30. Juni 1923 wurde ich als drittes Kind und als zweiter Sohn des Kaufmanns Johannes Egle und seiner Ehefrau Amalie, geborene Mozet, in Ehrenstein bei Ulm/Donau *(jetzt Blaustein)* geboren. Meine Mutter stammt aus Bayerisch-Schwaben *(von Petersworth, einem kleinen Bauerndorf bei Gundelfingen an der Donau)*, mein Vater ist ein Schwabe *(aus Bollingen auf der Ulmer Alb)*.

Wir wohnten nur bis 1926 in Ehrenstein. *(Meine Eltern betrieben dort ein Kolonialwarengeschäft, das aber nicht besonders gut lief.)* Von dieser Zeit weiß ich nur noch, wie an einem Morgen ein Bärentreiber mit einem riesig großen Eisbären in unseren Hof kam. Mein Bruder Alban und ich rannten in die Küche und schauten durch das Fenster. Wir zogen aber sofort wieder den Kopf zurück, denn der Bär richtete sich auf und schaute herein.

Im Spätherbst 1926 zogen wir nach Geislingen. Dort kauften meine Eltern ein Haus am Sternplatz und eröffneten einen Kolonialwarenladen.

Von meinen Kindheitstagen sind mir folgende Erlebnisse noch bekannt. Gleich bei unserem Umzug weiß ich noch genau, wie man meine Bettlade aus dem Möbelwagen lud. – In unserer Nähe hatte es mehrere »Misten«*(Müllhalden)*. Dort stiefelte ich mit meinem Bruder den ganzen Tag herum. – An einem Wintertag ging ich einmal mit meiner Schwester Wally in den Ölweg zum Schlittenfahren. Der Ölweg war zu dieser Zeit noch eine große Halde, durch die sich ein Tal zog. Ich wollte einfach nicht den steilen Buckel herabfahren. Schließlich fuhr meine Schwester allein. Sie kam in einem rasenden Tempo herunter und fuhr unten auf eine Tanne. Der Schlitten war vollständig zertrümmert. Wir trugen ihn unter meinem großen Geschimpfe schwitzend heim. – 1927 wurde meine Schwester Amalie geboren. Ich musste die ganze Zeit auf sie aufpassen. Darum riefen mir meine Freunde immer nach: »Hanni, sei Kindsmagd!«

Im Jahr 1930 kam ich in die Schule. In den ersten Jahren meiner Schulzeit war ich ein richtiger Gassenjunge. Vor meinem Haus versammelten sich täglich fünf bis zehn Freunde, darunter auch ich.

Auf unseren Bergen machten wir oft »Lägerle«. Wir bauten richtige

Prachtbauten. Oft spielten wir auch »Soldaterles«. Es gab nicht selten große Kämpfe mit Rüben und Rettichen.

Im Jahr 1932 bauten meine Eltern an unser Haus ein neues Haus an. In dem Bau trieben wir uns jeden Abend herum. Einmal holten wir vom Keller ein paar Bretter herauf und bastelten ein Boot zusammen. Wir fuhren damit auf der Eyb.

Ab 1933 fing ich an, Mundharmonika zu spielen. 1935 lernte ich Violine, 1937 Mandoline und 1939 Zither spielen.

1932 gab es in Geislingen fast täglich Umzüge der verschiedenen Parteien. Sie gingen aber nicht immer gut ab, denn es fielen oft Schüsse. Dann kam der 30. Januar 1933: Das Deutsche Reich wurde aufgebaut. Überall spürte man es.

Ich durfte nicht gleich ins deutsche Jungvolk, weil ich noch zu jung war. Aber ein Jahr darauf, am 1. September 1934 trat ich ins deutsche Jungvolk ein. Am 1. Februar wurde ich Jungenschaftsführer und am 1. Juni 1938 Jungzugsführer. – Mit größter Begeisterung erlebte ich die Eingliederung Österreichs und des Sudetenlandes im Jahr 1938 ins Reich. Am 1. September 1939 wurde Polen der Krieg erklärt, und 18 Tage später war dieser Blitzfeldzug beendet.

Mir sind aus dieser Zeit folgende Ausflüge in Erinnerung:

Im Sommer 1936 machte ich mit meiner Schwester Wally eine Fahrt ins »Blaue« nach Oberstdorf in den Allgäuer Alpen. Wir besuchten die Breitachklamm und den Freibergsee *(mit dem Fahrrad!)*.

Am 24. Juni 1936 machten wir unseren Schulausflug nach Blaubeuren. Wir besuchten den Blautopf und das Kloster. Darauf fuhren wir nach Ulm zur Friedrichsau. Zuvor besuchten wir noch die Laichinger Höhle.

Am 15. Juni 1937 machten wir einen Schulausflug nach Urach. Wir besuchten die Falkensteiner Höhle, den Uracher Wasserfall und die Burgruine Hohenurach.

Vom 7. bis 15. August 1937 machte ich mit meiner Schwester Wally einen Radausflug: 1. Tag über Heidenheim nach Augsburg. 2. Tag Besichtigung von Augsburg. 3. Tag über Landsberg, Oberammergau, Kloster Ettal nach Garmisch-Partenkirchen und von dort an den Riessersee. 4. Tag Mittenwald, auf den Karwendel, weiter über den Walchensee und Kochelsee nach Weilheim. 5. Tag Kloster Andechs, Herrsching, mit dem Dampfer über den Ammersee nach Utting, von dort über Landsberg nach Augsburg. 6. Tag Augsburg. 7. Tag über Offingen nach Peterswörth. 8. Tag Heidenheim ins Naturtheater (Wilhelm Tell) und am Abend nach Hause.

Im August 1938 nahm ich an einer Radfahrt mit fünf anderen Kameraden teil. Wir fuhren am ersten Tag über Heidenheim, Gundelfingen, Donauwörth, Ingolstadt bis kurz vor Regensburg. Wir blieben im Zelt über Nacht an der Donau. Am zweiten Tag fuhren wir über Regensburg und Straubing nach Niedermünchsdorf in Niederbayern. Am dritten Tag fuhren wir nach Passau, Linz, Melk und Sankt Pölten bis 50 Kilometer vor Wien. Am anderen Tag fuhren wir vollends nach Wien.

Dort besuchten wir zuerst den Wiener Prater mit folgenden Attraktionen: Liliputbahn, Riesenrad, Autobahnen, das kleinste Benzinauto der Welt, Geisterschloß, Piratenschiff, Automatenhalle, Spielhallen, Achterbahn, Motorbootfahrt, Schweizer Haus (da gab's Frankfurter Würstle und Wiener Schnitzel!), Watschelmann, Pferdekünstler, Schießanlagen, Flugbahn usw.

Am andern Tag war Stadtbesichtigung mit einem Riesenprogramm: Stefansdom, Burgtor, Burgtheater, Ring, Rathaus, das Schloß Schuschniggs, Museen, Stadtpark, Strauß-Denkmal, Maria-Theresien-Denkmal, Karlskirche mit den beiden Trajanssäulen, Hochstrahlbrunnen, Heldenplatz, Heldenburg, Hochhaus, die neue Höhenstraße, den Donaukai, den Opernring mit der Staatsoper, in der Burg das Michaelertor, die Universität, den Praterstern, Votivkirche, die Kärntnerstraße und das Parlament.

Tags darauf gingen wir in das Judenviertel, die Leopoldstadt. Es hatte zu dieser Zeit etwa 60 000 Juden dort. Wir schauten in ein paar Synagogen hinein. *(Wir hatten damals aufgrund der Judenhetze noch erhebliche Vorurteile gegen alle Juden!)*

Wir verließen am nächsten Tag die Stadt und fuhren über Wien-Neustadt, den Semmeringpaß, Bruck, Bad Ischl, den Pötschenpaß, über Bad Goisern am Wolfgangsee entlang nach Salzburg. Dann weiter über Wasserburg, München, Augsburg, Günzburg, Ulm zurück nach Geislingen.

Die ganze Fahrt dauerte 14 Tage. Wir übernachteten im Zelt oder bei den Bauern im Heu. Hungrig und müde kamen wir zu Hause an und freuten uns riesig über ein gutes Essen.

Im Frühjahr 1937 machte unser Jungbann (437) gegen den Ulmer Jungbann (120) eine Fehde. Am ersten Tag mußten wir einen Leiterwagen durch Stötten schmuggeln. Das gelang uns und der Sieg war unser. Am zweiten Tag erlitten wir am Stuifen, den wir verteidigen sollten, eine Niederlage. Am dritten Tag mußten wir den Hohenstaufen verteidigen, eroberten dabei zwei feindliche Fahnen und errangen einen Bombensieg. Am Abend versammelten wir uns auf den Felsen unterhalb des Hohenstaufens und sangen im Mondschein unsere Lieder. Das war sehr romantisch.

Seit Sommer 1939 habe ich mir in den Kopf gesetzt, einmal Pflanzer (Farmer) zu werden; und zwar in Deutsch-Ostafrika. Ich bin mir aber noch nicht ganz sicher. Außer diesem Beruf habe ich noch folgende Berufsmöglichkeiten: Oberschullehrer, Zeichenlehrer, Doktor, Zahnarzt, Offizier, Musiklehrer, Kaufmann oder Landwirt im Gebirge. Am liebsten wäre es mir doch, wenn ich Farmer oder Landwirt werden könnte, denn ich möchte auf einem eigenen Hof sein und etwas weg vom Gehetze der Großstadt und den vielen Menschen.

Der Krieg nahm seinen Verlauf. Es wurden in Geislingen vier Großalarmsirenen angebracht: auf dem Rathaus, der Gewerbeschule, auf dem Gasthaus zum Rad und schließlich auf unserem Dach. Die Fliegerangriffe der Engländer beginnen.

»*So sauste ich den Berg herunter!*«

Am 27. Januar 1940 verunglückte ich beim Skifahren am Madried. Es knackte im Knöchel, den ich mir erheblich verstaucht hatte. Der Arzt stellte eine starke Verzerrung mit Bluterguß fest. Jetzt liege ich im Bett und muß Umschläge machen.

Seit ein paar Wochen haben wir Kohleferien. Es gibt in Deutschland im Überfluß Kohlen, aber Transportschwierigkeiten wegen der furchtbaren Kälte, die schon seit November andauert. Dies ist seit 1928/1929 der strengste Winter mit minus 32 Grad Kälte. Unsere Schule stellt sich der Stadtverwaltung mit Schneeschippen zur Verfügung.

In England sind jetzt, wie bei uns, Lebensmittelkarten eingeführt. Die englische Bevölkerung will Karten nach deutschem Muster. Bei uns ist alles in Ordnung. Schwerstarbeiter bekommen Zulage. Es gibt Kinderkarten. Die Kleiderkarte ist auch eine gute Idee. Ich habe noch alle 100 Punkte an der meinigen. Zweimal in der Woche muß ich Marken kleben (für den Lebensmittelladen). Es ist immer ein ganzer Haufen. Ich mache es, indem ich daran denke, daß dies ein kleiner Kriegsdienst ist.

Spätere Anmerkungen:
Im Frühjahr 1940 schloss ich den Besuch des Geislinger Gymnasiums ab und begann eine Lehre bei der Groß- und Einzelhandelsfirma Max Maisch, Farben, Drogen und Kolonialwaren, in Göppingen. Ich besuchte einmal in der Woche die Städtische Handelsschule in Göppingen. Jeden Tag fuhr ich mit dem Zug zu meiner Arbeitsstätte. Meine Eltern drängten mich, dass ich ihr Geschäft einmal übernehmen sollte.

Der elterliche Betrieb wurde 1918 in Ehrenstein bei Ulm gegründet. Im Herbst 1926 erwarben meine Eltern einen kleinen Laden und siedelten nach Geislingen über. Das Geschäft war wegen Machenschaften des Vorbesitzers in Verruf geraten. Meine Mutter aber machte Gott und die Welt mobil, und siehe da, es wurde eine Goldgrube. Schon 1932, nach sechs Jahren, wurde angebaut und das Geschäftshaus mit Lebensmittel- und Kurzwarenabteilung bar bezahlt. Es ging steil aufwärts, trotz der Krise und des Krieges.

Mein Vater war ein stiller, fleißiger Arbeiter, ein typischer »Schaffer«. Mutter dagegen war lebendig und quirlig. Sie war ein umtriebiger Mensch und hatte zum Beispiel im Krieg die ganze Geislinger Polizei am »Gängelband«. Bei ihren Schwarzfahrten mit dem gemieteten Lastwagen zu Hamsterfahrten ins Bayerische, was im Krieg streng verboten war, fuhr sogar Polizeichef S. mit, natürlich in Zivil, um an Kartoffeln, Kraut, Rüben und Weizen und vielleicht auch ein halbes Schwein, das unter dem Kartoffelhaufen versteckt lag, zu kommen. Fast immer gelang es ihr. Einmal wurde sie eine Nacht lang eingesperrt, der Lastwagen samt Ladung beschlagnahmt. Sie brachte es aber dank ihrer Überredungskunst fertig, dass nicht nur sie selbst, sondern auch alle ihre Hamstereinkäufe freikamen. Zu Hause war natürlich großes Jammern, aber plötzlich tauchte sie quicklebendig wieder auf.

Die Gegensätze meiner Eltern waren sehr groß. Der Vater war ängstlich und zurückhaltend, die Mutter großzügig und sie sprühte buchstäblich vor Lebensmut und Unternehmensgeist. Und so prägten zwei gegensätzliche Eigenschaften mein Leben: die Ängstlichkeit, Stille und Zurückgezogenheit vom Vater und der Mut, das Draufgängertum und das Kämpferische, aber auch das Humorvolle von meiner Mutter.

Hören wir nun aber weiter, was das Tagebuch berichtet.

Geislingen, den 10. April 1940

Gestern: blitzschnelles Handeln gegen England; Norwegen und Dänemark unter deutschem Schutz. Norwegen leistet Widerstand.

Geislingen, den 7. Mai 1940

Letzten Sonntag war ich in Süßen bei einem Jugendbekenntnistag der katholischen Jugend.

(Die große Wende meines Lebens beginnt!) Nach der heiligen Messe hielten wir im Gemeindehaus so eine Art Heimabend ab. Mein Schulkamerad Paul hatte den Vorsitz. Er legte uns besonders unsere Lebensführung aus, nach der wir unser Leben ausrichten sollen. Wir sind auf der Welt, um Gott zu dienen und an uns zu arbeiten. Wir müssen unseren Körper stählen und alles meiden, was unserer Gesundheit schadet (sittlich gut sein, nicht rauchen und trinken).

»*Im Kreuz ist Heil!*« *Die große Wende meines Lebens*

Ich habe mir den Vorsatz gemacht, dieses Jahr überhaupt nicht zu rauchen und habe es bis jetzt ohne »Schmerzen« gehalten. Nächstes Jahr mache ich es wahrscheinlich wieder so.

GEISLINGEN, DEN 13. MAI 1940

In den letzten Tagen ist Großes geschehen. Deutschland ist in Belgien, Holland und Luxemburg einmarschiert. Luxemburg ist bereits genommen. Die Schweiz hat mobil gemacht, um ihre Neutralität zu wahren. Der Krieg gegen Norwegen ist fast beendet.

GEISLINGEN, DEN 15. MAI 1940

Holland hat kapituliert. Heute wurden wieder über 200 Flugzeuge vernichtet und zwei Zerstörer versenkt.

GEISLINGEN, DEN 18. MAI 1940

Morgen ist Muttertag.
 Liebe Mutter! Ich danke Dir für alles, was Du für mich getan hast in Liebe zu mir. Wolle Gott, daß Du noch lange lebst. Du sollst mir immer ein Vorbild im Leben sein. Dein Sohn Hans

GEISLINGEN, DEN 19. MAI 1940

(Große Generalbeichte und endgültige Wende meines Lebens.)
 Der heutige Tag war einer der schönsten meines Lebens. Ich habe zu Gott zurückgefunden. Meiner himmlischen Mutter schenkte ich das Schönste, das ihr jemand geben kann, nämlich ein reines Herz. Den Großteil meiner Bekehrung habe ich meinem Freund Paul zu verdanken, der vor zwei Wochen den Bekenntnistag in Süßen hielt. Seine Worte behielt ich mir gut und bewahre sie im Herzen auf. Ich nehme mir jetzt fest vor, meinen Herrgott nie mehr zu beleidigen, obwohl es mir anfangs schwer fällt. Es wird ein schwerer Kampf werden, den ich noch durchzumachen habe. Ich muß ihn aber bestehen. Jetzt habe ich keine Angst mehr, auch nicht vor dem Tod.

Meine Zukunft denke ich mir etwa folgendermaßen aus:
 Ich lerne jetzt noch drei Jahre als kaufmännischer Lehrling. Danach lege ich die Militärzeit ab und übernehme dann das elterliche Geschäft oder werde Landwirt. Vielleicht werde ich aber auch einmal Farmer und gehe in die Kolonien.

Folgendes Gedicht entstand am 17.2.1940

 Frühling will es wieder werden
 hier in unserm schönen Tal.
 Alles grünt und blüht auf Erden,
 ei, man spürt es überall.

Schon die ersten Blümelein
wachen auf von ihrem Schlaf,
und der liebe Sonnenschein
schaut hervor, vergnügt und brav.

Das Bächlein hat nun freien Lauf
mit seinem klaren Wässerlein.
Es springt auf der schon grünen Au
und glitzert vergnügt im Sonnenschein.

Die Wiesen mit ihrem schönen Grün
leuchten, frei von des Winters Last.
Schon die ersten Bäume blühn,
der Winter zieht ab mit großer Hast.

Die Vöglein zwitschern vergnügt ihr Lied.
Sie kommen von fernen Zonen.
Doch sie werden dabei gar nicht müd,
denn der Frühling wird's ihnen lohnen.

Deshalb will es Frühling werden
hier in unserm schönen Tal.
Alles grünt und blüht auf Erden,
ei, man spürt es überall.

Bei den Reichsjugendwettkämpfen im letzten Jahr machte ich 314 Punkte. Ich war Vierter im Standort Geislingen. 180 Punkte waren zur Siegernadel erforderlich. Im Weitsprung sprang ich 5,20 Meter. Die Keule warf ich 57 Meter (die Bestweite des Tages in Geislingen), doch der Lauf mißglückte ein wenig. Die 100-Meter-Strecke lief ich in 13 Sekunden. In der Schule war ich immer besser und lief unter 13.

GEISLINGEN, DEN 24. MAI 1940

Ich werde wahrscheinlich einmal Landwirt. Dann kaufe ich in Bayern oder Württemberg ein kleines Gut. Es muß ein großer Wald dabei sein, in dem das Herrenhaus steht, vielleicht auch ein kleiner See. Tagsüber wird gearbeitet und abends wird im Waldgarten musiziert oder gemütlich zusammengesessen. Das Gut sollte auf einer kleinen Anhöhe stehen. Auf dem höchsten Punkte wird das Kreuz angebracht. Feste werden auch gefeiert. Vielleicht auch einmal ein Sommernachtsfest. Hoffentlich wird mir dieser Wunsch erfüllt.

Seit letztem Samstag habe ich einen Ölmalkasten. Noch am selben Abend zeichnete ich ein Bild. Es stellt eine Blumenvase mit ein paar Blümlein darin dar. Es ist etwas mißlungen, was ja bei dem ersten Ölmalversuch zu erwarten war. Gleich am anderen Tag malte ich eine Gebirgslandschaft.

Ich denke mir meinen Hausbau ungefähr folgendermaßen aus: Im Untergeschoß Keller und Waschküche. Dann im ersten Stock die Schlafräume und das Empfangszimmer. Im zweiten Stock sind die Wohnräume vorgesehen. Ein sehr großes Zimmer gibt den Festsaal. Ferner werden noch ein Eß- und ein Wohnzimmer und ein »Schmollzimmer« vorhanden sein. In demselben Stock steht auch noch ein Musikzimmer mit einem schönen Flügel. Im dritten Stock werden die Küche, ein Arbeitszimmer und ein Maleratelier sein. Das Speisezimmer führt auf eine Veranda hinaus, die in lauter Glas eingehüllt ist und wo der

Jugendtraum: Farmer in den Kolonien

Frühling bald Einzug nehmen kann. Alle Zimmer werden mit Kunstgemälden, Schnitzereien und sonstigen Verschönerungen verziert. Im Festsaal wird ein schöner Kronleuchter hängen. Das »Schmollzimmer« wird das schönste Zimmer sein. Die Decke wird bemalt, und an die Wände kommen lauter Stickereien, die erlebte Geschichte darstellen. Im Festsaal werden vielleicht schöne Goldmosaiken stehen. Dies muß einen Saal in lauter Gold geben, in welchem öfters große Familien- oder Sippenfeste abgehalten werden. – Das nächste Mal schreibe ich dann wahrscheinlich einiges vom Hof, den Ställen und vom Garten und Park nieder.

Das Geschäft meiner Eltern, das ich einmal übernehmen werde, werde ich um einiges verbessern und umbauen. Vom neuen Haus ins alte wird die Wand durchbrochen, um das Geschäft zu vergrößern. Die beiden Läden werden durch eine schöne, breite Treppe miteinander verbunden. Die Schaufenster werden vergrößert. Durch das Anbringen von Glasaufsätzen auf dem Ladentisch wird das Bild verschönert. Auch nach außen muß das Geschäft etwas vorstellen. Schöne, große Leuchtbuchstaben werden angebracht. In der Nähe des Geschäfts werde ich mir einen Platz für eine Autogarage verschaffen, in der ein Lieferwagen und wenn ich ins Geschäft komme (Hin-und-Herpendeln zwischen Hofgut und Laden!) ein Personenwagen steht. Vielleicht im Garten der Sparkasse.

Der Gutshof, den ich zu kaufen gedenke, muß mindestens 300 Morgen groß sein. Er muß in einer schönen Gegend, vielleicht im Allgäu, liegen. Ein großer Wald, der in der Nähe des Hauses zu einem Park umgewandelt wird, muß auch dabeisein. Ein kleiner Weiher und eine eigene Jagd sollten auch beim Gut sein. Die Ställe und Scheunen werden ausgebessert. Ich gedenke, etwa 60 Kühe, 4 bis 8 Pferde und viele Schweine zu halten. Modernste Maschinen und ein Schlepper werden auch nach und nach beschafft. Ich werde ungefähr 2 bis 3 Knechte, darunter ein Großknecht, und 2 Mägde einstellen. Für das Wohnhaus brauche ich ein Dienstmädchen. Eine Magd muß kochen können, um den Beschäftigten das Essen zu bereiten. In dem Garten, der das Haus umgibt, werden die schönsten Blumen gepflanzt. Der Weiher muß nahe daran liegen. Anschließend kommen dann der Park und der Wald. Das Ganze muß einen schönen Eindruck machen.

GEISLINGEN, DEN 10. JUNI 1940

Italien hat den Westmächten den Krieg erklärt. Überall in Italien und Deutschland großer Jubel! Paris wird von hinten und von vorne ein-

Gutshof, Wald und Park – ein schöner Eindruck

geschlossen. – Herr Gott, gib, daß nicht zu viele Menschen in diesem Krieg fallen müssen und führe die Toten ein in Dein Reich, daß sie bei Dir ewig weiterleben dürfen.

Unteroffizier Robert H., der Schulkamerad und Freund meiner Schwester, ist gefallen.

GEISLINGEN, DEN 30. JUNI 1940

Heute ist mein Geburtstag, siebzehn Jahre alt bin ich geworden. Der Tag fing nicht gerade angenehm an. Um 2 Uhr nachts wurde nämlich in Geislingen Fliegeralarm gegeben. Wie das tut, so mitten in der Nacht – das war schrecklich! Da konnte man so Sachen sehen: Sie kamen in Nachthemden, Unterhosen, Unterröcken, Bettkitteln, barfuß in den Keller gestolpert. Der Flur war nicht recht verdunkelt und man konnte deshalb kein Licht anmachen. Es entstand eine große Aufregung überall. Der Keller war verschlossen, und der Schlüssel lag im Laden. Dann mußte man zuerst den Ladenschlüssel holen und endlich brachten sie den Kellerschlüssel daher. Auf einmal merkten wir, daß

die Familie I., die im alten Haus ganz oben wohnt, fehlt. Mein Vater mußte sie wecken. Sie kamen endlich nach zehn Minuten und zitterten am ganzen Leib. Sie hatten wirklich den Alarm nicht gehört, obwohl die Sirenen furchtbar laut heulten. Man hörte die Flieger surren, die über Geislingen hinwegflogen. Wir waren 20 Personen im Keller.
Im Ziegelwald bei Amstetten warfen sie Brandbomben.
Jesus – mein Weg im Leben!

GEISLINGEN, DEN 4. JULI 1940

Ich bin daran, im Jungvolk Standort Geislingen eine Volksmusikkapelle aufzumachen. Sie besteht anfangs nur aus Schifferklavier, Zither, Violine und Gitarre. Nächste Woche beginnen wir mit den Übungsstunden. Hoch lebe die Musika!

GEISLINGEN, DEN 7. JULI 1940

Nächsten Sonntag ist die Einsetzung unseres Stadtpfarrers in der Gemeinde Altenstadt in sein Amt. Bisher war er seit eineinhalb Jahren nur Stadtpfarrverweser. Er ist ein guter und treuer Seelsorger in unserer zusammengewürfelten Gemeinde. Zu ihr gehören Leute aus dem Rheinland, aus Luxemburg, Polen, Jugoslawien. Da kann man sich denken, daß man hier einen ganzen Kerl braucht.

GEISLINGEN, DEN 9. JULI 1940

Das Leben ist ein großer, schwerer Kampf, ein Kampf gegen die Not und die Armut, also um das tägliche Brot, gegen Krankheit und in der Hauptsache ein großer Seelenkampf. Es ist ein gewaltiges Ringen zwischen Himmel und Hölle. Es sollte jeder über den Ernst des Lebens und das, was nachher kommt, nachdenken.
Ich denke mir die Menschen in drei große Gruppen grob eingeteilt.
Die erste Gruppe bilden die Menschen, die nie reif werden. Sie geben sich nur der Lustbarkeit hin und sind sexuell schlecht. Sie leben nur von Genüssen und haben meist ein hartes Herz. Ja, sie spielen vor Frauen mit sich selbst Theater, statt mit ihnen kameradschaftlich und ritterlich umzugehen. Sie bilden sich ein, sie seien Genies. Sie sind nur darauf bedacht, äußerlich schön zu sein und mit galanten Sprüchen angenehm aufzufallen und sich beliebt zu machen. Sie sorgen nur für ihr eigenes Wohlergehen, sind also große Egoisten.
In der zweiten Gruppe sind Menschen, die wohl die Schönheit, Reinheit und Romantik lieben, seelisch aber unfertig sind. Sie erkennen das Höchste der Seele nicht, können aber sonst recht anständig

sein. Doch wenn es sich um Abenteuer handelt, sind sie wie losgelassene Tiere. Sie wollen nicht über ihr tiefstes Geheimnis, die Seele, nachdenken.

In der dritten Gruppe sind die wertvollsten Menschen. Sie sind sittlich gut, haben einen großen Gemeinschaftssinn und ein gutes Herz. Diese Menschen können ihr Leben schön gestalten, teils mit Kunst oder Wandern. Die ärmsten dieser Menschen sind viel reicher als die Menschen der ersten und zweiten Gruppe. Sie leben einen leidenschaftlich schönen Kampf und wissen, was sie auf Erden zu tun haben. Sie bauen an sich selbst, bis sie am Schluß ganz vollendet sind.

GEISLINGEN, DEN 28. JULI 1940

Eine Religion muß ein starkes Fundament haben. Es gibt Menschen, die wohl an Gott glauben, von Christus aber nichts wissen wollen. Es gibt Menschen, die das Leben nicht verstehen und nur so dahinleben, also sich um nichts kümmern. Nein, wir müssen auf Erden kämpfen und dürfen uns nicht einfach nur so dahintreiben lassen.

GEISLINGEN, DEN 4. AUGUST 1940

Schon wieder Fliegeralarm! Es ist nicht sehr angenehm, so mitten in der Nacht gestört zu werden, zumal beim Heulen der Sirenen die feindlichen Flieger schon da sind.

GEISLINGEN, DEN 17. AUGUST 1940

Heute nacht schon wieder Fliegeralarm. Nach der Entwarnung ging ich mit meinem Bruder auf die Straße, die vom Mond hell beleuchtet war, und wir hörten dem Schießen zu.

Bei uns in Geislingen hat es ein paar Hundert polnische Kriegsgefangene, die im Bergwerk arbeiten müssen. Man darf mit ihnen nicht reden. Sie tragen alle am Kittel ein gelbes »P«.

Auf den Dörfern hat es gefangene Franzosen.

Wir müssen unser ganzes Arbeiten, all unsere Freuden und Leiden, unser ganzes Leben, nach Gott richten und in seinem Willen ausführen. Dies bedeutet einen steten Kampf im Inneren.

Ich kam mir vor, als würde ich von einem wilden Drachen mit seinen furchtbaren schwarzen Krallen immer mehr nach rückwärts gerissen. Er hielt mich mit seinen schrecklichen Zähnen, die mir schon weit in den ganzen Körper drangen, fest und zerrte mich immer schneller mit sich fort in seine unheimliche Höhle. Manchmal aber machte ich mich los von ihm und wollte wieder vorwärts laufen. Doch ich war viel zu schwach, so daß er mit seiner ganzen Wucht aufs Neue über mich herfiel und mich wieder mit sich fortriß (bis zum Mai 1940).

Aber einmal focht ich einen furchtbaren Kampf mit ihm aus, als er mich schon fast vor seinen Höhleneingang geschleppt hatte (5. bis 19. Mai 1940). Dieser Kampf war ein ganz schrecklicher, in dem ich schließlich aber doch siegte. Mit aller Kraft riß ich mich von ihm los und entfloh ihm. Ein paarmal hatte er mich fast wieder eingeholt, doch dann drang ich mit Riesenschritten weiter und ließ ihn zurück. Ja, manchmal hatte er schon wieder seine Krallen ganz leicht in meine Haut gebohrt. Auch das habe ich überstanden, indem ich ihn von neuem mit meiner ganzen Kraft losgeschüttelt habe und wieder losgestürmt bin, immer nach oben, vorwärts zum Sieg. Jetzt bleibt er immer weiter hinter mir zurück, denn ich werde von einer wunderbaren Hand geführt, die mich sicher zum Ziel führt.

GEISLINGEN, DEN 25. AUGUST 1940

Schon wieder Fliegeralarm! Ich holte meine Mundharmonika und spielte die teils verschlafenen, teils ängstlichen Leute etwas wach. In Stuttgart wurden Bomben geworfen. Wir hörten das Donnern der Einschläge. Auch Berlin wurde heute nacht bombardiert.

GEISLINGEN, DEN 1. SEPTEMBER 1940

Heute ist der Jahrestag des Kriegsbeginns. Vom nördlichen Eismeer bis zum Golf von Biskaja stehen unsere deutschen Soldaten. Die Fliegerangriffe häufen sich. Fast jede Nacht wird Alarm gegeben. Man ist fast kein Mensch mehr, wenn man so oft aufstehen muß und dabei ein ganz bedrückendes Gefühl hat, wie zur Zeit. Viele Leute bekommen Erkältungen oder sonstige Krankheiten. Auch ich habe mir vom nächtlichen Kellerbesuch Bauchschmerzen und Durchfall geholt. Auch die Nerven werden belastet.

Nun sind auch nach Geislingen ein paar Hundert gefangene Franzosen gekommen. Sie sind im Hirsch und in der früheren Bonbonfabrik Henne untergebracht. Jeden Morgen marschieren sie in alle Richtungen zum Arbeiten. Bei uns geht es ihnen gut, denn sie bekommen gute Verpflegung.

GEISLINGEN, DEN 10. SEPTEMBER 1940

In London brennt es unaufhörlich. Über der ganzen Stadt liegt Rauch. Die Einwohner sind die meiste Zeit im Keller. Zahlreiche Menschen hungern dort.

Wir alle hatten gehofft, daß der Krieg dieses Jahr noch ausgehen werde. Leider scheint das nicht der Fall zu sein.

Erbkranke Menschen sollte man in eine Anstalt bringen, womöglich schon sehr früh, und sie dort so gut wie möglich erziehen. Solche Kranke darf man aber nicht töten, denn sie sind Menschen, die ein Recht auf Leben haben. Der Staat sagt, daß es ihn so und so viele Millionen koste, diese Menschen leben zu lassen, denn so eine Anstalt stellt allerhand Anforderungen und braucht größte Sorgfalt. Wieso läßt man denn dann die Tiere am Leben? Darf man Menschen schlechter behandeln als Tiere?

Anmerkung:
Bis dahin glaubte ich, Religion und Nationalsozialismus ließen sich miteinander vereinbaren. So langsam wurde ich aber wach und spürte immer etwas mehr von dem verbrecherischen Naziregime. Ich musste mich entscheiden und legte zunächst mein Amt als Fähnleinführer ab, was – wie schon erwähnt – einigen Wirbel hervorrief. Der zuständige Stammführer der HJ, Wilhelm F., machte mich total fertig. Ich kam in die Zwangs-HJ, aus der ich an meinem 18. Geburtstag austrat. In der Folgezeit löste ich mich immer mehr vom Naziregime, bekam aber wegen des Krieges sehr starke Gewissenskonflikte. Ein einziges unvorsichtiges Wort hätte genügt, um ins KZ zu kommen.

GEISLINGEN, DEN 23. SEPTEMBER 1940

Heute habe ich in Göppingen mit einem gefangenen Franzosen gesprochen. Ich fragte ihn allerlei, wo er herkomme und wie er hieße. Er fragte mich mit einem verlegenen Lächeln, ob man ihn nach dem Kriege töten würde. Ich beruhigte ihn und sagte ihm, daß er dann wieder nach Hause dürfe. Er zeigt mir einige Photographien von seiner Familie und seinen Kameraden. Mit meinen fünf Jahren Schul-Französisch kam ich ganz gut durch. Er selbst sprach kein Wort Deutsch.

GEISLINGEN, DEN 25. SEPTEMBER 1940

In London geht die Hölle weiter um. Die Bewohner kommen kaum noch aus dem Luftschutzkeller.

GEISLINGEN, DEN 21. OKTOBER 1940

Wenn mich etwas bedrückt, dann muß ich in die Natur hinausgehen. Ob ich von einem Berg ins schöne Tal sehe, ob sich meine Blicke in der Unendlichkeit des Himmels verlieren oder den lustigen Wassern am Bache folgen, überall finde ich die größte Ruhe. Nirgends zeigt sich etwas von der Schrecklichkeit und Enge der Stadt. Frisch und frei kann man sich bewegen, denn, sei es die Wiese, der Wald, der Schatten eines Baumes, alle sind deine Freunde und laden dich ein. Wenn ich die Sonne auf- oder untergehen sehe, muß ich jedes Mal staunen über die Pracht und Herrlichkeit des Himmels. Zuerst zeigt sich an den Wölkchen nur ein leichter Hauch von Gelb. Schließlich verfärbt es sich immer mehr zu einem leuchtenden, schönen Gold, das sich dann in ein tieferes und satteres Orange verwandelt. Inmitten dieser Pracht steht die Sonne als ein großer Feuerball. Wie groß und herrlich muß doch das Weltall sein, das solche Pracht zeigt. Ich kann in der Natur, wo ja Gott zugegen ist, meine Ruhe und Freude finden. Hier vergesse ich jeden Schmerz, denn ihre Bilder halten mich gefangen.

GEISLINGEN, DEN 28. OKTOBER 1940

Der gestrige Tag war ein sehr bedeutender Tag in meinem Leben. Ich habe bei der heiligen Kommunion meinem Gott ewige Treue gelobt. Nie mehr werde ich von ihm weggehen. Ich spüre immer wieder etwas von der Allmacht und Güte Gottes. Ich kann es nicht in Worten ausdrücken, wie herrlich das ist, dieses Große und unendlich Weite. In solchen Augenblicken zerreißt es mir fast das Herz vor lauter Freude.

GEISLINGEN, DEN 8. NOVEMBER 1940

Wir mußten von 21 Uhr an fast dreineinhalb Stunden in den Keller. Ich war noch in der Zitherstunde, als der Alarm gegeben wurde. Dann fuhr ich schnell heim. Es war im Keller sehr kalt. Wir hörten diesmal öfters Fliegergebrumm. Hoffentlich hören diese Aufregungen bald wieder auf!

GEISLINGEN, DEN 24. NOVEMBER 1940

Heute ist der Totensonntag. Der Heilige Vater hat für die ganze katholische Welt einen Bittag angesetzt und zwar nach dreifacher Meinung: erstens um für alle Gefallenen das Heil zu erlangen, zweitens um für alle schwer Betroffenen übernatürliche Kraft und Tröstung zu erhalten und drittens für einen dauerhaften, gerechten Frieden. Die ganze Welt betete zu Gott.

»Schrecklich, diese Kälte im Keller!«

Heute ist auch der letzte Sonntag im Kirchenjahr. Dieses Jahr war eines meiner schönsten im Leben, denn ich habe zu Gott zurückgefunden. Gott hat mich zu sich geführt.

GEISLINGEN, DEN 2. DEZEMBER 1940

Wir müssen Ordnung in unser Leben bringen. Alles und in allem sollen wir uns Gott anvertrauen. Wir sollten es soweit bringen, daß jede Arbeit mit Gott als festem Grund verrichtet wird.

GEISLINGEN, DEN 22. DEZEMBER 1940, NACHTS 0.45 UHR

Es ist jetzt gerade Fliegeralarm. Schrecklich, diese Kälte im Keller! Hoffentlich ist der Alarm bald vorüber. Es dauert schon eine Stunde lang.

GEISLINGEN, DEN 22. DEZEMBER 1940

Heute war eine Weihnachtfeier im Kindergarten. Ich wirkte auch mit und spielte Geige und Zither. Wenn man so ein Kind betrachtet, wie unschuldig es dasteht und seine Gedanken sich nur nach dem, was

»Das ist einzig und allein Weihnachten!«

gerade vor sich geht, richten, so überkommt uns ein Verlangen, auch so leben zu dürfen. Dabei steigen unsere eigenen Kindheitsjahre wieder vor uns auf. So ein Kind ist doch ein ganz großes Geheimnis.

Kriegsweihnacht 1940

Auch im zweiten Kriegsjahr dürfen wir Weihnachten feiern. Doch wie viele Menschen feiern dieses Fest mit einem Druck auf dem Her-

zen, den ihnen der Krieg versetzt. Wir müssen unserem Gott danken. Ehre sei Gott und Friede den Menschen ... Hoffentlich schenkt er uns bald einen rechten und dauerhaften Frieden! Im Engelamt spielte ich mit Orgelbegleitung auf der Violine das »Stille Nacht«. Es ist ein ganz besonderes Weihnachten, denn kurz vor der Kommunion schoß mir der Gedanke in den Kopf: Werde Priester! Ich bat Gott, er solle mir Klarheit schenken. Am Heiligen Abend zu Hause sagte mein Vater so ganz nebenbei: »Hans wird einmal ein Pfarrer!« Diese Worte berührten mich eigenartig. Hilf mir, Gott, und führe Du mich den rechten Weg!

Neujahr 1941

»Jesus« – das ist meine Parole in diesem Jahr. Näher zu Gott! Wir müssen einen gewaltigen Felsen unter uns haben und können dann ruhig, froh und zuversichtlich weiterleben und diese schwere Zeit durchstehen.

Geislingen, den 12. Januar 1941

Heute ist das Familienfest. Die Familie ist die Keimzelle eines Volkes. Wenn ein Volk gute Familien hat, ist es auch selbst gut. In gegenseitiger aufopfernder Liebe muß das Familienleben harmonieren.

Ich wollte im Frühjahr in das Missionsseminar St. Josef in Ellwangen eintreten, um das Abitur zu machen. Pater Anton schrieb mir, daß das Seminar auf Anordnung des Staates im Frühjahr vorigen Jahres aufgelöst wurde.

Geislingen, den 28. Januar 1941

Vor zwei Tagen habe ich ein Ölbild gemalt. Es stellt einen Sommertag auf der Alb dar. Ein weiter, mit Wolken belebter Himmel liegt über der Landschaft. Im Vordergrund ist links eine Wiese mit hohem Gras und bunten Blumen. Mitten in der Wiese steht ein Baum, der dem ganzen Bild das Gesicht gibt. An die Wiese schließt sich ein Getreidefeld an, dessen Schatten über einem Feldweg liegt, der zu einem Dorf führt, das versteckt zwischen einigen Bäumen liegt. Im Hintergrund sind Hügel und dunkle Wälder zu sehen.

Geislingen, den 3. Februar 1941

Der H. H. Stadtpfarrer Nagel ist mein bester Freund. Mit ihm kann ich so schön und ungehemmt reden. Manch tröstendes Wort spricht er zu mir. Er ist eine echte Kämpfernatur und verteidigt seine Worte, wenn es sein muß, mit dem Leben. Mit solch einem Freund immer zusammensein zu dürfen, das wäre herrlich!

GEISLINGEN, DEN 11. FEBRUAR 1941

Ich habe auch das Marieninstitut in Graz angeschrieben. Von einem Herrn C. erhielt ich einen nicht gerade ermutigenden Brief. Das Institut ist ebenfalls aufgelöst. Dieser Herr macht mir Vorwürfe wegen meines Vorhabens und rät mir, mich mit meinen siebzehn Jahren schleunigst freiwillig zu melden. Das wäre heute das Gebot der Stunde.

GEISLINGEN, DEN 16. FEBRUAR 1941

Meiner Mutter machte ich mein Vorhaben, einmal Missionar zu werden, kund. Meine Mutter jammert halt wegen des Geschäftes und der Unterbrechung meiner Lehrzeit. Dann gefällt ihr nicht, daß ich ins Ausland gehen müßte.

GEISLINGEN, DEN 2. MÄRZ 1941

Jetzt sind die entscheidensten Augenblicke gekommen. Der Bogen hat sich gespannt. Letzten Sonntag habe ich mit dem Selbststudium von Latein begonnen. Für mich ist jetzt Ruhe das Beste. Ein ruhiges Beten zu Gott ist etwas Wunderbares und gibt unerhörte Kraft. Die Wege werden steil sein, das macht aber nichts. Ich trete sie trotzdem an. Gott ist immer bei mir, in Leid und Freud. »Wer auf ihn sich ganz verläßt, dessen Glück steht felsenfest.«

GEISLINGEN, DEN 9. MÄRZ 1941

Warum will man die 2000-jährige Kirche vernichten? Die anderen *(Nazis)* wollen weg von Rom, weg von Christus. Wir müssen uns daher fest zusammenschließen und dürfen nie feig werden.

Abendstimmung: Spiel der Engel auf einer Wolke

GEISLINGEN, DEN 10. MÄRZ 1941

Ich lerne nun jeden Tag Latein. Meine Arbeit beginnt morgens um 7 Uhr, wo ich schon im Zug nach Göppingen zu lernen beginne. Von 8 bis 13 Uhr bin ich im Geschäft, die Mittagspause wird genutzt und auch auf der Heimfahrt wird im Zug gelernt, zu Hause dann nochmals von 20 Uhr bis ca. 21.30 Uhr.

GEISLINGEN, DEN 31. MÄRZ 1941

Heute war in unserer Gemeinde Schulentlassungsfeier. Der diesjährige Jahrgang sucht in einer schweren Zeit seinen Weg fürs Leben. Es geht um einen großen Kampf, den Krieg, es geht um die Entscheidung des Christentums. Neutral kann in diesem Weltrad niemand bleiben, jeder muß sich für das eine oder andere entscheiden. Was bedeutet eigentlich das siegreiche Ende dieses Krieges für uns, die Christen? Ganz bestimmt den Beginn des Kampfes, die Entscheidung. Man sagt, das Christentum habe bald ausgespielt. Dies ist doch kein Spiel, wohl aber können wir zu den Spielenden werden. Dann, o Gott, gib uns Kraft und Mut, damit wir für dich sterben können.

GEISLINGEN, DEN 18. APRIL 1941

Der liebe Frühling zieht wieder ein in unser schönes Tal. Die ganze Natur steht wieder auf und reckt und streckt sich zu einem neuen, jungen Leben. Werden auch wir einmal so auferstehen?

GEISLINGEN, DEN 17. MAI 1941

Glaube, Vertrauen und Liebe – das muß unser Leben sein! Und wir müssen fest an Gott glauben und mutig unseren Glauben bekennen. Wir dürfen nie feig werden. Ein starker Glaube überwindet alles.

> Ewig mußt Du bei mir bleiben,
> niemals darfst Du gehen von mir!
> Komm mit Deinem Siegeszeichen,
> denn mein Herz, es brennt nach Dir!

Die Frömmigkeit, die ich in diesen Monaten hatte, war natürlich übertrieben, ich möchte fast sagen, überspannt. Aber ich war ein Kämpfer und hätte in dieser Zeit alles hingegeben für meinen Glauben.

GEISLINGEN, DEN 9. JUNI 1941

Heute wurden wir, der Jahrgang 1923, gemustert. Ich habe meinen Rekrutentag schön verbracht: mit einer Radfahrt nach Ave Maria, ins liebliche Kirchlein zur Muttergottes. O Gott, wie schön hast Du doch meine Heimat gemacht. Ich danke Dir!

GEISLINGEN, DEN 1. JULI 1941

Unsere deutschen Bischöfe sind am Grabmahl des heiligen Bonifatius in Fulda zusammengekommen. Unsere Kirche wird mit allen möglichen Mitteln gehemmt, wie es ganz besonders in den letzten Monaten stark getrieben wurde. Dinge, die überhaupt in keiner Weise zur Einschränkung der Kriegswirtschaft beitragen, werden weggeschafft. Man nimmt uns die Zeitungen, die Bücher, die Feiertage dürfen zum größten Teil nicht mehr gehalten werden (warum dann der 1. Mai, kurz darauf aber Christi Himmelfahrt und Fronleichnam nicht?), es gibt keine katholischen Volksschulen mehr, der Religionsunterricht darf in fast keiner Schule mehr erteilt werden, die Note »Religion« kommt nicht mehr ins Zeugnisheft, oft wird man verspottet, wenn man zur Kirche geht, das »Grüß Gott« wird abgeschafft, Kindergärten, Krankenhäuser, geistliche Schulen, ja Klöster werden aufgelöst. Es werden Bücher zu Hunderttausenden von Exemplaren ausgegeben, die gegen den christlichen Glauben sind.

Die Rede: »Wenn ihr Christen seid, seid ihr keine Deutschen!«, lehnen wir mit heller Empörung ab. Wir lieben unser Vaterland und beten viel für es. Es geht um Sein und Nichtsein des christlichen Glaubens in Deutschland. Gott, sieh doch die Not, greife Du ein!

Diese Aufschriebe hätten nicht in falsche Hände gelangen dürfen. Ich wäre unweigerlich ins KZ gekommen.

GEISLINGEN, DEN 13. JULI 1941

Wie schön wäre es, wenn wir alle einander lieben würden! Wir sind doch alle Glieder am Leibe Jesu Christi und gehören zusammen. Nehmen wir zum Beispiel an, einer sei die Hand Christi. Wieviel hat diese Hand Gutes getan? Wieviel hat sie gearbeitet, wieviel gelitten? Und so eine Hand darfst du sein. Freue dich, o Mensch, und diene in dieser Freude in Treue dem Herrn.

»Nichtstun ist halber Tod, das Leben äußert sich nur in der Tätigkeit.« (Friedrich der Große)

GEISLINGEN, DEN 1. AUGUST 1941

Übermorgen, am Sonntag, mache ich mit meinem Herrn Stadtpfarrer Nagel, meinem lieben Freund, eine Fahrt nach Eglofs bei Wangen im Allgäu. Ich freue mich mächtig darauf, einmal mit einem herzensguten Menschen und Kameraden ein paar Tage in unseres Herrgotts Natur wandern zu dürfen.

EGLOFS/ALLGÄU, DEN 4. AUGUST 1941

Nun ist es wahr geworden mit unserer Fahrt. Heute nachmittag sind wir mit dem Zug abgefahren bis Ulm und von dort aus vollends geradelt.

AN EINEM GEBIRGSBACH BEI EINÖDSBACH, ETWA 15 KILOMETER SÜDLICH VON OBERSTDORF, DEN 5. AUGUST 1941

Wir sind gestern nach Wangen gefahren. Gestern morgen hat es geregnet, und deshalb konnten wir nicht viel unternehmen. Heute fuhren wir mit dem Fahrrad über Immenstadt nach Oberstdorf und sind nun eben daran, bis zur Enzianhütte vollends hinauf zu steigen. Es ist wunderbar in dieser Bergwelt. Das feine Glockengeläute der Kühe, das Murmeln des fernen Gebirgsbächleins und das Dröhnen der Sturzbäche.

OBERSTDORF, DEN 6. AUGUST 1941

Heute war ein herrlicher Tag! Wir haben in der Enzianhütte übernachtet und sind am hellen Morgen aufgestiegen zur Rappenseehütte (2100 Meter). Hier oben, und auch etwas weiter unten hatte es schon Neuschnee. Von der Rappenseehütte aus betraten wir den Heilbronner Weg und erstiegen das Hohe Licht, über 2600 Meter hoch. Von dort hatten wir ringsum eine wunderbare Aussicht auf die herrliche Bergwelt. Froh und feierlich klang unser »Großer Gott, wir loben dich« in die Natur hinein. Vom Hohen Licht gingen wir dann auf dem Heilbronner Weg weiter. Überall lag Neuschnee auf diesen großen Höhen. Manchmal erwärmte uns die Sonne, manchmal heulte der Wind um uns her und trieb uns seinen eisigen Schnee ins Gesicht. Vom Heilbronner Weg stiegen wir ab zum Waldberghaus und von dort weiter bis Einödsbach, wo wir unsere Räder eingestellt hatten. Danach fuhren wir vollends bis Oberstdorf.

Wie packte mich der herrliche Anblick der Berge, wie konnten wir vom Hohen Licht auf die anderen Berge herabsehen, dort, wo wir dem Herrgott so nahe waren.

OBERSTDORF, DEN 7. AUGUST 1941

Nun bleiben wir noch einen Tag hier. Heute morgen, nach der heiligen Messe, zogen wir los. Wie lustig war die Fahrt mit der Drahtseilbahn auf das Nebelhorn. Von droben aus erstiegen wir vollends den Bergriesen. Überall lag auf dieser Höhe Neuschnee. Dann ging es wieder herunter und darauf zur Breitachklamm, einem wunderbaren Naturbildnis. Wild tosen die riesigen Wassermengen die enge Schlucht hinab.

*Auf dem »Hohen Licht«
mit Stadtpfarrer Nagel*

*Im schönen Pfarrgarten
von Eglofs im Allgäu*

Unser Weg kletterte ganz eng an den Felsen gedrückt in die Höhe. In dieser Kluft scheint fast nie die Sonne, überall nur dumpfes Tageslicht und das wilde Getöse des Wassers.

EGLOFS, DEN 9. AUGUST 1941

Wir sind gestern wieder abgereist von Oberstdorf. Unvergeßlich bleiben mir diese paar Tage in den Bergen, die stolz und majestätisch in die Welt schauen. Wie man dort aufwärtsstreben kann, immer nach oben dem Lichte zu. Hier oben ist man so frei und weg von der Welt; alles Kleinliche und Menschliche vergißt man hier. Dieses Wandern und dieses Aufwärtsstreben soll mir stets ein Beispiel sein für mein ganzes Leben. Auf der Fahrt nach Eglofs haben wir noch das Städtchen Sonthofen besichtigt. Wie steht dort so hoch auf dem Kalvarienberg die Ordensburg, in der die Führer der neuen Generation herangebildet werden. Sie steht so wuchtig und unerhört dort, gleichsam als wolle sie das ganze Land, samt den Kirchen, beherrschen. Doch über ihr steht Christus und warnt und mahnt sie und sagt: »Das, was in Dir gelehrt wird, ist falsch. Die Menschen müssen mir nachfolgen, denn nur bei mir ist der Sieg!«

Christus überragt auch sie und er wird einmal kommen und Rechenschaft fordern über das Gift, das diese jungen Menschen dort einsaugen, denn das ist jetzt ganz eindeutig klar, was man nun in Deutschland will: Weg von Christus, man will eine deutsche Religion, einen deutschen Gott.

Ist es nicht Wahnsinn, dieser Gedanke, daß *ein* Staat auf dieser Welt etwas Besonderes will, einen Gott für sich? So ein Volk ist doch nicht viel mehr als ein Wassertropfen an einem Eimer, der erbärmlich armselig und hilflos ist und jederzeit untergehen kann.

Wir sahen uns noch einmal das Städtchen Immenstadt an und darauf den Alpsee, der wunderbar in der Landschaft liegt. In Isny, einem herrlichen Allgäustädtchen, kamen wir auf unseren Fahrrädern auch vorbei und besichtigten seine schönen Kirchen, von denen mir die St. Georgskirche, ein frühes Benediktinerkloster, außerordentlich gefiel.

Gestern Abend saßen wir noch im schönen Pfarrgarten beim Schachspiel beisammen. Eglofs liegt wunderbar auf einer Anhöhe. Der Ort hat eine schöne große Kirche im Barockstil, die weithin ins Tal hinabgrüßt. Daneben steht das Pfarrhaus, darauf folgt das Kaplanhaus und dann kommt noch das Schwesternhaus, in dem ich mein Quartier habe. Alles ist so schön in diesem »Heiligenwinkel« beisammen. Hinter dem Pfarrhaus ist ein großer Garten und ein Tobel, wo auf halber Höhe eine herrliche Grotte steht. Am Vorplatz eines kleinen Häuschens, der ganz mit Grün eingewachsen ist, saßen wir gestern abend. Malerisch winkten uns die kleinen Allgäuhäuschen und die schönen Höfe herauf. Ganz hinten grüßt uns die Kette der Berge. Lieblich trägt der leise Abendwind das feine Glockengeläute der Kühe von allen Seiten an unser Ohr. Dabei noch der prächtige Pfarrer Dangelmaier, dessen Schwester und mein Stadtpfarrer. Alles war herzerfrischend schön.

Geislingen, den 14. August 1941

Wir erlebten in Eglofs noch ein paar schöne Tage, einen herrlichen Sonntag, den 11. August, an dem wir eine großartige Radfahrt über Isny bis nach Bolsternag unternahmen und von dort auf den Schwarzen Grat stiegen. Von dort oben hatte man eine wunderbare Fernsicht auf die Alpen und den Bodensee. Auf der Rückfahrt durfte ich an einer Zusammenkunft der katholischen Priester der Umgebung teilnehmen. Die Lage ist uns nun allen bekannt. Es geht um eine jahrhundertelange Entscheidung. Ein Vikar las Ausschnitte aus zwei Predigten des Bischofs von Münster in Westfalen (Bischof von Galen) vor. In Münster treibt man es mit unserer Kirche am stärksten. Klöster werden beschlagnahmt und die Ordensleute, ohne zuvor angeklagt zu werden, auf die Straße gesetzt und zum Teil ins Konzentrationslager gesteckt. Gaufilmstellen und Entbindungsanstalten für Mütter, die uneheliche Kinder entbinden, und dergl. wurden aus den Klöstern gemacht. »Wir sind der Amboß, und der hält bekanntlich länger als der Hammer.« Er sei nicht ein Unruhestifter, sondern er fordere Gerechtigkeit und er könne mit den Leuten, die seine Mitbrüder und -schwestern einfach mittellos auf die Straße setzen, keine Volksgemeinschaft pflegen. – Dieser Nachmittag war natürlich für mich von allergrößtem Nutzen und großem Interesse.

Geislingen, den 18. August 1941

Ein reißender Bach läuft uns entgegen. Wir müssen immer gegen die Strömung schwimmen, mutig und fest, denn er wütet und zerrt unheimlich und versucht immer wieder, uns mit sich fortzureißen. Wehe, wenn unser Kraftvorrat verbraucht ist, denn dann gibt es keine Rettung mehr.

Geislingen, den 31. August 1941

Heute ist ein besonderer Tag. Ich habe aus der Schar der Ministranten eine Jugendgruppe gebildet. Das hat der Staat aber streng verboten. Wir besprechen wichtige religiöse Themen, wir singen und spielen. Schon beim ersten Punkt, dem Thema »Unser Glauben und seine Gefahren«, machten die Kerle frisch mit und waren begeistert bei der Sache. Wir lernten ein Lied: »Wir sind deine Jungen, uns ruft der Wald«. Es folgten einige Gesellschaftsspiele und zum Schluß las ich aus einem interessanten Buch vor mit dem Titel »Schmuggler in Masuren«. Es handelt von einer Pfadfindergruppe und ist ein aufregendes Jungenabenteuer. Am liebsten wären die Buben noch länger dageblieben, doch meine Zeit erlaubte es mir nicht. Ich habe die feste Zuversicht, daß nach einer gewissen Anlaufszeit in den Jungen einiges sich regen wird.

GEISLINGEN, DEN 6. OKTOBER 1941

Am 26. September habe ich in der Handelsschule die Abschlußprüfung abgelegt. Gewöhnlich werden die drei Klassen in drei Jahren durchgemacht, ich aber schaffte es in einundhalb Jahren und erhielt ein Zeugnis mit einem Durchschnitt von gut bis sehr gut (1,5). Das verdanke ich aber nur Dir, mein Gott!

2.11.41: Wie ich erfahren habe, war ich der beste der Prüflinge.

GEISLINGEN, DEN 19. OKTOBER 1941

Wie eine Furie peitscht der gegenwärtige Krieg auf die Menschheit ein und vernichtet Volk um Volk, Menschen, die in der Blüte des Lebens stehen. Furchtbar und herzzerreißend ist das Morden, Niedermetzeln und Quälen in Rußland. Welt, wie lange merkst du noch nicht, daß Gott warnt, daß er das alles als Warnungen zuläßt. Wehe dir, wenn er eingreift.

GEISLINGEN, DEN 13. NOVEMBER 1941

Unser Bischof Joannes Baptista Sproll lebt in der Verbannung, weil er nicht zur Wahl ging!

Mein Tagesablauf an den Werktagen:

Morgens: Um 6 Uhr aufwachen, Morgengebet bis ca. 6.20 Uhr, aufstehen und zuerst Frühgymnastik, waschen, Frühstück. Auf dem Weg zum Bahnhof unterwegs beten. 7.19 Uhr Abfahrt des Zuges. Während der Fahrt Latein lernen. 8 Uhr Arbeitsbeginn bis 1 Uhr. Stoßgebete immer wieder.

Mittags: Von 1 Uhr bis 1.30 Uhr Mittagspause. Nach der Mahlzeit (entweder Vesperbrote oder ab und zu im Gasthaus nebenan ein einfaches Essen) Latein lernen. Bis 18.30 Uhr im Geschäft, dazwischen mit den Arbeitskollegen diskutieren und natürlich mit den Kunden sprechen. Auf dem Weg zum Bahnhof kurze Gebete. 18.47 Uhr Abfahrt des Zuges. Ankunft 19.32 Uhr. Im Zug wieder Latein lernen. Vom

Bischof Joh. Baptista Dr. Sproll

Bahnhof im »Langstreckenlauf« auf dem kürzesten Weg nach Hause. Abends: 19.45 Uhr bis 20 Uhr Abendessen. Von 20 Uhr bis 21.30 Uhr Latein lernen. Dann bis 22.30 Uhr ein theologisches Buch durchstudieren oder die Ministunde vorbereiten, manchmal auch musizieren. Nachtgebet. Schlafen von ca. 23 Uhr bis 6 Uhr morgens.

GEISLINGEN, DEN 29. NOVEMBER 1941

Abschied im Geschäft. Der Ernst des Lebens beginnt: Ich werde eingezogen. Auch von meinen Freunden nahm ich Abschied, von Paul B., Richard R. und Hanspaul E. Alle Prachtkerle! Am 1. Dezember um 3.40 Uhr fährt der Zug in Geislingen ab.

Dir, o Gott, bleib ich treu!

SULZBURG/BADEN, DEN 4. DEZEMBER 1941 –
BEIM RAD, ABTEILUNG 1/276

Nun bin ich mitten unter Kameraden in einem Reichsarbeitsdienstlager im Schwarzwald. Herrliche Tannen umgürten unser in einem Tal gelegenes Lager. Der Dienst ist streng.

SULZBURG, DEN 7. DEZEMBER 1941

Heute ist der zweite Adventssonntag. Aber wo sind die schönen Sonntage? Kein Gottesdienst, keine Sonntagsruhe! Es ist schlimm.

SULZBURG, DEN 14. DEZEMBER 1941

Heute, am dritten Adventssonntag, machten wir einen Ausmarsch durch ein enges herrliches Tal. Dies war unser erster Ausgang.

SULZBURG, DEN 20. DEZEMBER 1941

Vor ein paar Tagen haben wir mit den Arbeitsmaiden von Staufen und dem Gaumusikzug einen bunten Abend in unserem Lager gehabt. Unvermutet traf ich unter den Maiden mein Bäschen Rösle Spring aus Klingenstein. Die Stimmung war in dieser Situation etwas angespannt.

SULZBURG, DEN 21. DEZEMBER 1941

Ich bin mit 15 anderen Männern von unserem Lager ausgesucht worden, damit wir zu Hilfsausbildern herangebildet würden. Nun will der Abteilungsführer, daß wir hauptamtliche Arbeitsdienstführer werden sollen. Er ließ jeden einzelnen zu sich kommen. Ich war ungefähr eine halbe Stunde bei ihm und sagte ihm klar meine Absicht. Daß er bei

mir nichts erreicht hat, ist selbstverständlich, und er wird auch in Zukunft nichts erreichen.

SULZBURG, WEIHNACHTEN 1941

Das schönste Weihnachtsgeschenk: nach langer Zeit wieder eine heilige Messe. Den Besuch des Gottesdienstes mußte ich mir erkämpfen. Gestern, am Heiligen Abend, fielen viele Spottworte, die mich aber keineswegs erschütterten. Dann etwa um 24 Uhr lief die Schnapsflasche im Kreis herum, aus der jeder trinken mußte. Als die Reihe an mich kam, wies ich sie aber zurück und betonte, daß ich ab Mitternacht nüchtern sein müßte, weil ich zur heiligen Kommunion gehen möchte. Ein fürchterliches Gelächter war die Reaktion der anderen. Doch einer lachte nicht mit: Alex E. aus Göppingen. Er ist evangelisch und ging wie ich allein vom Lager in die Kirche. – Das war nun die erste Feuerprobe in meinem Leben. Ich stand vor der Entscheidung, feig zu sein und zu kneifen, oder mich zu bekennen. – Freuet euch, denn das Heil der Welt ist gekommen!

SULZBURG, NEUJAHR 1942

Glückszeichen in schwerer Zeit! Mein einziges Zeichen ist das Kreuz. – Ein Jahr der Gnade ist vorbei, ein Jahr voller Kampf, Leid, aber auch ein Jahr voller Freude. Wie schön waren Ostern, Pfingsten, Weihnachten und all die anderen Tage, besonders der Monat Mai, und im August unsere schöne Fahrt in die Berge, der Aufstieg aufs Hohe Licht, zum wahren Licht, zum Kreuz!

Ein neues Jahr steht vor der Tür. Noch viel kampfreicher als das vergangene Jahr wird es werden. Jetzt heißt es, sich bewähren – »Alles vermag ich in dem, der mich stärkt« (Phil 4,13) – und wenn es in den Tod geht, tiefer als in die Hände Gottes kann ich nicht fallen. Und so kann ich also frohen Mutes und freudigen Herzens in das bevorstehende Dunkel schauen, aus dem mir noch heller als die Sonne ein Licht entgegenleuchtet.

SULZBURG, DEN 18. JANUAR 1942

Gestern starb einer unserer Kameraden, Otto Z. aus Rechberghausen. Heute war die Totenehrung für ihn.

SULZBURG, DEN 2. FEBRUAR 1942

Gestern, am Sonntag, war ich in der schönen Stadt Freiburg. Im Münster wurde ein Jubiläum des Bischofs gefeiert. In diesem gewaltigen Bauwerk kam mir zu Bewußtsein, daß auch ich selbst ein Dom bin, den ich aufbauen muß.

Gestern wurde ich nun zum Vormann befördert. Das ist etwa so wie ein Gefreiter bei der Wehrmacht.

IN DER NÄHE VON RECKLINGHAUSEN IN WESTFALEN, DEN 25. FEBRUAR 1942

Am 23. des Monats fuhren wir von Sulzburg ab in den Wehrmachteinsatz nach Norddeutschland. Die Fahrt durchs Rheintal war wunderschön. Nun warten wir gespannt auf unseren Einsatz.

WESTFALEN, DEN 7. MÄRZ 1942

Wir haben nun eine Feldpostnummer erhalten. Unseren Standort dürfen wir nicht verraten. Ende des Monats sollen wir entlassen werden.

WESTFALEN, DEN 10. MÄRZ 1942

Voralarm zum feindlichen Fliegerangriff! – Rasch ziehen wir uns an und warten auf das Sirenensignal. Bald darauf geht's los, und schon krachen die ersten Schüsse unserer Flak. Wir sitzen, dicht in unsere Mäntel gehüllt, im Laufgraben und warten, warten. – Stundenlang tobt das Abwehrfeuer, so daß die Balken unseres Bunkers zittern. Scheinwerfer suchen den Himmel ab nach den Bombenfliegern, die aus großer Höhe ihre Bomben abwerfen. Endlich ist der Spuk vorbei!

WEIL AM RHEIN, DEN 22. MÄRZ 1942

Am 20. März sind wir von Westfalen abgefahren, dem Süden zu, dicht an die Schweizer Grenze bei Basel. Von dort aus sollen wir entlassen werden.

WEIL AM RHEIN, DEN 27. MÄRZ 1942

Vom 23. bis 26. März hatte ich Sonderurlaub. Ich legte am 25. März die Kaufmannsgehilfenprüfung in der Drogerie Staiger in Reutlingen

Hohenstaufen 29. Mai 1942

ab. Nun ist meine Lehrzeit beendet. Ich hatte großes Glück, daß ich die mündliche Abschlußprüfung noch ablegen durfte. Nun bin ich also ausgebildeter, vollwertiger Kaufmann. (Nachtrag am 24.5.42: Jetzt erfuhr ich, daß ich die Prüfung erfolgreich und mit einem Preis bestanden habe.)

WEIL AM RHEIN, DEN 28. MÄRZ 1942

Jetzt ist es soweit! Heute um 11.47 Uhr fährt der Zug ab Richtung Heimat. Schon stecken wir in den Zivilkleidern. Unsere RAD-Zeit ist abgelaufen. Ein kleiner Abschnitt meines Lebens ist nun vorbei. Ich lernte Menschen gleichen Alters kennen. Es gab gute Kameraden, es gab aber auch ganz schöne Drückeberger. Die meisten dürfen nicht so streng beurteilt werden, wie ich es anfangs getan habe, denn wo mehrere beieinander sind, will jeder den andern übertrumpfen. Mein bester Freund ist Alex E.

Der Oberfeldwebel (ein ganz hohes Tier!) sagte zu mir vor ein paar Tagen, er sei mit mir sehr zufrieden gewesen. Ich hätte meine Pflicht restlos erfüllt. Er wußte über meinen christlichen Standpunkt Bescheid und achtete mich im stillen.

Jedoch muß ich sagen, daß ich manchmal hätte etwas mehr leisten können. Ich nehme mir deshalb vor, bei der Wehrmacht, zu der ich nun komme, umso mehr zu leisten. – Nun warten wir auf den Abmarsch zum Bahnhof.

GEISLINGEN, DEN 30. MÄRZ 1942

Heimat! Eine heilige Freude packte mich, als ich wieder den Heimatboden unter den Füßen hatte. Mein Leib und meine Seele werden von diesem Glück ganz durchdrungen. Ich könnte jubeln und singen vor Freude!

GEISLINGEN, DEN 31. MÄRZ 1942

Ich sitze hoch auf einem Felsen auf dem Tegelberg und bestaune und bewundere meine liebe Heimat. Tief unten liegt, in fünf Täler eingebettet, meine vielgeliebte Heimatstadt Geislingen mit ihren sauberen Gebäuden und Straßen. In vielen Windungen fließen die Eyb und die Fils durch die grünen Obstwiesen und treffen sich an der Siechenbrücke, von wo aus sie dann gemeinsam das untere Filstal hinabfließen. Noch stehen die Buchenwälder an den Berghängen unbelaubt da. Bald aber werden die Knospen springen, und bald wird dann die Sonne das Leben hervorzaubern. Stolz erhebt sich auf dem Schloßberge die Burgruine Helfenstein, und wie ein Wächter über sie steht ihr gegenüber der Ödenturm. Am Fuß des Michelbergs liegt malerisch und idyllisch zwischen stolzen Bäumen der Hagmeyersee.

Ostern ist nahe! Die lachende Sonne, der liebliche Frühlingswind und die ersten Blumen, sie alle verkünden es mir freudig: Freut euch, Ostern kommt! Freut sich nicht auch der helle Himmel über uns über das Leben, das der Allmächtige wieder in großer Pracht und Schönheit hervorruft? O Gott, wie schön bist Du, wenn Du solches geschaffen hast.

GEISLINGEN, DEN 5. APRIL 1942

»Fürwahr, es ist kein leerer Wahn,
erzeugt im Gehirn des Toren;
in unserem Herzen kündet es laut sich an:
zu was Besserem sind wir geboren.«
Friedrich Schiller

Aber keine Angst! Ich bilde mir nicht ein, etwas »Besseres« zu sein. Im Gegenteil, so wie ich mich selbst einschätze, bin ich eher zu schüchtern und bescheiden dazu.

Mein Leitspruch: »Herr, Dein Wille geschehe!«

OSTERN 1942

Es ist für mich eine große Freude, heute, am hochheiligen Osterfest, zu Hause zu sein. Überall, auch an der Front, jubelt die menschliche Seele dem Auferstandenen zu, der jedes Blümlein, die grünen Wiesen und die ganze Natur wieder in prachtvoller Schönheit auferweckt hat, und der auch uns, die wir in einer Zeit leben, in der der Tod wie ein Sturmgewitter in die Menschheit peitscht, wieder neuen Mut zu dem gewaltigen Kampfe gibt. Ihn bitte ich, er möge mich stärken für den beginnenden Kampf. Und wenn er mich jetzt schon zu sich rufen wird, so geschehe sein Wille. Mein ganzes Leben lang will ich ihm nachfolgen, bis ich am Ziel angekommen bin.

Alleluja, alleluja, Dominus resurectus est!

OSTERMONTAG, DEN 6. APRIL 1942

Mit meinem Freund Helmut B., der einmal Theologe wird, verbrachte ich den heutigen Tag mit einer Radfahrt ins schöne Täle.

GEISLINGEN, DEN 8. APRIL 1942

Heute erhielt ich meinen Stellungsbefehl zur Deutschen Wehrmacht. Ich komme zur Infanterie auf die Wilhelmsburg in Ulm, wo auch mein

Vater und auch schon mein Großvater dienten. Am 17. des Monats muß ich einrücken.

GEISLINGEN, DEN 10. APRIL 1942

Heller Sonnenschein lag gestern über meinen Heimattälern. Sofort nach dem Mittagessen ging es mit ein paar Freunden aus unserer Jugendgruppe los in Richtung Michelsberg-Oberböhringen, bis zum Wasserberg. Weit war die Aussicht aufs Filstal, auf Dörfer, Städte, Berge, Wälder, tiefe Täler und Schluchten und natürlich die stolzen Burgen.

GEISLINGEN, DEN 16. APRIL 1942

Die schönen Tage in meinem Elternhaus sind nun vorbei. Morgen muß ich scheiden. Ich will ein tapferer und pflichtbewußter Soldat werden, auf den man sich verlassen kann.

ULM/DONAU, WILHELMSBURG, DEN 18. APRIL 1942

Gestern Abend um 18 Uhr mußten wir uns melden. Gleich in der zweiten Stunde war Fliegeralarm. – Unsere Ausbildung dauert acht Wochen lang, und darauf kommen wir dann wahrscheinlich gleich an die Front.

Bevor ich nun weiterschreibe, möchte ich noch einmal das Wichtigste aus meinen Tagebüchern bis zu meinem 17. Lebensjahr kurz zusammenfassen. (Dies geschah im Jahr 1943.)

ERSTER LEBENSABSCHNITT (BIS SIEBZEHN)

Es war die Zeit des inneren und äußeren Wachsens. Blind folgte ich einer irregeführten Jugend in der Hitlerjugend und war dort auch Führer. Wie meine Umgebung, so wurde auch ich. Der bis dahin treu behütete Kinderglaube wurde von dem Neuen, das auf mein junges Leben einstürmte, vollkommen zerrüttet und durcheinandergeworfen. Unter schlechten Kameraden wurde ich bald einer ihresgleichen. Gierig trank ich die Sünde in mich hinein. Oft wurde ich von der Stimme meines Gewissens gewarnt, und es folgten Tage voller Reue und innerer Zerknirschung. Doch nie brachte ich die Kraft auf, mich von den Fesseln endgültig zu lösen. Immer wieder fiel ich in den alten Zustand zurück. Es waren traurige Jahre, die aber nicht aus meiner Jugendzeit weggestrichen werden können.

Zweiter Lebensabschnitt

Ich war noch nicht ganz siebzehn Jahre alt, da erfolgte eine radikale Wandlung meines bis dahin so sündhaften Lebens. Durch Zufall stieß ich zu einer Gruppe gleichaltriger Jungen, die sich bemühten, trotz aller äußeren Verfolgungen und Schikanen ein echt christliches Leben zu führen. Ihre Haltung hat mich in Staunen gesetzt. Da stand ich am Kreuzweg meines Lebens.

Gott öffnete beide Hände, um mich mit seiner Gnade aufzunehmen. Es folgten 14 Tage voller Unruhe und bitterster Reue. Und dann kam der große Tag meines Lebens, der 19. Mai 1940, an dem mich die Gottesmutter in den Schoß der heiligen Kirche zurückführte. Von diesem Tag an war ich wieder Mensch. Ich fand wieder Freude am Leben und empfand es als Glück, einen geistigen Kampf gegen das Schlechte führen zu dürfen. Freilich blieb mir nichts erspart in diesem Kampf. Ich wurde von den Versuchungen und Verlockungen geradezu gepeinigt, doch ich habe nicht ein Mal nachgegeben, sondern in Treue standgehalten.

Meine religiöse Haltung war in dieser Zeit noch sehr gefühlsbetont, wie es für die Jugend charakteristisch ist. Ich wußte noch nicht, daß man sachlich und nüchtern an die Dinge des Lebens herantreten muß, sondern ließ mich von den Gefühlen leiten. Erst in der harten Schule des Arbeitsdienstes wurden mir für die Wirklichkeit des Lebens die Augen geöffnet.

Ich war zu dieser Zeit in der kaufmännischen Lehre. In meiner Freizeit wurde gelesen, gedichtet, gemalt, musiziert, ja sogar komponiert. Ich war in dieser Zeit des Heranreifens begeistert für alles Schöne, Edle und Gute. Mit der Zeit merkte ich auch, daß der Nationalsozialismus eine verlogene und falsche Idee war und daß seine Vertreter unseren christlichen Glauben ausrotten wollten. Da machte ich mich los und erschien schließlich überhaupt nicht mehr im HJ-Dienst.

An Weihnachten 1940 faßte ich den Entschluß, Geistlicher zu werden. Mit einem Feuereifer begann ich, in jeder freien Minute mein Lateinstudium fortzusetzen. Vor 23 bis 24 Uhr kam ich nie zum Schlafen. Ich muß heute noch über diese Willenskraft staunen, die ich damals aufgebracht habe.

Am 1. Dezember 1941 wurde ich zum Arbeitsdienst in den südlichen Schwarzwald eingezogen. Es war die Zeit meiner ersten Bewährung im christlichen Glauben. Da ich mich gegen schlechte Kameraden, ja gegen christusfeindliche RAD-Führer zur Wehr setzte, stand ich allein mit meiner Idee. Nur ein evangelischer Kamerad wehrte sich mit mir gegen die Flut von Schmutz und Sünde, in der wir standen. Der Besuch des Sonntagsgottesdienstes wurde mir verweigert, doch an Weihnachten setzte ich es doch durch, den Gottesdienst besuchen zu dürfen.

Am Heiligen Abend wurde ich bei der politischen Weihnachtsfeier wegen meines Glaubens von Kameraden und Führern verlacht und gehänselt. Um 24 Uhr, als viele schon betrunken waren, lief die Schnapsflasche im Kreise herum, aus der jeder trinken mußte. Doch als die Reihe an mich kam, wies ich sie entschieden zurück und erklärte, ich müsse ab Mitternacht nüchtern sein, weil ich morgen zur heiligen Kommunion gehen wolle. Ein schallendes Gelächter, Spott und Hohn waren die Antwort. Doch ich blieb stark in IHM.

Trotz alledem wurde ich mit einigen wenigen vom Lager als Hilfsausbilder ausgebildet und zum Vormann befördert. Mein Oberstfeldmeister erklärte, er könne es nicht verstehen, wie ein Mensch mit solch sonnigem Gemüt so fromm sein könnte. – Alle folgten blind dem Antichristen, doch insgeheim wurde ich von vielen im stillen geachtet, weil ich auch im Dienst treu meine Pflicht erfüllte.

Im März 1942 wurde ich aus dem Arbeitsdienst entlassen. Diese Zeit war für mich eine gute Lehre, bekam ich doch endlich einen Blick dafür, wie das Leben in der Welt draußen in Wirklichkeit aussieht.

Ulm, den 22. April 1942

Heute war die Vereidigung von uns Rekruten. »Wir treten zum Beten vor Gott, den Gerechten« – dieses Dankgebet spielte der Musikzug zum Beginn. Der allmächtige Gott wurde als Zeuge für unseren Eid angerufen. Bei den Worten: »Ich gelobe ... dem Führer Adolf Hitler« habe ich bewußt geschwiegen und nicht mitgesprochen.

Ulm, den 3. Mai 1942

In der Kaserne kümmert man sich nicht um das Gebet. Man wird angeschrien, angepfiffen, gehetzt. Ich sehe ein, daß Zucht, Ordnung und Pünktlichkeit unbedingt notwendig sind, um eine Gemeinschaft aufrechtzuerhalten, aber ich bin nicht für Schikanen.

Ulm, den 12. Mai 1942 Muttertag

Meine liebe gute Mutter hat schon Unermeßliches für mich getan. Sie hat mich großgezogen, hat mir sprechen gelernt, mir vom Heiland erzählt und alles für mein Wohlergehen getan. Ihre Sorge für meine Geschwister und mich ist groß, aufopfernd ihre Liebe. Ich kann es nie zurückgeben, was sie mir gegeben hat.

Geislingen, den 24. Mai 1942 Pfingstmontag

Erster Sonntagsurlaub in meiner Heimatstadt, in meinem Elternhaus. Fast spürt man in unserer schönen Heimat nichts davon, daß wir in einer furchtbaren Zeit leben, in einem gewaltigen Völkerringen.

Ulm, den 7. Juni 1942

In der vergangenen Woche waren wir auf dem Truppenübungsplatz in Münsingen. Wir fuhren nicht etwa mit dem Zug, sondern marschierten auf dem Hin- und Rückweg. Es wurde scharf geschossen, zum ersten Mal. Nun sind wir schon ganz gut ausgebildete Feldsoldaten. Bald wird unser Einsatzbefehl kommen.

Geislingen, den 21. Juni 1942

Wieder auf Wochenendurlaub zu Hause, heute, wo Firmung ist bei uns. Der Heilige Geist hat auch mir wieder neue Kraft gegeben zum Kampf gegen das Böse, und festen Willen, überall Gutes zu tun. Freilich ist es nicht einfach, bei den Soldaten ein gutes Herz zu bewahren. Doch Gott hat uns berufen, durch ein gutes Vorbild andere zum Heil zu führen.

Ulm, den 29. Juni 1942

Ein paar feine Kerle habe ich hier gefunden. Sie geben mir den festen Beweis für die Gottheit Christi, denn sein Geist lebt in ihnen. – Morgen werde ich 19 Jahre alt.

Tübingen, den 20. Juli 1942

Nun bin ich auf der Regimentsschule in Tübingen in der Hindenburg-Kaserne. Es ist eine Unteroffiziersschule. Unser Lehrgang dauert etwa ein Vierteljahr. Wir sind zu viert aus unserer Kompanie dazu ausgewählt worden. Im ganzen sind wir 36 Mann vom Regiment.

Tübingen, den 27. Juli 1942

Schneidig ist's auf der Regimentsschule, ein sehr guter Dienst. Wir treiben viel Sport, dürfen schwimmen und reiten. Manchmal müssen wir auch ins Offizierskasino zum Nachtessen. Es gefällt mir hier sehr gut. Tübingen ist ein wunderschönes Städtchen mit seinem Schloß, mit der Altstadt und ihren giebeligen Fachwerkhäusern und ihren heimeligen Winkelgäßchen, ein wirkliches Schatzkästlein!

GNIEBEL, DEN 9. AUGUST 1942

Vor zwei Tagen sind wir in den Ernteeinsatz gekommen. Ich kam mit noch drei weiteren Kameraden in das kleine Dörfchen Gniebel, das etwa zehn Kilometer nordwestlich von Reutlingen liegt. Einer netten Familie wurde ich zugeteilt, wo man noch betet und morgens, nach dem Frühstück, ein Ausschnitt aus der Tageslesung vorgebetet wird. Es sind drei lustige Buben da, die eine große Freude haben über »ihren Soldaten«.

GEISLINGEN, DEN 16. AUGUST 1942

Heute konnte ich meine kranke Mutter im Krankenhaus besuchen. Sie hatte eine sehr schwere Unterleibsoperation. Meine Mutter ist eine wahre Heldenfrau. Wenn andere jammern und stöhnen, kann sie sogar noch bei großen Schmerzen Witze machen und scherzen. Ihren 50. Geburtstag durfte sie unter Anwesenheit meiner Angehörigen, der Ärzte und Schwestern, unseres Stadtpfarrers und noch anderen Bekannten, wie zum Beispiel Sr. Melda, begehen. Ihr starker Lebenswille schafft bald wieder die Genesung.

AUF DER WURMLINGER KAPELLE, DEN 31. AUGUST 1942

Mein heutiger Sonntagsweg führte mich hierher auf die Höhe zur Wurmlinger Kapelle, die von Ludwig Uhland so schön besungen wurde. Man sieht weit in die Täler mit den schmucken Dörfern, den sauber angelegten Feldern und den großen Obstgütern. Ein weiter Himmel spannt sich über die Landschaft. Es herrscht eine feierliche Sonntagsruhe an der so romantisch gelegenen Kapelle.

TÜBINGEN, DEN 6. SEPTEMBER 1942

Wie schön ist doch eine Blume, denken wir zum Beispiel an die kleine Glockenblume. Gibt es denn ein schöneres Blau als das ihrer Blüte? Dieses Blümlein ist so zart, licht, fein, echt und schlicht, wie Seide so schön. Der Herrgott hat's geschaffen.

Er ist der große Schöpfer von allem, vom Sandkörnchen angefangen bis zur großen Erde, zur Sonne, den Gestirnen bis zum unendlich großen Weltall. – Manche Menschen sagen, Gott wäre viel zu groß, um sich um jeden einzelnen Menschen anzunehmen. Dazu hätte er gar keine Zeit, denn er müßte viel wichtigere Dinge tun. – So einen Gott könnte ich nicht anerkennen, denn es wäre ja kein vollkommenes Wesen, wäre nicht vollendet.

Mein Herr und Gott, so wie ich ihn mir vorstelle, ist in allen Dingen ohne Fehler, er ist also vollkommen. Er weiß über alles Bescheid, über das kleinste Blümlein, über den kleinen Käfer, über jedes Kind, jede Frau, jeden Mann, über Völker, über die ganze Welt und das unendliche All. Er weiß nicht nur über die Dinge, sondern er schöpft, leitet und lenkt sie auch. Bei ihm ist ein Fehler ausgeschlossen, denn sonst wäre er ja nicht vollkommen.

Daß er persönlich ist und kein allumfassendes Wesen, wie ihn sich die Pantheisten denken, muß jedem einleuchten, denn sonst hätte er ja den Menschen, der einen Verstand hat, nicht schaffen können, weil ein unpersönliches Wesen keinen Verstand hat und weniger als der Mensch ist.

Immer wieder suche und ringe ich um die Schlichtheit und Einfachheit, die ein Kind besitzt. Im Reden ohne Phrase, sondern ganz einfach und echt, und im Handeln erst recht nicht schöntuerisch. Ich weiß, wenn ich immer auf meine innere Stimme höre, wenn ich immer gewissenhaft bin, nicht ängstlich und auch nicht trotzig, so kann ich meinen Charakter vor der Welt bewahren, denn ich sollte ja Vorbild sein. Falschheit und Unaufrichtigkeit hasse ich.

TÜBINGEN, DEN 20. SEPTEMBER 1942

Dicht drängen sich die Menschen am Eingang des Rittersaales im Tübinger Schloß. Ein großes Bachkonzert mit zwei Chören wird aufgeführt. Mit einem schwungvollen Chorstück: »Auf, schmetternde Töne der munteren Trompeten«, mit der Kantate Nr. 207, wird das Konzert eingeleitet. Wie silbern und durchdringend klingen die Cembali. Wie ein Dichter wandelt Bach seine pastoral gehaltenen Sätze in virtuose um, daß einem das Herz im Leibe lacht.

TÜBINGEN, DEN 27. SEPTEMBER 1942

Hat die Welt schon jemals einen größeren Sturm mitgemacht, als in der heutigen Zeit? Wie ist sie aufgewühlt, verhetzt, wie hassen und bekriegen sich die Völker! Und die vielen Millionen unschuldiger Opfer, das viele Blut, soll es umsonst gewesen sein? Wie viele arme Mütter weinen um ihren Sohn, wie viele Frauen trauern um ihren Mann?

– Und in dieser sturmreichen Zeit meinen viele, sie müßten es mit ihrem Glauben an Gott nicht mehr so genau nehmen, sie könnten ohne Gesetze leben, sie könnten ohne die Kirche sein. – Ist es nicht etwas Göttliches, ist es nicht erhaben, wenn Menschen aufstehen und mit ihrer ganzen Kraft sich dagegen wehren, wenn sie den viel schwereren und mühseligeren Weg einschlagen, wenn sie zu Gott gehen?

TÜBINGEN, DEN 4. OKTOBER 1942

Es ist nicht leicht, den harten und strengen Dienst in der Infanterie, der uns zivilisierten Menschen einfach widerwillig ist (zum Beispiel das Anschmieren des Gesichtes mit Erde usw.), freudig und ohne zu murren, abzuleisten. Freilich gibt es viele schöne Stunden, wo das Soldatenherz fröhlich ist. Für den in der Ausbildung Stehenden ist es einfach notwendig, daß viele Dinge stur eingedrillt werden.

Immer wieder muß ich an die tapfere Familie bei meinem Ernteeinsatz denken, in der der Mann und die Frau so gut miteinander auskamen. Beide verrichteten ihre harte Arbeit, ohne daß je ein mürrisches oder ungeduldiges Wort gefallen wäre. Sind das nicht Prachtmenschen, wahrlich, das sind Helden!

KOLMAR IM ELSASS, DEN 10. OKTOBER 1942

Gestern sind wir von Tübingen nach Kolmar verlegt worden. – Kolmar ist eine sehr schöne Stadt. Ein herrliches Münster und noch andere Kirchen im gotischen Stil, ein altes Dominikanerkloster sowie noch viele schöne Fachwerkbauten liegen in der Altstadt.

GEISLINGEN, DEN 18. OKTOBER 1942

Unser Lehrgang auf der Regimentsschule ist beendet. Ich wurde zum Gefreiten befördert. Wir bekommen jetzt noch acht Tage Urlaub und kommen darauf zur Frontbewährung nach Rußland. (Wir sind Offiziersbewerber oder Fahnenjunker.)

GEISLINGEN, DEN 21. OKTOBER 1942

Schön sind die Urlaubstage in meinem Elternhaus. Viel Arbeit gibt es jetzt im Herbst bei meinen Eltern im Geschäft. Der Vater arbeitet von früh bis in die Nacht hinein, und wie sich erst die Mutter abmüht! Ein schöneres Beispiel von Fleiß könnte mir niemand geben.

Nun muß ich bald Abschied nehmen. Schon lange freue ich mich auf den Fronteinsatz. Es ist ein gewaltiger Kampf unseres Vaterlandes gegen das Unmenschentum des Bolschewismus. *(!)* Eine neue, junge

Oktober 1942

Zeit bricht an nach dem Kriege, eine Zeit, wo Christus wieder ganz über der Welt steht. Er ist der Stärkste im heutigen Kampfe, und er wird siegen. Für dieses Ideal will ich kämpfen, wenn Gott es will für das Vaterland und daher für Christus das Leben zu opfern. (!)

GEISLINGEN, DEN 22. OKTOBER 1942

Viele meiner Kameraden mußten schon ihr junges Leben opfern, bis jetzt etwa 15 Prozent von denen, die mit mir die Rekrutenausbildung gemacht haben. Immer wieder frage ich mich: Wirst du wieder heimkehren? Gott allein weiß es, und ihm will ich meine Sorgen anvertrauen.

> Bunt sind die Wälder, o Heimat,
> noch ziert grünes Gras deine Wiesen,
> farbenprächtige Dahlien lachen aus deinen Gärten
> und die letzten Herbstblümlein grüßen von den felsigen Höhen.
> Dann und wann huscht auch noch ein lustiger Sonnenstrahl über das Tal;
> die Scheunen deiner Bewohner sind von deinen Gaben gefüllt.
> Alles erwartet eine andere Zeit und rüstet sich darauf.
> Was sie wohl bringen wird?
> Auch ich mache mich bereit.
> Wann, o Heimat, werde ich dich wiedersehen?
> Wann höre ich wieder im Tal die Glocken läuten?

GEISLINGEN, DEN 23. OKTOBER 1942

Morgen früh muß ich scheiden. Es gibt einen schweren Abschied, einen Abschied, bei dem die Rückkehr ungewiß ist. Mutig und fest entschlossen ziehe ich in den Kampf, denn ich habe von meinen Eltern die stärkste Waffe erhalten: Das ist mein Glaube.

Tiefer als in Gottes heilige Hände kann ich nicht fallen!

KOLMAR, DEN 8. NOVEMBER 1942

Nun ist es soweit, morgen fahren wir ab nach Nordrußland, in die Gegend vom Ilmensee.

TILSIT (OSTPREUSSEN), DEN 11. NOVEMBER 1942

Vorgestern fuhren wir von Kolmar über Straßburg, Karlsruhe, Mannheim, Frankfurt, Fulda, Berlin, Marienburg, Königsberg nach Tilsit, wo wir heute übernachtet haben.

Der Hohenstaufen, Kreis Göppingen

DNO, DEN 13. NOVEMBER 1942

Nun sind wir von Tilsit weitergefahren nach Tauroggen in Litauen, Schaulen, Dünaburg in Lettland, über Pskow in Rußland nach Dno. Öd und eben ist dieses Gebiet hier in Nordrußland, Sümpfe, Wiesen und Wälder und armselige Dörfer.

IM BUNKER, DEN 17. NOVEMBER 1942

Vorgestern sind wir vollends nach vorne gekommen. Unsere Stellungen liegen bis zu 70 Meter vor dem Feind.

RUSSLAND, DEN 24. NOVEMBER 1942

Der Kleinkrieg, den wir hier führen, ist peinigend und nervenaufpeitschend. Der Russe ist ein echter Naturmensch. Beim schlechtesten Wetter, im stärksten Schneesturm, schleicht er an unsere Stellungen, um einen Gefangenen zu schnappen. Immer wieder muß einer von uns »dran glauben«. Wir leisten hier an diesem »scharfen Eck« Unermeßliches, denn das Gebiet hier ist sehr versumpft und dicht bewaldet.

RUSSLAND, DEN 30. NOVEMBER 1942

Immer wieder richten sich unsere Augen zum Himmel, zum Herrn, der allein unser Schicksal in den Händen hält. Er allein kann helfen, wenn um uns die Granaten einschlagen, wenn das feindliche Feuer auf unseren Stellungen und Bunkern liegt. Wir dürfen nicht ängstlich um unser eigenes Leben sorgen und bangen, sondern müssen das Schicksal der Gemeinschaft sehen. Was soll aus unseren Lieben in der Heimat werden, wenn der gottlose Bolschewismus einfällt? Daher gilt es bis zum letzten Atemzug zu kämpfen.

Auf Posten hat man viel Zeit zum Beten; man wächst hier vorne, wo der Tod mit seiner kalten Sense unaufhörlich in das junge, blühende Leben haut, immer stärker mit der Natur und mit dem Herrgott zusammen. Unsere Gedanken gehen immer wieder zurück zu unserer lieben Heimat, zu den Bergen und Tälern, wo das Elternhaus steht und wo die Glocken der Heimatkirche läuten.

RUSSLAND, DEN 9. DEZEMBER 1942

Gestern war ich zum ersten Mal bei einem Stoßtrupp beteiligt. Ich mußte die Flankentruppe führen. Unser Auftrag war, unter allen Umständen einen Gefangenen einzubringen. Die Breschen durch die Stacheldrahthindernisse waren schon tags zuvor geschaffen worden. Um 19 Uhr zogen wir los, in Reihe, zwei Pioniere als Minenspürer voraus. Langsam und vorsichtig arbeiteten wir uns an die russischen Stellungen heran, zuletzt krochen wir auf allen vieren. Noch etwa 15 Meter schlich sich die Stoßgruppe weiter vor, bis an den Graben, wo sich der Bunker befand. Auf einmal pfiff eine feindliche Kugel dicht an uns vorbei. Sofort sprang die Gruppe auf und warf eine Handgranate zum Bunker. »Stoi, ruki werch! Halt, Hände hoch!«, und es entstand ein Feuerzauber mit Maschinenpistolen. Vier Russen kamen zum Vorschein, von denen einer gefangen wurde. Rasch machten wir uns auf den Rückweg zu unseren Stellungen. Der Gefangene war ein russischer Feldwebel.

Seit ein paar Tagen bin ich nun Gruppenführer. Ich selbst bin der Jüngste in der Gruppe; vier Mann sind schon verheiratet, von ihnen ist einer 36 Jahre alt. Ich komme mit meinen Kameraden ganz gut zurecht, denn wir haben ja alle dasselbe Schicksal zu tragen.

HEILIGER ABEND IM FELDE, 1942

Hell steht der Vollmond am Himmel und viele Sterne glänzen in weiter Ferne. Es ist Heilige Nacht. Wir Soldaten halten Wache, wie einst die Hirten auf den Feldern von Bethlehem. Doch keine Engelstimme verkündet uns das heilige Ereignis dieser Nacht. Ab und zu krachen einige Granaten und pfeifen die feindlichen Gewehrkugeln und krepieren die Fliegerbomben. Ich sitze in unserem Bunker beim Kerzenschein. Ein schönes Christbäumchen steht auf dem Tisch. Wir haben die Lichter angezündet und die schönen Weihnachtslieder gesungen. »Stille Nacht, heilige Nacht«. Unsere Augen leuchten auf bei den Melodien und unsere Gedanken gehen zurück zu den Lieben in die Heimat. Ich denke, noch näher als zu Hause kehrt das Kind in unseren Herzen ein, denn es sucht zuerst den armen Stall auf und die Hirten auf dem Felde.

Weihnachten im Felde, 1942

Ein Licht brennt in unserem Erdloch, das Christkind wohnt bei uns. Jedem von uns schlägt das Herz höher. Ich höre die Glocken meiner Heimatkirche läuten, die die Gläubigen zum Engelamt rufen. Ich sehe meine liebe Mutter, wie sie still um ihren Sohn weint, ich sehe den Vater und die Geschwister.

Neujahr im Felde, 1943

Wieder ist ein Jahr vorüber, ein Jahr voller Kampf. Das neue Jahr hat begonnen. Hoffentlich bringt es uns Gutes und endlich den heißersehnten Frieden! »Herr, Dein Wille geschehe!« – das ist meine Parole für dieses neue Jahr. Ich will weiterhin meinem Gott die Treue halten, ich will ihm näherkommen.

Russland, den 8. Januar 1943

Wiederum machten wir einen Stoßtrupp zu den Russen. Leider sind sie alle getürmt, als wir kamen. Die Stellung, der Bunker, alles war leer. Darauf haben wir den Bunker gesprengt und uns wieder zurückgezogen.

Auch hier lassen wir uns unsere gute Laune nicht verderben. »Iwan der Schreckliche« ist zur Zeit ganz ruhig. Vom »frechen« und vom »grünen« Bunker und vom »Dreschkasten« rattert er ab und zu zu uns herüber. Doch wenn unser »Willy« kommt und mit seinem »Granatschucker« zu seinen Stellungen »spuckt«, dann verkriecht er sich wie eine Maus in seinen Löchern. Manchmal besucht uns auch der »Eiserne Gustav« (ein uraltes Nachtflugzeug) und setzt ein paar Brocken ab. Aber »uns kann keiner«.

Russland, den 21. Januar 1943

Heute früh ging's los. Wir marschierten über endlos weite Schneefelder, durch große, zerschossene Wälder, immer vorwärts, dem Osten zu. Wir schwitzten bei 30 Grad minus in der eiskalten Januarsonne, denn das Gepäck drückt, die Füße schmerzen – und dennoch, – es geht weiter.

RUSSLAND, DEN 24. JANUAR 1943

Wir haben gestern angegriffen und die Russen vernichtend zurückgeschlagen. Sie waren völlig überrascht, als wir kamen. – Die Nacht vom 22. auf den 23. Januar war furchtbar. Schon als wir in die Stellung kamen, hat uns der Russe mit seinen schweren Waffen empfangen. Die ganze Nacht schoß er unaufhörlich mit schwerstem Feuer auf uns. Überall, auf allen Seiten, krachte es. Dabei hatten wir nur ein kleines Loch als Unterschlupf. Es war schrecklich kalt.

RUSSLAND, DEN 28. JANUAR 1943

Nun haben wir wieder eine Verteidigungsstellung bezogen. Aber es kracht an diesem Eck viel öfter, es ist gefährlicher und lebhafter. Wir liegen in einem dunklen Erdloch. Man muß auf dem Bauch hineinkriechen. Ganz eng zusammengequetscht und nur sitzend können wir uns bewegen. An Schlafen, Waschen oder Entlausen ist nicht mehr zu denken. Bei Tag können wir uns draußen vor dem Loch nicht blicken lassen, denn wir werden vom Russen eingesehen. Draußen liegen überall tote Russen herum, Spuren von furchtbaren Kämpfen.

RUSSLAND, DEN 6. FEBRUAR 1943

Acht Tage lang lagen wir in der gefahrvollen Stellung. Ein paar Hundert tote Russen lagen, dicht nebeneinander, wie hingemäht, bei unseren Stellungen. Der Feind hatte einen Angriff gemacht und war an dieser Stelle auch durchgebrochen. Er wurde aber sofort eingeschlossen und hielt sich vier Wochen in diesem Kessel, bis wir angriffen und ihn zurückschlugen.

Nun sind wir einige Kilometer zurückgekommen und haben ein paar Tage Ruhe. Endlich kann man sich wieder ein wenig waschen und den Bart rasieren.

Hier enden die Eintragungen ins Tagebuch. Ich wurde am 24. Februar schwer verwundet und konnte in der Zeit zuvor wegen der schweren Kämpfe keine Tagebuchnotizen mehr machen. Das Tagebuch selbst ist mit meinem Sturmgepäck vorne geblieben und wurde wie durch ein Wunder ins Lazarett nachgesandt. Übrigens sind die Eintragungen im Felde mit Bleistift erfolgt, da der Kuli zu dieser Zeit noch nicht erfunden war.

PLAUEN IM VOGTLAND, IM LAZARETT, DEN 22. APRIL 1943

Rückschau: Samstag, 13. Februar – die Kompanie befindet sich schon tagelang beim Bau von Schneestellungen. Einige Kilometer hinter der Hauptkampflinie müssen Auffang- oder Riegelstellungen gebaut werden, um uns dadurch zu sichern, falls der Feind durchbrechen sollte.

Wir sind in einem alten Haus im Dorfe Nowigorgi, südöstlich des Ilmensees, einquartiert. Läuse und Wanzen plagen uns. Auf den Boden eines ziemlich großen Raumes haben wir Holzwolle und darauf unsere Decken gelegt. Seit Wochen ist dies unser bestes Lager.

Schon in aller Frühe, um 4 oder 5 Uhr morgens, marschieren wir zu unserer Arbeitsstätte. Mit Spaten, Sägen und Beilen werden die Wälder vor den Stellungen abgeholzt, um dadurch ein gutes Schußfeld zu haben. Einige sind schon damit beschäftigt, mit Reisig, Baumstämmen und Schnee Maschinengewehr- und Gewehrstände zu bauen, während andere die einzelnen Stellungen durch Schneegräben miteinander verbinden.

»Arbeit einstellen! Mittagspause!« Erfreut atmen wir auf und machen uns auf den Weg zum Küchenschlitten, wo wir einen Schluck Kaffee erhalten. Wer von seiner Brotration noch etwas übrig hat, hat es mitgenommen und verzehrt es mit einem Hochgenuß, als ob es ein Stück Kuchen wäre.

Mitten in die Arbeit hinein, die nach der kurzen Pause wieder aufgenommen wurde, kommt plötzlich der Befehl: »Kompanie sofort antreten zum Abmarsch!« Erstaunt schauen wir auf. »Was wird jetzt wohl wieder los sein?«, so fragen wir uns. In Reihe marschieren wir den weiten Weg zurück in unser Quartier. »Kompanie, halt!« Der Kompanieführer tritt zu uns und gibt bekannt, daß das ganze Regiment heute Abend abmarschiert. Es gibt noch warme Verpflegung; und darauf werden die Decken gebündelt, das Sturmgepäck gepackt und die Schlitten geladen.

Wieder marschieren wir, hinter jedem Schlitten ein paar Mann. Eben ist die Dunkelheit hereingebrochen. Im Dorfe Losnici geht es rechts ab. Vor uns in der Ferne steigen Leuchtkugeln auf, auch Granaten krachen ab und zu. Der Schnee ist ziemlich naß. Auf der Rollbahn stehen große Wasserlachen, sonst ist auf den Straßen alles vereist.

Stundenlang marschieren wir in die Nacht hinein. Das schwere Sturmgepäck drückt auf dem Rücken und gestattet uns nicht, fest auf dem vereisten Boden aufzutreten. Trotz aller Vorsicht gleitet ab und zu einer aus und fällt klatschend in die schmutzigen Wasserpfützen. Ein Kamerad hilft ihm wieder auf die Beine, und wieder geht es weiter. Die Rollbahn führt plötzlich durch ein tiefes Flußtal. Wir halten den sehr schweren Munitionsschlitten an, denn das todmüde Pferd vermag es nicht allein. Es geht über eine von unseren Pionieren oder OP.-Männern erbaute Holzbrücke über den zugefrorenen Fluß und auf der anderen Seite wieder steil hinauf. Nach mühseliger Arbeit ist die Höhe wieder gewonnen. Oben wird eine kurze Pause zum Ausschnaufen eingeräumt.

Doch bald geht es weiter, immer vorwärts. Schweigend marschieren wir hinter dem Schlitten in die Nacht hinein, keiner fragt, wohin es geht. Manch einer von uns denkt an zu Hause. Wie werden sie wohl den Samstagabend verbringen?

Wir kommen durch ein Dorf, das in tiefem Schlummer daliegt. Auf einmal kommt der Marsch ins Stocken, ein Munitionsschlitten ist umgefallen. – Wieder geht es durch ein Flußtal und dann stundenlang auf der weiten Ebene weiter. Bei jedem Halt hoffen wir, daß wir nun endlich am Ziel sind, doch es wird die ganze Nacht marschiert. »Schlaft wohl, ihr Lieben in der Heimat! Wir kämpfen gerne für euch!«

Schon dämmert es am Horizont. Auf einmal biegen wir links in einen Feldweg ab. Nach einigen 100 Metern heißt es: »Halt!« Todmüde stehen wir am Ziel, einem Waldlager. Es ist Sonntagmorgen. Jeder Zug bekommt ein Finnenzelt zugewiesen. In unserem Zelt liegt noch Schnee. Die dünnen Sperrholzplatten sind nur notdürftig zusammengeschraubt, überall befinden sich große Lücken.

Sofort wird ein kleiner Ofen geholt und aufgestellt. Einige sind schon mit Holzmachen beschäftigt und andere holen Bretter und Tannenreisig für den nassen Boden des Zeltes. Doch bald sehen wir ein, daß das Zelt mit seinen großen Mängeln so nicht zusammenhält. Wir brechen es ab und bauen es wieder ganz neu auf.

Inzwischen ist es Mittag geworden. Auch für unsere Pferde muß gesorgt werden. Wir bauen für sie windgeschützte Schneeställe. Anschließend müssen die Waffen gereinigt werden, denn wer weiß, wann wir sie wieder brauchen?

Endlich, am Sonntagabend, bekommen wir etwas zu essen und können uns dann zur Ruhe legen. Ich gehe nochmals hinaus in die sternklare Nacht. Der Mond steht am Himmel, es ist klirrend kalt geworden. Mein Blick geht langsam nach oben und meine Seele hält Zwiesprache mit dem Himmel. Dann lege auch ich mich nieder.

MONTAG, 15. FEBRUAR 1943

Fröhlich marschieren wir des Morgens auf der Rollbahn. Kein Sturmgepäck drückt uns heute, wir haben nur die Waffen bei uns. In einem großen Wald machen wir Halt. Wieder müssen Stellungen gebaut werden. Der Kompanieführer weist zuerst die Zugführer und uns Gruppenführer ein. Schon seit einiger Zeit donnert in der Ferne ein furchtbares Trommelfeuer. Nach einigen Stunden Arbeit, wir wollen eben eine Mittagspause machen, kommt plötzlich der Befehl: »Kompanie, sofort abrücken!«

Nach kurzem Marsch sind wir wieder in unserem Waldlager angekommen. Die Winterbekleidung muß umgedreht und von »Grau« auf »Weiß« angezogen werden. Na, das sagt uns ja alles! Wieder packen wir unsere Siebensachen zusammen und ruhen uns noch ein paar Stunden aus. Es ist ein Gerücht durchgedrungen, der Russe sei am Morgen durchgebrochen.

Es ist 22.45 Uhr abends. In Reihe steht die Kompanie zum Abmarsch bereit. Über uns kreist ein russisches Flugzeug und wirft in der Nähe Bomben ab. Das Bataillon marschiert, unsere Kompanie ist diesmal am Schluß. Wieder geht es stundenlang durch die Nacht, immer vorwärts. Dichter Schnee fällt vom Himmel und hüllt uns ein. Wieder drückt das Sturmgepäck auf dem Rücken; Brotbeutel, Feldflasche, Gasmaske, Munition, Spaten, Seitengewehr, Waffen – alles müssen wir schleppen. Unsere Füße wollen fast versagen, doch es geht weiter. Bei jeder kleinen Pause legen wir uns in den meterhohen Schnee am Straßenrand. Der Schweiß rollt in dicken Perlen vom Kopf. Schweigend marschieren wir, einer hinter dem andern, der Leutnant wie der Jäger, jeder kämpft mit sich selbst.

Es beginnt zu dämmern. Ein paar 100 Meter vor uns liegt ein Dorf. Wir freuen uns, mit der Hoffnung, irgendwo darin ein Dach über den Kopf zu bekommen. Doch bald werden wir in unserer Freude getäuscht, denn plötzlich hören wir durch die Luft ein Pfeifen, wie wenn Vögel sängen. Wir kennen diese Melodie und werfen uns sofort auf den Boden. Da kracht es auch schon mitten ins Bataillon hinein. Riesige Erdfontänen werden aufgespritzt und hageln mit ihren todbringenden Eisenstücken in unsere Reihen. Der Russe schießt mit einer Stalinorgel, einem furchtbaren Mordinstrument. Ein einziger Schuß hat 75 Einschläge, die in einem Umkreis von etwa 200 Metern gleichmäßig verteilt einschlagen.

Schon schreien die ersten Verwundeten. Die Sanitäter eilen nach vorn. Schlitten fahren mit den stöhnenden Verwundeten zurück. Tote

Kameraden, tote Pferde, zertrümmerte Schlitten liegen herum. Ein trostloses Bild der Verwüstung. Der Schnee ist von dem Feuer schwarz geworden und vom Blut verfärbt.

Es geht wieder weiter, aber nur eine kurze Strecke. Plötzlich treffe ich einen Kameraden, Bruno A., der mit mir auf der Regimentsschule war. Ein paar liebevolle Worte werden ausgetauscht, doch schon ist er wieder fort. Auf einmal liegt sehr starkes MG-Feuer vor uns. Dann legt der Russe schweres Feuer auf das Dorf. Die Holzhäuser fahren wie Streichholzschachteln auseinander und beginnen, lichterloh zu brennen.

Wir beziehen sofort Stellung. Rechts von uns hören wir das »Hurräh-Gebrüll« der Russen, die in das Dorf einzudringen versuchen. Doch sie werden von unserem starken Abwehrfeuer zurückgeschlagen. Plötzlich sehe ich zehn Meter neben mir meinen Kameraden Heinz F., der ebenfalls mit mir die Regimentsschule besuchte. Wir können uns die Hand nicht reichen, sondern müssen im Schnee liegenbleiben, doch die Freude ist groß. Er erzählt mir, daß unsere Frontbewährung am 1. März beendet sei. »Das werden noch harte 14 Tage werden! Hoffentlich überstehen wir sie gut!« – Beide Kameraden, Bruno A. und Heinz F., fielen noch in derselben Woche. Unsere Kompanie muß weiter.

In Schützenreihe gehen wir auf den Dorfrand zu. Immer noch krachen Granaten. In einer Mulde, wo ein paar Bunker stehen, machen wir halt. Ein paar Minuten können wir ausschnaufen, jedoch nur der 1. Zug, denn der 2. Zug muß sofort den Dorfrand besetzen. Dann kommt der Befehl, daß wir einen Gegenstoß machen müssen. Wir verlassen die Mulde und gehen in Schützenreihe durch das brennende Dorf aufs freie Feld. Vor uns befindet sich eine weite Ebene, die wir überqueren müssen, und dahinter sind große Wälder, in denen die Russen sitzen.

Kaum haben wir den Dorfrand verlassen, da pfeift es plötzlich wieder in der Luft. Schweres feindliches Feuer zwingt uns auf den Boden. Zu Hunderten liegen tote Russen zwischen uns, die noch vor kurzer Zeit ins Dorf eindringen wollten. Munitionskästen, Sturmgepäck, Maschinengewehre, Pistolen, Gewehre, Stahlhelme, Schlitten usw. – ein riesiges Trümmerfeld.

Im Sprung durchqueren wir das schwere Feuer. Mein Schütze eins wird verwundet. Zu unserer schweren Ausrüstung sind noch weitere Traglasten gekommen, nämlich die Maschinengewehre und die sehr schweren Munitionskästen, von denen mancher zwei tragen muß, weil der Kamerad tot auf dem Schlachtfeld liegenblieb. Noch einmal erhalten wir schweres Feuer, doch bald geht es wieder weiter.

Wir kommen in kniehohen Schnee, der das Vorwärtsgehen sehr erschwert. Jeder Schritt ist ein Kampf, die Munitionskästen hängen wie Zentnergewichte an den Armen. Einige Schlaue haben an ihren Kästen eine Schnur befestigt und ziehen sie im Schnee hinter sich her. Es wird Mittag, es gibt eine kleine Pause, es geht immer vorwärts durch den Schnee. Wir machen drei Gefangene, einen Feldwebel, einen Serganten und einen Soldaten. Sie müssen uns tragen helfen. Und weiter geht's, bis wir gegen Abend auf die deutsche Hauptkampflinie stoßen.

Links von den Waldstellungen sind die Russen vor einigen Tagen mit starken Infanterie- und Panzerkräften durchgestoßen. Da bekomme ich den Befehl, mit meiner Gruppe und der Gruppe Herbig einen Spähtrupp zu machen und dabei festzustellen, ob sich auf dem vor uns liegenden Weg durch den Wald noch Russen befinden. Ich bekomme zwei MGs mit und gehe in Schützenreihe vor. Plötzlich schlagen vor, neben und hinter uns Granaten ein. Der Russe, der rechts von uns im Walde sitzt, hat uns bemerkt. Im Sprung geht es weiter bis zu einem Strohhaufen, der uns Deckung bietet. Doch zwei Schwerverwundete bleiben liegen. Herbig bringt sie zurück. Ich gehe weiter nach vorn. Plötzlich sehen wir 500 Meter vor uns auf der Rollbahn, die durch den Wald führt, etwa acht Russen. Wir gehen wieder zurück, unser Auftrag ist erfüllt – im Wald sitzt noch der Feind.

»Jeder Schritt ein Kampf«

Stellungskampf

Die Kompanie geht nicht hier vor, sondern noch einige 100 Meter links, und beginnt, Schneestellungen für die Nacht zu bauen. Jede Gruppe macht eine Gewehr- und eine MG-Stellung und dazu ein kleines Ruhelager im Schnee.

Nach etwa eineinhalb Stunden sind wir fertig. Mühsam war die Arbeit. Es ist stockfinster geworden. Der Hunger meldet sich, denn seit gestern abend haben wir nichts mehr gegessen. Ich will eben einen Bissen Brot auspacken, da kommt plötzlich der Befehl: »Kompanie rückt ab!« Jetzt, wo wir unsere Stellungen fertig haben und dachten, wir könnten endlich ein wenig ausruhen, geht es weiter. Doch viel zu schimpfen gibt es nicht. Schnell werden noch im Umschnallen ein paar Bissen Brot heruntergewürgt, und schon geht's weiter.

Wieder schlagen Granaten in unsere Reihen, doch wir sind hart geworden, nichts kann uns mehr erschüttern. Die anderen Kompanien gehen links von uns weiter vor, während wir in einem anderen Wald wieder Stellung beziehen, d.h. wir müssen uns die Stellungen erst selbst bauen. Erst gegen 0.30 Uhr sind wir fertig und können endlich ein wenig ausruhen.

Drei Mann habe ich noch in meiner Gruppe. Die meisten sind gefallen, verwundet, vermißt. Wir stehen Einzelposten und lösen uns stündlich ab. Todmüde schlafen wir ein, wenn auch kein Dach über dem Kopf ist. Jeder hat eine Decke. In der Nacht schneit es; wir werden halb eingeschneit, doch wir sind zufrieden, denn die Hauptsache ist, daß wir ein wenig ruhen können.

Am andern Tag bleiben wir in derselben Stellung liegen. Ein Spähtrupp wird zum Einholen von Erkundigungen losgeschickt. Er stößt jedoch überall auf Feind und wird mit Maschinengewehren angeschossen. Sobald es dunkel ist, packen wir wieder zusammen und beziehen in einem anderen Waldstück Stellung. Bevor wir aber abrücken, bekommen wir noch Granatwerferfeuer.

Der Abschnitt, den wir beziehen müssen, ist sehr lang. Man braucht eineinhalb bis zwei Stunden, um von dem einen Ende ans andere zu gelangen. Alle paar 100 Meter liegen zwei Mann. Wieder werden Schneestellungen gebaut. Die Gruppe rechts von uns stößt mit einem russischen Stoßtrupp zusammen und muß zwei Stellungen aufgeben. Kurz darauf wird unser Zugführer durch einen Bauchschuß schwer verwundet. Der tapfere Sanitätssoldat Wendelin B. zieht ihn auf einem Schlitten drei Stunden lang durch die Stellung zum Hauptverbandsplatz.

Unsere Stiefel, die Strümpfe und die Füße sind schon viele Tage lang klatschnaß. In der Nacht, wo es furchtbar kalt wird, erfrieren etwa 15 bis 20 Prozent der Kompanie die Füße. Nach ein paar Tagen kommen sie zurück ins Feldlazarett.

Wir müssen nun einen Stoßtrupp machen, um die Russen, die sich zwischen uns und die Hauptkampflinie geschoben haben, zurückzuschlagen. Wieder geht es in dem hohen Schnee nach vorn. – Dann beginnt es allmählich wieder Tag zu werden. Eine Radfahrabteilung löst uns ab und wir können abrücken. Die Nacht ist vorbei – kein Schlaf, kein Essen, schon tagelang.

Es ist Freitag, der 19. Februar. Wir liegen in einem oben offenen Pferdestall. Tagsüber ist es außer den russischen Fliegern und einigen Granatwerfereinschlägen ziemlich ruhig. Abends bekommen wir endlich mal wieder warmes Essen und Verpflegung für einige Tage. Anderntags müssen wir wieder eine Schneestellung bauen, in der wir abends aber schon wieder abgelöst werden. In der Nacht von Samstag auf Sonntag hatten wir dann endlich einmal wieder ein Dach über dem Kopf. Wir lagen in einem Bunker, der total naß war, was uns jedoch nichts ausmachte.

Am andern Morgen, am Sonntag, den 21. Februar, bekommen wir den Auftrag, unsere alte Stellung wieder zu beziehen. Ich baue mit meiner Gruppe hinter der Stellung ein Nachtlager aus Schnee und Tannenreisig. Es ist sehr kalt in der Nacht. Die Decken sind völlig durchnäßt. Trotzdem schlafen wir vor Müdigkeit bald ein.
Am Montagmorgen bekommen wir einen alten Bunker zugewiesen, der aber nur etwa einen Meter hoch ist und der leider sehr naß ist. Unten steht das Wasser und von oben tropft es ununterbrochen herab. Wenn wir nur wenigstens genügend Platz hätten, dann ginge es noch, aber wie die Heringe liegen wir zusammengepfercht da. Wir haben aber doch wenigstens ein Dach über dem Kopf, das ist die Hauptsache.

Da kommt nachmittags wieder ein Befehl. »Kompanie, fertigmachen!« Wir kriechen aus dem Bunker heraus, um uns fertigzumachen. Da hagelt es plötzlich Granaten auf uns herab. Sechs Verwundete und einen Toten haben wir dabei zu verzeichnen. Ein Obergefreiter meiner Gruppe, der von der Einschlagstelle einer Granate noch weiter weg war als ich, wird verwundet. Mir macht es nichts.

Abends lösen wir die 13. Kompanie ab, die in einer Schneestellung in Verteidigung liegt. Noch drei Gruppen mit je sechs Mann haben wir in der Kompanie, die normalerweise rund 130 Mann stark ist. Jede Gruppe bezieht zwei Stellungen mit je einem kleinen Schneebunker. Später gibt es mal wieder warmes Essen und sonstige Verpflegung.

Links von mir befindet sich die Gruppe Friedel. Plötzlich hören wir ein paar Schreie und gleich darauf einige Feuerstöße aus einer Maschinenpistole. Da kommt auch schon Oberjäger F. zu uns: »Gerade haben wir zwei Russen erschossen!« Sie lagen nur ein paar Meter von unserer Stellung entfernt und gaben auf den Anruf des Postens keine Antwort. Dann beginnt ein starkes Granatwerferfeuer, doch wir haben Gott sei Dank keine Ausfälle.

Die Nacht ist mondhell, was für uns eine große Erleichterung bedeutet, denn das Gelände vor uns ist sehr übersichtlich. Der Russe kann sich an manchen Stellen in dem dichten Buschwerk, von uns »Kussel« genannt, bis auf wenige Meter ungesehen an unsere Stellungen heranschleichen. In mondhellen Nächten greifen die Russen nie an, nur

Am Morgen des 24. Februar 1943: Die Sonne steigt auf, ein herrliches Naturbild!

in sehr dunklen Nächten oder bei Schneestürmen. Die Nacht verläuft dann vollends ruhig.

Dann beginnt der 24. Februar 1943, ein Mittwoch. Es ist ein herrlicher Tag. Im Osten dämmert es schon. Ein goldener Streifen liegt über dem Wald, in dem der Russe sitzt. Da sehen wir in etwa 100 Meter Entfernung viele Russen, die in Reihen von rechts nach links an unseren Stellungen vorbeigehen. Wir zwingen sie auf die Knie.

Jetzt steigt die Sonne auf, ein herrliches Naturbild! Sie leuchtet uns ins Angesicht und gibt uns Kraft. Die Russen, die links von uns angreifen wollen, werden zurückgeschlagen und kehren ohne Erfolg wieder um. Sie müssen unser Blei spüren und außerdem noch das Feuer unserer Infanterie-Geschütze. Wir haben durch einen glücklichen Zufall Post von zuhause bekommen. Ich lese den Brief von meiner Schwester Wally, in dem sie mir die Geburt ihres Kindchens Christa mitteilt. Meine Freude ist übergroß.

Allmählich verschwinden die letzten Überlebenden der Russen wieder und auch wir verkriechen uns wieder in unseren Schneelöchern. Da beginnt plötzlich ein sehr starkes Trommelfeuer. Augenblicklich pressen wir uns in den Schnee hinein. Einer von meiner Gruppe muß jedoch Posten stehen. Hilflos liegen wir da, jeden Augenblick können wir getroffen werden. Der Russe schießt ziemlich genau, und wir wundern uns, daß wir so kugelsicher sind.

Plötzlich schreit der Posten: »Die Russen kommen!« – und schon hören wir ihr furchtbares »Hurräh-Gebrüll«. Sofort springen wir auf, an unsere Waffen, und wehren die aufrecht daherstürmenden Russen ab, die nur ein paar Meter von unseren Stellungen sind. Wie ein Hagel trifft sie das Feuer unserer Waffen. Das Trommelfeuer dauert immer noch an; es entsteht ein großer Schlachtenlärm.

Plötzlich verspüre ich auf meiner linken Brustseite einen furchtbaren Schmerz. Sofort falle ich um. »Herrgott, hilf mir!« Ganz kurz geht mein Atem, ich ringe nach Luft. »Maria, Gottesmutter, bitte für mich! O meine Mutter zu Hause, wie wird sie leiden. Mein Gott, nun komme ich zu Dir. Ich fürchte mich nicht, denn ich weiß, daß Du mich nicht verschmähst!«

Wie lange ich so lag, weiß ich nicht. Der Sanitätssoldat Anton G. von Schelklingen klebt mir einen Verband auf meine Wunden und zieht mich später durch das Trommelfeuer, das immer noch andauert, auf einem kleinen Schlitten zum Truppenverbandplatz. Die Strecke ist vom Feind eingesehen; er schießt wie verrückt auf uns. Wieder hilft der Herrgott, denn die Granaten schaden uns nicht, obwohl sie auf allen Seiten um uns herum einschlagen. Ich bete auf dem ganzen Weg, und Gott hat mich erhört, wir kommen gut zurück.

Furchtbare Schmerzen durchwühlen meinen Körper. Auf dem Truppenverbandplatz werde ich verbunden und bekomme eine Spritze gegen Wundstarrkrampf. Dann legt man mich bis zum Abend auf eine Holzpritsche, die sich in dem Bunker befindet. Am Abend, als es eben

Durch Trommelfeuer und Granateneinschläge zum Truppenverbandplatz

dunkel wird, legt man mich auf einen kleinen Schlitten, der an den Verpflegungsschlitten angehängt wird. Ich habe einen sehr großen Durst, es gibt aber nichts.

Dann beginnt ein schrecklicher Leidensweg, eine Höllenfahrt. Jedesmal, wenn der große Schlitten anfährt, gibt es einen Ruck, der meinem Körper furchtbare Schmerzen zufügt. Oft fährt der Schlitten auf dem holprigen Eis und steht schief, sodaß ich fast herausfalle. Dann muß ich plötzlich brechen und Blut spucken, kann aber den Kopf keinen Zentimeter heben, sodaß alles ins Gesicht läuft. Dies wiederholt sich etwa 20 Mal auf dem Weg zum Feldlazarett.

Von dem kleinen Schlitten werde ich auf einen größeren geladen, wo noch zwei schwerverwundete Soldaten stöhnen. Neben den Schmerzen, dem Brechen und Blutspucken friert es mich außerdem noch furchtbar an den Füßen, die schon tagelang klatschnaß in den Stiefeln stecken.

Bald darauf werde ich in einen Sankawagen verladen und vollends zum Feldlazarett gefahren. Auch auf dieser Fahrt hört das Brechen nicht auf. Es geht auf der schlechten Rollbahn fort, alle paar Meter schüttelt es uns durch. Fast wahnsinnig ist der Durst. Die Schmerzen lassen sich nicht beschreiben.

Gegen Mitternacht kommen wir im Feldlazarett, das aus Barakken besteht, an. Unter furchtbaren Schmerzen werden mir die Kleider ausgezogen. Dann komme ich in den Operationsraum, wo eben ein Soldat operiert worden ist. Sofort fällt mir ein Arzt auf; es ist der Stabsarzt. Er schreitet mit gefalteten Händen im Raum auf und ab und betet. »Wirst du mir wohl helfen können?« Stumm suche ich seine freundlichen Augen, dann bete auch ich, ein Dankgebet für den Kameraden, der eben operiert wurde, und ein Bittgebet für mich selbst.

Der Arzt schneidet mir ohne Betäubungsspritze bei vollem Bewußtsein die Wunden aus und verbindet sie. Alles verläuft gut. Ich liege in einem Holzbett, einen dicken Verband um den ganzen Oberkörper. An Schlafen ist nicht zu denken. Immer wieder muß ich brechen und Blut spucken. Endlich bekomme ich etwas zu trinken.

Stundenlang liege ich halb im Schlaf und halb in Ohnmacht da. Furchtbare Träume und Angst- und Schwindelgefühle durchjagen mein Gehirn: Ich muß einen schmutzigen Bach durchwaten, wo Ratten hausen und alles Mögliche an Schmutz und Unrat liegt. Es geht durch eine finstere Dohle. Da packt mich plötzlich ein schwarzer, riesig großer Vogel mit seinen Krallen. Er fliegt mit mir fort, immer höher und höher und läßt mich fallen. Da erwache ich.

Träume von den schweren Kämpfen der letzten Tage und Wochen zerrütten meine Nerven. Dazwischen Schmerzen, Brechen und Blutspucken und ein furchtbarer Durst. Jetzt beginnen auch noch meine Füße zu schmerzen, die ich leicht erfroren habe. Rheumatismus plagt mich im rechten Arm und in der Hand. So vergeht langsam die Nacht. Morgens soll ich essen. Es geht aber nicht. Fünf Tage lang kann ich nicht essen und dann etwa vier Wochen lang nur wenig. Fünf Tage lang muß ich Tag und Nacht brechen, zehn Tage lang Blut spucken. Mein Gesicht ist ganz blau und schwarz, die Wangen sind tief eingefallen.

Morgens schießt die Artillerie wie wahnsinnig. Die Baracken werden erschüttert, Fensterscheiben klirren. Auch russische Flieger besuchen uns täglich, werfen Bomben ab und schießen mit Bordwaffen. So vergeht Tag für Tag. Einmal besucht uns ein evangelischer Wehrmachtspfarrer. Für Minuten vergesse ich jegliche Schmerzen, meine Augen leuchten auf vor Freude. Am achten Tag schreibe ich meinen Angehörigen heim. Da kommt plötzlich ein großer Kummer über mich, wie sie wohl erschrecken werden, wenn sie von meiner Verwundung hören. Ich schreibe ihnen, dass es mir sehr gut geht, doch erschrecke ich vor meiner zittrigen Handschrift.

Am neunten Tag werde ich in ein Flugzeug, den Fieseler Storch, verladen. Eben will das Flugzeug starten, da kommt ein russisches Bombenflugzeug, schießt mit Bordwaffen auf uns und wirft Bomben ab. Hilflos liegen wir da, ein Kamerad und ich. Zum Glück erhält unser Flugzeug nur einen geringen Schaden. Dann können wir starten.

Der Flug geht vom Feldlazarett Macherino (20 Kilometer südlich von Staraja-Russa) nach Alexino, der nächsten Bahnstation. Dort kommen wir in die Krankensammelstelle und werden bald darauf in einen behelfsmäßigen Lazarettzug verladen.

Es ist der 5. März, die zweitägige Peinigungsfahrt beginnt. Ich will nicht mehr von den Schmerzen reden. Wir fahren über Dno, Pskow, Rossitten und Dünaburg nach Wilna in Litauen. Am Sonntag, den 7. März, kommen wir in Wilna an. In einem Sankawagen werden wir zur Entlausungsanstalt gefahren. Eine furchtbare Hitze und ein widerlicher Gestank sticht uns dort entgegen. Es steht nicht lange an, da muß ich wieder brechen.

Stundenlang müssen wir warten. Ich ersticke fast in der schlechten Luft. Endlich sind wir entlaust und werden ins deutsche Kriegslazarett gefahren. Es ist Sonntagabend.

Vier Wochen liege ich in Wilna. Ich habe zwei Lungenschüsse durch Granatsplitter, einen Durch- und einen Steckschuß. Und dabei wurden auch die zweite, dritte und vierte Rippe und das Schlüsselbein abgeschossen. – Wir werden gewaschen und rasiert und fühlen uns allmählich wieder als Kulturmenschen.

Nach ein paar Wochen kann ich endlich den Kopf etwas heben und allmählich auch den linken Arm bewegen, der wochenlang vollständig gelähmt war. Am 22. März erhalte ich die erste Post von zu Hause. Die Angst und Sorge kann man sich denken, ich will nicht davon reden. Mein Brief vom Feldlazarett kam noch nicht an.

Nach und nach vergehen die größten Schmerzen, der Husten und das Blutspucken hören auf, ich bekomme wieder Appetit. Auch die Füße und der Arm schmerzen nicht mehr so stark. Trotz allem habe ich doch noch großes Glück gehabt, denn wären die Splitter nur einen Zentimeter weiter rechts in meinen Körper gedrungen, wäre ich zeitlebens gelähmt gewesen. Oder wenn sie nicht schräg, sondern gerade durch den Körper gegangen wären, dann hätten sie genau das Herz getroffen. Auf wunderbare Weise hat mir Gott geholfen. Ich danke ihm.

Wir fahren im Lazarettzug durch Litauen. Große weite Ebenen, Wälder und Sümpfe und primitive Holzhäuser liegen vor unseren Blicken. Alles bleibt zurück, wir fahren der Heimat entgegen. Am andern Tag, den 5. April, kommen wir in der Heimat an. An den Häusern merken

Litauen: Weite Ebenen, Sümpfe und Holzhäuser

wir, daß hier eine andere Kultur herrscht. Acht Tage lang liege ich in Bumginnen in Ostpreußen.

Am 12. April geht die Fahrt weiter. Wir fahren über Allenstein, Posen und Chemnitz nach Plauen im Vogtland (Sachsen). Das erste Blümlein erfreut mich auf dieser Fahrt. Am 14. April kommen wir in Plauen an. Dort liege ich nun schon neun Tage lang im Teillazarett des Stadtkrankenhauses. Es geht mir jetzt schon recht ordentlich.

Am letzten Samstag erfreuen uns ein paar Erzgebirger Mädchen in hübschen bunten Trachten mit ihren herrlichen Heimatliedern mit Gitarrenbegleitung. Wir sind alle froh, daß wir wieder in der Heimat sind, wo jetzt in der Natur draußen alles so herrlich blüht und zu neuem Leben aufersteht.

PLAUEN, DEN 23. APRIL 1943

Heute ist Karfreitag. Wenn ich auch nicht ins Gotteshaus kann, so sind doch meine Gedanken in meiner Heimatkirche. Meine Seele dankt dem Herrn für seine Liebe, mein Herz empfindet Schmerz und Reue für meine eigenen Fehler und die Schuld der Welt, durch die der Herr so viel leiden mußte. Durch Schmerz und Leid will ich ihm weiter nachfolgen, denn nur so kann ich zum Licht gelangen.

Ich weiß jetzt noch mehr als zuvor, welcher Weg zum Ziel führt, denn erst draußen im Feuerkampf kommt es einem so richtig zum Bewußtsein, daß ein Mensch ohne Gottesglauben hilflos untergeht und verloren ist. Ich will Steuermann in meinem Leben sein und auch im Augenblick der Gefahr das Steuerruder nicht aus der Hand geben.

OSTERN 1943

»Nun wissen wir: Christ ist erstanden, wahrhaft vom Tod. Du Sieger, Du König, sieh unsere Not. Alleluja!«

Der Herr ist erstanden! Auf der ganzen Welt freuen sich die Menschen über das gewaltige Osterwunder, das uns Glück und Frieden bringt. Es ist nicht etwas, das nur im Buche steht, sondern dieses gewaltige Ereignis der Weltgeschichte lebt in den Seelen ewig weiter, Christus ist unsterblich. Das Osterlicht erlischt nie, denn keine Macht ist so groß, um es vernichten zu können. Wie er, so werden auch wir einst mit ihm zu neuem, ewigem Leben auferstehen.

Auch in der Natur draußen erwacht alles wieder, die Schneeglöckchen, die Veilchen, Himmelschlüssel und Gänseblümlein, die zarten Gräser auf den grünen Wiesen und Matten, das feine Grün der Bäume und Sträucher und der herrliche Blütenzauber – alles erhält wieder Leben von dem großen Licht. Wenn dieses Licht nur endlich auch die Menschen zu Glück und Frieden erwecken würde!

PLAUEN, DEN 1. MAI 1943

Der liebliche Mai ist da, der schönste Monat des Jahres. Welche Wunder in der Natur! Dieses Sprossen, dieser Blütenzauber – alles erhält wieder Leben, alles grünt und blüht in unserer schönen Heimat! Im lichten Walde singen wieder die Vögel. Bunte Schmetterlinge und brummige Käfer beleben die blumigen Frühlingswiesen. Kein schöner Land in dieser Zeit, als hier das unsre weit und breit!

Herr, Dein Wille geschehe!

GEISLINGEN, DEN 14. MAI 1943

Mein Herz jubelte vor heller Freude, als ich am Nachmittag des 11. Mai in mein schönes Heimattal hineinfuhr. Das liebliche Städtchen liegt so friedlich da, zwischen dichtbewaldeten Bergen und den zackigen Felsen. Der Frühling ist daheim eingezogen. Ein herziges Töchterchen hat meine Schwester, die kleine Christa. Heimat! Es gibt kein schöneres Wort! Alles ist eingeschlossen: Natur, Vater, Mutter, Geschwister, Gott!

Ich bin in mein Heimatlazarett, in das Kreiskrankenhaus Geislingen, verlegt worden.

Gott hat mich meine Feuertaufe bestehen lassen. Ich danke ihm für alles, was ich leiden und ertragen durfte. Gott hat mich mit starker Hand aus dem Todesfeuer herausgeholt. Mitten aus den Kinderjahren wurden wir jungen Menschen durch den heutigen Kampf herausgerissen. Aus Jungen, aus Knaben wurden Männer! Wir haben den Ernst des Lebens kennengelernt.

GEISLINGEN, DEN 23. MAI 1943

In der Osterwoche ist mein lieber Vetter Alban von Petersbörth gefallen. Viele liebe Kameraden und Schulfreunde gaben ihr junges Leben, viele sind vermißt.

Meine Heimatstadt Geislingen hieß urspünglich »Giselingen«. Sie erhielt ihren Namen von dem alemannischen Grafen Giselo, der sich früher mit seiner Sippe hier angesiedelt hatte und auf dem Geiselstein eine Burg errichtete.

Die Stadt hat am Fuße der Schwäbischen Alb eine reizende Lage. Sie liegt zwischen fünf Tälern, dem oberen und unteren Filstal, dem Rohrachtal, dem Eybtal und dem Längental. Blicken wir von einem der vielen Berge ringsum auf sie herab, so bekommen wir den Eindruck, als ob es ihr im Tal zu eng wäre. An die Türkheimer Steige ist eine Reihe neuer Häuser gebaut worden, die sich der Stadtenge entzogen und sich hier herauf geflüchtet haben. Über dem Stadtpark, oberhalb des Bahnhofs, am Ödenturmberg, am Ostabhang der Schildwacht und am Tegelberg sehen wir große, schöne Landhäuser, die auf ihrem überragenden Platze den Bewohnern eine schöne Aussicht auf die nähere und weitere Umgebung gewähren.

Als ein richtiges Städtchen des Mittelalters war Geislingen früher befestigt. Starke Mauern und Gräben umgaben es ringsum. Durch vier äußere und zwei innere Tore gelangte man in das Stadtinnere. Die Mauern samt ihren 24 Türmen sind bis auf wenige Reste verschwunden. Noch manches alte Gebäude erinnert uns an diese Zeit, so zum Beispiel der Zoll und der Alte Bau, die einstigen Fruchtkästen, die Stadtkirche mit dem Pfarrhaus, das Finanzamt, ein ehemaliges Helfensteiner Schloß, das alte Rathaus, das Rötelbad, der Kaisheimer Hof, das alte Oberamt, die Sonne, der Löwen und die Krone; in Altenstadt der Lindenhof, ein ehemaliges Kloster, das Siechenkirchlein und das alte Rathaus. Noch heute erinnern die engen Gäßchen und holperigen Sträßchen mit ihren schönen Fachwerkbauten an die romantische Zeit des Mittelalters.

Viele neue Bauten wurden in der Stadt errichtet. Ich möchte zwischendurch erwähnen, daß ich diese Berichte über die Stadt und die Umgebung teilweise aus alten Lesebüchern entnommen habe.

Heute besitzt die Stadt vier Kirchen: die evangelische Stadtkirche birgt einen holzgeschnitzten Flügelaltar, ein überaus schönes Chorgestühl, eine kunstvolle Kanzel, prächtige Glasmalereien und andere wertvolle Kunstschätze. Den Kirchplatz ziert das Kaiser-Wilhelm-Denkmal.

Mitten durch die Stadt führt als Hauptstraße die uralte Handels- und Heeresstraße von Stuttgart nach Ulm und weiter über Augsburg, München und Wien in den Balkan, auf der im Laufe der Jahrhunderte unzählige Truppenmassen talauf und talab zogen. Seit mehr als 80 Jahren ist die Stadt eine Hauptstation an der Hauptbahn Württembergs. Die Bahn verläßt schon bei Süßen die Talsohle und erreicht in einem weit ausholenden Bogen, den Ausgang des Längen- und Eybtals versperrend, den hochgelegenen Bahnhof. Dem Bau der Eisenbahn folgte sofort die Gründung größerer und kleinerer industrieller Unternehmen. Das wichtigste von ihnen ist die Württembergische Metallwaren-Fabrik, die ihre wunderbaren Gold- und Silberwaren in alle Welt versendet und sogar bis in Australien Niederlassungen besitzt.

Mittelalterliche Stadtansicht von Geislingen/Steige mit Burg Helfenstein und Ödenturm

Schon zu Ausgang des Mittelalters, vor 400 bis 500 Jahren, wurden von den kunstgeübten Bewohnern des damals noch kleinen Städtchens allerlei zierliche Beinarbeiten verfertigt, womit die Mehrzahl der Bewohner beschäftigt war. Die Geislinger Beinschnitzerei ist wohl die älteste in ganz Deutschland. Die Beinschnitzer bildeten eine Zunft mit sehr strengen Verordnungen. Pfuscher wurden bestraft. Wir sehen Spinnrädchen mit herzig kleinen Spülchen und gedrehten Füßchen, reizende Nähkästchen, Federhalter, Büchsen, Spiegelschränke, Kommoden, Klaviere mit winzigen Tasten, Häuschen mit Fenstern und Türmen, Kirchen, Kapellen, Altäre, Kruzifixe, Menschen- und Tierfiguren, alles so niedlich, so zart und so weiß, so sorgfältig ausgearbeitet, geschnitzt und gedreht aus harten, spröden Knochen. Frühere Meister, Elias Resch, Michael Knoll, schnitten 100 Gesichter auf ein Plättchen von der Größe einer Muskatnuß, fertigten 100 Kelche, die in einer Nuß Platz fanden, und brachten drei Kegelspiele in einem Pfefferkorn unter. Michael Knoll hat die Bilder von sämtlichen Kaisern aus dem Hause Österreichs in Elfenbein gefertigt. Die Geislinger Beinschnitzer wurden an den Höfen der Fürsten bewundert, und das kleine Städtchen wurde mit seinen geschickten Meistern überall genannt.

Die ersten Bewohner unserer Gegend, die wir kennen, waren die Kelten. Sie kamen von Westen, von Frankreich her zu uns. Waffen, Gerätschaften und Schmucksachen, ja einen ganzen Friedhof hat man bei Grabungsarbeiten in unserer Stadt entdeckt. Vor mehr als 100 Jahren v. Chr. wurden die Kelten von den von Norden kommenden Germanen, unseren Vorfahren, vertrieben.

Vom Jammer und Schrecken des 30-jährigen Krieges blieb fast kein Ort unseres Bezirks verschont. Zahllose Bewohner wurden mißhandelt oder ermordet, Frauen und Mädchen geschändet, Häuser, Kirchen und viele Dörfer angezündet. Der Badwirt Stephan Fink von Bad Überkingen wurde von den Kaiserlichen am Feuer gebraten. Den Mesner Röck und den Bauern Stäudlin von Stubersheim füllten sie mit Schnaps und Aniswasser so an, daß sie starben. Unendlich groß war überall die Freude, als das Jahr 1648 endlich den heißersehnten Frieden brachte.

Mitten im Frieden ließ Ludwig XIV., welcher von 1661-1715 über Frankreich regierte, seine beutegierigen Soldaten in deutsche Gebiete einfallen und rauben, morden, brennen. 4300 Franzosen kamen unter General Melac das Filstal herauf bis Geislingen, besetzten am 2. Dezember 1688 die Stadt und nahmen ihr 400 Dukaten ab. »Weilen die Leute meist kein Geld hatten, mußten sie ihre goldenen Ketten, Ringe, Becher, ihre silbernen Gürtel und Löffel aufs Rathaus tragen, woraus dann die Silber- und Goldukaten geprägt wurden.«

Unter den uralten Linden in der Steingrube, dem alten Festplatz der Geislinger, hielten die Schulkinder seit 1679 alljährlich am Montag nach Jakobi ihren Tanz ab. Das Kinderfest ist die Höhe des Sommerlebens. Schon Wochen vorher werden große Vorbereitungen getroffen.

Dann kommt der große Tag. Schon bei Tagesanbruch ziehen die Trommler durch die Straßen der Stadt und lassen ihre kräftigen Wirbel erschallen. Freude glänzt auf den Gesichtern der Schulkinder, die sich am Festzuge beteiligen dürfen. In ihren schönen Festkleidern sammelt sich die jugendliche Schar vor den Schulhäusern. Sommerblumen gibt es in Hülle und Fülle in den Gärten, im Wald und auf der Flur, und so können die Mädchen Sträuße, Kränzchen und Blumenbogen winden und sich damit schmücken.

Hat sich jede Klasse um ihre Fahne geschart, dann geht es im geordneten Zuge dem Kirchplatz zu. Die Musik spielt, ein Lehrer hält eine Ansprache und von allen Stimmen wird der herrliche Sommerchoral »Geh aus, mein Herz, und suche Freud« gesungen. Mit Trommel- und Musikbegleitung bewegt sich dann der lange Zug durch die geschmückten und beflaggten Straßen der Stadt, bis zum Rathaus, wo

nach altem Brauch »Preisend mit viel schönen Reden« gesungen wird.
  Am Nachmittag zieht die Jugend nach dem Festplatz, wo sie sich jetzt auf den schattigen Plätzen tummelt. Die Mädchen schwingen anmutige Reigen, die Schüler des Gymnasiums turnen, schöne Lieder werden von Schülerchören gesungen, die Musik spielt. So entwickelt sich unter den schattigen Linden ein fröhliches Treiben.
  Die ganze Stadt ist heute auf den Beinen. Nur zu rasch vergehen die Stunden frohen Beisammenseins. Die Dämmerung naht. Der Zug ordnet sich und bewegt sich wieder dem Kirchplatz zu, wo ein Geistlicher eine Ansprache hält. Den würdigen Abschluß des Heimatfestes bildet der Choral »Nun danket alle Gott«, der von 1000 Kehlen gesungen, feierlich und herzerhebend in unserem schönen Städtchen erklingt. – Und nun beginnen die langen Sommerferien.

GEISLINGEN, DEN 27. MAI 1943

Wo aus dunklem Forst die weißen Felsen ragen, steht hoch über unserer Stadt die Burgruine Helfenstein, eine einst mächtige Ritterburg. Ulrich X. von Helfenstein, welcher im 14. Jahrhundert mit Ulrich XI. über die helfensteinsche Grafschaft regierte, hat sich als Gemahlin die Herzogin Maria von Bosnien erwählt. Das war für die Helfensteiner kein Glück, denn Maria liebte Macht und Ansehen. Sie beschwor ihren Mann, alles zu tun, um alleiniger Herr über die helfensteinschen Schlösser der Umgebung zu werden.
  Maria unternahm kostspielige Reisen, lud vornehme Gäste ein und veranstaltete glänzende Feste und Zechgelage. Das erforderte viel Geld, die Mittel der Herrschaft reichten nicht aus für das verschwenderische Leben. Der Graf mußte Schulden machen und mit der Familie ging es rasch abwärts – vollends, als Ulrich im Jahr 1372 durch Meuchelmord ums Leben kam.
  In ihrer Geldnot wandten sich seine Nachkommen an die benachbarte Reichsstadt Ulm. Diese half aud gab den Helfensteinern die hohe Summe von 17000 ungarischen und böhmischen Gulden und ließ sich dafür die ganze Herrschaft verpfänden. Die gräfliche Herrschaft konnte das Geld nicht zurückzahlen, und Ulm ließ sich im Jahr 1396 für die Schuldsumme die Hälfte des helfensteinischen Besitzes als Eigentum geben. Dazu gehörten unter anderem die Stadt Geislingen, Altenstadt, Amstetten, Aufhausen, Bräunisheim, Gingen, Groß-Süßen, Hausen, Hofstett-Emerbuch, Kuchen, Oppingen, Schalkstetten, Sontbergen, Steinenkirch, Stötten, Stubersheim, Türkheim, Überkingen, Unterböhringen, Waldhausen und Weiler.

Den Grafen von Helfenstein verblieb nur noch die Herrschaft Wiesensteig. Sie verlegten ihren Sitz zunächst auf die Hiltenburg bei Ditzenbach, später dann nach Wiesensteig, gerieten aber immer mehr in Schulden, so daß sie schon im vierten Jahrzehnt des 15. Jahrhunderts in fremde Dienste treten mußten.

Der letzte Sproß der Wiesensteiger Linie war Graf Rudolf. Er starb am 20. September 1627. Seine Besitzungen kamen nach und nach an Bayern und 1810 an Württemberg. Die Burg Helfenstein nahm ein unrühmliches Ende. Im Fürstenkrieg des Jahres 1552 kam sie durch Verrat in die Hände das Markgrafen Albrecht von Brandenburg-Kulmbach. Das ließ die Reichsstadt Ulm, der die Burg damals gehörte, nicht zu. Auf ihren Wunsch brach der kaiserliche Oberst Konrad von Bemmelberg mit seinen Kriegsleuten auf, um die markgräfliche Besatzung von der Burg zu vertreiben. Die zur Einnahme der Burg nachgesandten sieben Mauerbrecher waren so groß, lästig und schwer, daß an den größten 28, an den kleineren 18 Rosse zogen. Der Anführer dieses Zuges war Graf Ulrich von Helfenstein. Schon am 10. August fiel die Feste. Heute sind nur noch einige Reste der Burg zu sehen.

GEISLINGEN, DEN 30. MAI 1943

Der Heilprozeß meiner Verwundung schreitet rasch voran. Alle zwei Tage darf ich nachmittags heimgehen. Wir verwundeten Soldaten des Geislinger Lazaretts wurden zu einem frohen Nachmittag von der Eybacher Bevölkerung eingeladen. Gastfreundlich und liebenswürdig spendeten sie uns ihre Gaben, Kaffee und Kuchen, Bier, Bratwürste, Salate und Brot. Wir konnten nach Herzenslust essen und trinken. Sie hatten sich alles am Munde abgespart, denn es gibt nicht viel auf die Lebensmittelmarken. Man muß schon mächtig einteilen, um über die Runden zu kommen. Das beweist doch die rege Anteilnahme der Heimat an uns Soldaten.

GEISLINGEN, DEN 14. JUNI 1943

Welch glücklicher Zufall vor einigen Tagen: Drei Kameraden, Paul B., Richard R., Hermann P., mutige und tapfere Gottesstreiter, kamen in Pfingsturlaub. Wir waren wieder alle beieinander, nur einer kommt nicht mehr zurück, unser in Rußland gefallener Freund Ludwig D.

GEISLINGEN, DEN 15. JUNI 1943

Voller Freude betrachte ich mein Werk, eine Bastelarbeit, die ich in meinen Genesungstagen angefertigt habe. Sie stellt einen Berg dar, auf dessen rechter Höhe eine kleine Kapelle steht. Links im Talgrund ist eine alte Mühle in Fachwerkbauweise. Wege, Stege, Sträucher, Steinchen, Bäumchen und ein kleiner Garten geben dem Ganzen ein schönes und freundliches Aussehen.

GEISLINGEN, DEN 18. JUNI 1943

Wir sollten wieder mehr in unser Inneres, in unsere Seele schauen. Die sonnenhelle Klarheit des Verstandes muß die Energie des Willens lenken und dort, wo es sich um niedere Triebe handelt, gebieterisch in Zucht nehmen, denn wenn der Wille Macht über unseren Verstand bekommen hat, sind wir ein Wrack, das führerlos im Strome treibt. Unser Verstand, der Geist in uns, der so viel Hohes und Edles ersinnen kann, ist etwas Göttliches, ist ein Fünkchen von Gottes Heiligem Geist. Wir alle sind ja ein Tempel des Heiligen Geistes, wenn wir an Leib und Seele rein sind. Nichts ist an unserem göttlichen Leib unrein, wohl aber, wenn wir ihn gegen Gottes Willen mißbrauchen. Erst in klarer Harmonie ergeben der Geist und der Körper den echten Menschen, die wesensvolle Charaktergröße, die Gott durch seine wunderbaren Naturgesetze fortwährend wachsen läßt, so wie eine schöne blühende Blume, an der kein Fehl ist und die große Freude und eine wunderbare Liebe ausstrahlt.

GEISLINGEN, DEN 25. JUNI 1943

Gestern war Fronleichnam, leider kein gesetzlicher Feiertag mehr, wie in all den Jahren vor den Nazis.

GEISLINGEN, DEN 30. JUNI 1943

Ich habe das große Glück, heute meinen 20. Geburtstag in meiner Heimat feiern zu dürfen. Hoffentlich schenkt mir Gott noch viele Lebensjahre, damit ich noch viel arbeiten kann im Reiche Gottes.

GEISLINGEN, DEN 4. JULI 1943

Eben komme ich von einer schönen Wanderung mit meinem Bruder Alban. Wir stiegen auf den Tegelberg und gingen dort durch einen dunklen, düsteren Tannenforst hindurch. In einer sonnigen Waldlichtung stand einst der Tegelhof, der aber abgebrannt ist. Heute sieht man nur noch die Grundmauern und zwei uralte, riesengroße Fichten, die als alte Zeugen von dem einst regen Hofbetrieb dastehen. Durch wogende Kornfelder und blühende Wiesen folgten wir dem Weg, der uns in das kleine Bauerndörfchen Kuchalb führte. Dann gings durch einen lichten Buchenwald ins Tal hinunter. Vor uns lag das Scharfenschlößle, eine

Ruine auf einem Kegelberg. Wir hatten eine prächtige Aussicht von dem alten Gemäuer des Schlößchens aus, von dort oben, wo die Steineulen die Mauern umschwirren. Über abgemähte Wiesen und auf alten Feldwegen gingen wir darauf in das Dörfchen Unterweckerstell, das dicht an den Berg angelehnt liegt. Wir besuchten dort die Schwester unseres Herrn Stadtpfarrers Otto Nagel, die hier bei ihren Eltern auf dem Hofe lebt. Über Donzdorf und Gingen marschierten wir wieder heimwärts. Es war ein herrlicher, sonniger Sonntagnachmittag.

GEISLINGEN, DEN 6. JULI 1943

Ein paar Tage vor meiner Verwundung traf ich ja, wie ich schon berichtet habe, bei einem Vormarsch des Regiments zwei Freunde, die mit mir die Regimentsschule besuchten und mit mir ins Feld zogen, Heinz F. und Bruno A. Ich bewunderte die gute Stimmung und den frischen Mut von Heinz. Wir lagen nur etwa zehn Meter nebeneinander, als eben die Russen angriffen. Bruno ging mit mir an den letzten Sonntagen, die wir noch in Kolmar verbrachten, in den Gottesdienst, und am Tage vor unserer Abfahrt nach Rußland zur Beichte und Kommunion. Ich überließ ihm noch mein Feldgesangbuch. Leider mußte ich vor einigen Tagen erfahren, daß beide, einige Tage nachdem ich sie traf, gefallen sind.

Mich drängt es einfach danach, mein persönliches Leben immer höher zu gestalten, Sieger über die Fehler zu werden. Kurz gesagt, ich will mich zu einer wesensvollen Charakterpersönlichkeit emporarbeiten. Das Wachstum des Lebens ist ein Naturgesetz, das, richtig angewandt, auch im persönlichen Leben seine Wirkung hat und den Geist des Aufwärtsstrebenden wie einen blühenden Baum wachsen und reifen läßt.

GEISLINGEN, DEN 1. AUGUST 1943

In dieser Woche war ich als Begleiter eines verwundeten Leutnants, der ins Heimatlazarett verlegt wurde, in der schönen Stadt Salzburg in Österreich. Salzburg ist ja die Mozartstadt. Ich durchschritt die Räume, in denen der große Meister seine Jugendjahre verbrachte, das Geburtshaus, das sogenannte Mozarteum.

Salzburg besitzt zwei uralte Kapellen. Sie befinden sich in den Katakomben und stammen aus dem Jahr 313. Dort feierten die ersten Christen das heilige Opfer, um im Innern des Felsens den Feinden zu entgehen. – Salzburg besitzt außerdem noch viele alte, wunderbare Kirchen und einen herrlichen Dom mit einer mächtigen Orgel. Stolz und kühn ragt die starke Festung Hohensalzburg aus der Altstadt empor. Sie wurde unter Erzbischof Leopold im 14. Jahrhundert erbaut. Von den Türmen der Festung aus besitzt man eine herrliche Aussicht auf die ganze Stadt und auf die nahen Berge. Viele reiche und schöne Schlösser stehen zwischen den alten Häusern der Stadt. Das Lustschloß Hellbrunn, das etwas abseits von der Stadt liegt, gefiel mir am besten. Unglaublich schön, wie ein Zaubergarten, ist der Schloßpark mit den großartigen Wasserspielen, den Grotten und Seen. Die Innenräume des Schlosses sind mit den schönsten Möbeln, mit Tapeten und Malereien noch alle erhalten und haben den 30-jährigen Krieg überdauert. Besonders der Festsaal ist einzigartig. Auf einer kleinen Anhöhe im Schloßpark liegt das Monatsschlößchen, in dem sich alte Bauernstuben, Trachten und Gerätschaften und eine kleine Hauskapelle befinden. Die Tage in der alten Stadt Salzburg werden mir immer in Erinnerung bleiben.

GEISLINGEN, DEN 5. AUGUST 1943

Meine Denkweise über alle Dinge des Lebens ist schlicht und einfach. Ich liebe die Heimeligkeit des Hauses, die Natur, besonders die Blumen und Tiere. Ich liebe die Kunst und die Musik. Das sind die Dinge, die mich am meisten interessieren. Über allem aber steht Gott. Er ist die Mitte und das Ziel meines Lebens. Das Überspannte und das Unerreichbare habe ich von meinem Innern weggeschafft und habe dafür das Schlichte eingesetzt. In aller Ruhe will ich die Dinge an mich herankommen lassen, sie sorgfältig prüfen und überdenken und mir so ein eigenes Urteil über sie bilden.

Ich weiß, daß ich nur mittelmäßig begabt bin und ich will deshalb über meinen Lebenskreis, d. h. das Denken, Fühlen, Reden und Handeln, nicht hinausgehen. Erst ganz allmählich möchte ich so meinen Lebenskreis vergrößern. Vom Lebenszentrum aus will ich über meinen Verstand und über meinen Willen regieren, denn nur in harmonischer Vereinigung dieser beiden Grundvermögen ist ein edles und gutes Leben möglich.

GEISLINGEN, DEN 6. AUGUST 1943

Mein Leitspruch: Fiat voluntas tuas!
Bevor du ein Wort aussprichst, prüfe es, ob es nutzbringend ist, oder ob es jemanden verletzt.

GEISLINGEN, DEN 12. AUGUST 1943

Meine jetzige Lieblingsbeschäftigung in den Genesungstagen ist das Aquarium. Ich habe ein kleines Becken eingerichtet. Es ist beruhigend, dem munteren Treiben der kleinen Fischchen zuzusehen. Auch einige

Schnecken habe ich eingesetzt; die Posthornschnecken sind die schönsten. Drei Tummelkäfer, die ich in der Fils gefangen habe, erfreuen mich mit ihren lustigen Spielen.

GEISLINGEN, DEN 22. AUGUST 1943

Helmut B. ist auf Urlaub gekommen, mein guter Freund. Vorgestern war ich mit ihm und einigen Freunden unserer Jugendgruppe in dem uralten Städtchen Wiesensteig im Gaisentäle. In munteren Sprüngen durchläuft der Bach den grünen Wiesengrund, der zu beiden Seiten von steilen, mit Buchen bewachsenen Abhängen begrenzt ist. Manche Sage erzählt uns von der Schönheit dieser Täler und Tälchen und in so vielen alten Volksliedern werden die Mühlen besungen, die sich die schönsten und tiefsten Waldwinkel zum Platze erwählt haben. Dort zu wandern ist eine Lust und Freude. Hier findet man noch das Echte und Natürliche, nirgends zeigt sich etwas von dem furchtbaren Geschehen, das sich zur Zeit auf unserer Welt abspielt.

GEISLINGEN, DEN 3. SEPTEMBER 1943

Mein Bruder Alban und ich waren gestern in Stuttgart, unserer schwäbischen Hauptstadt. Leider sind die meisten Museen aus Vorsichtsmaßnahmen gegen feindliche Fliegerangriffe geräumt und deshalb geschlossen. Doch etwas sehr Schönes haben wir besucht, die Wilhelma, ein maurisches Schloß. Wenn man durch die Gewächshäuser unter den Palmen, Kakteen, Bananenstauden und unzählig vielen subtropischen Gewächsen schreitet, oder die alten Räume des Schlößchens besichtigt, glaubt man sich nach Süden versetzt. Abends waren wir im »Fliegenden Holländer« von Richard Wagner, der im Großen Staatstheater aufgeführt wurde.

Mit Hanspaul habe ich heute nachmittag in dem schönen alten Dorfkirchlein in Eybach musiziert, er Orgel, ich Violine. Hanspaul muß in 14 Tagen zu den Luftwaffenhelfern einrücken. Er ist erst sechzehn Jahre alt und besucht die siebte Klasse des Gymnasiums, die komlett eingezogen wird.

GEISLINGEN, DEN 7. SEPTEMBER 1943

Gestern war wieder Fliegeralarm; Stuttgart wurde am hellen Tag von amerikanischen Flugzeugen angegriffen. Wir hörten die Einschläge bis hierher. Es war ein dumpfes Dröhnen und Grollen.

Die Kerngruppe der Jugendlichen besteht aus fünf Jungen. Aus ihnen möchte ich ganze Kerle machen, die mündig fürs Leben sind.

Nach der ersten schweren Verwundung; Sommer 1943

Die Abende, die wir gestalten, bestehen aus einem ernsten Teil, wo wir über ein bestimmtes Thema diskutieren, und aus einem lustigen Teil mit Liedern und Spielen. Wenn die Jungen innerlich gefestigt sind, wollen wir noch andere gewinnen, um so für Gottes Reich echte, tatkräftige Jugendliche zu gewinnen.

GEISLINGEN, DEN 13. SEPTEMBER 1943

Heute ist der letzte Tag in meiner Heimat, denn morgen früh muß ich fort. Alban wird die Kerngruppe weiterführen. Ich selbst bleibe brieflich mit den Jungen verbunden.

KOLMAR, DEN 14. SEPTEMBER 1943

Heute kam ich nach Kolmar zu einer Genesenden-Kompanie des Ersatzbataillons. Viele Kameraden, die mit mir im Felde waren, habe ich hier wieder getroffen. Ihren Berichten zufolge müssen noch furchtbare Kämpfe getobt haben. Viele wurden verwundet, viele sind gefallen.

KOLMAR, DEN 19. SEPTEMBER 1943

Heute habe ich einen feinen Streich gespielt. Wenn ich erwischt worden wäre, hätte ich mindestens ein paar Tage Arrest bekommen. Ich habe nämlich Brandwache und darf deshalb die Kaserne nicht verlassen. Um 6.30 Uhr bin ich erwacht. Mein erster Gedanke war: Heute ist Sonntag. Ich zog mich rasch an, wusch mich und verließ auf leisen Sohlen die Kaserne. Im Münster war um 7 Uhr Frühmesse. Zehn Minuten vor 8 Uhr kam ich wieder zurück. Meine Kameraden schliefen alle noch, und auch ich legte mich wieder hin in meinen Strohsack. Und als um 8 Uhr der UvD zum Wecken kam, hatte niemand etwas von meinem verbotenen Kirchgang bemerkt. So muß man Sachen machen! O je!

KOLMAR, DEN 26. SEPTEMBER 1943

Man hat beim Militär während der Dienstzeit nicht viel Gelegenheit, sich seinen Gedanken und Gefühlen hinzugeben; denn erstens geht der Dienstbetrieb ruck, zuck und zweitens ist man fast nie allein, um ungestört über die innersten Bewegungen nachdenken zu können. Dafür ist aber das Beten am Abend und am Morgen, wenn es auch nur kurz ist, umso inniger und herzlicher. Die Gedanken, die man früher während längerer Zeit dem Herrgott vorzulegen gewohnt war, brechen jetzt innerhalb kürzester Zeit aus dem Herzen hervor. Es sind die schönsten Augenblicke am Tag.

Kolmar ist eine sehr schöne Stadt. Die Altstadt ist ein wahres Schmuckkästchen. Hohe, giebelige Fachwerkhäuser, enge Gäßchen und inmitten der altertümlichen Häuser ein herrliches Münster im gotischen Stil, das prächtige Glasfenster besitzt, sind für jedes Auge, das Sinn für das Schöne besitzt, ein gar lieblicher Anblick. Ich gehe besonders am Abend gerne dorthin, wenn es anfängt zu dämmern. So suche ich als Soldat immer wieder kleine Freuden, die einem helfen, über die Runden zu kommen. Es gibt ja so viel Schönes auf der Welt. Man braucht nur die Augen aufzumachen.

KOLMAR, DEN 13. OKTOBER 1943

Gelassenheit (»Überlaß dich Gott«) ist die Brücke zur Liebe. In allen Dingen muß man den Willen Gottes erkennen und sie so ausführen, wie Gott sie erfüllen würde. Dabei sollten wir aber immer ein fröhliches Herz bewahren. Wenn wir diesen Weg so begehen, umfängt unsere Seele dauernd Gottes Liebe und Gottes Kraft, die den Frieden, den die Welt nicht geben kann, hervorbringt.

Mit Wirkung zum 10. Oktober 1943 wurde ich zum Fahnenjunker-Unteroffizier befördert. Bei uns im Jäger-Regiment wird der Unteroffizier mit Oberjäger angeredet. Wir bilden das 56. Jäger-Regiment.

KOLMAR, DEN 20. OKTOBER 1943

Ich spüre jetzt wieder etwas, das durch den rauhen Alltag des Kommißlebens vielfach verlorengegangen ist: Ich habe den starken und festen Glauben an mich selbst wiedergefunden. Gott gibt mir die Kraft und die Liebe, daß ich in allen Dingen seinen Willen erkennen kann und daß ich sie in einer gelassenen Fröhlichkeit auch ausführe. Ich gebe mir Mühe, die lautere Fröhlichkeit nicht zu verlieren. »Alles vermag ich in dem, der mich stärkt.« (Phil 4,11)

KOLMAR, DEN 21. OKTOBER 1943

Von meiner Feldeinheit ist mir das Infanterie-Sturmabzeichen verliehen worden. Man erhält es, wenn man mindestens drei Sturmangriffe oder feindliche Einbrüche bei Angriffen, Gegenstößen oder Stoßtrupps mitgemacht hat. Im nächsten Monat komme ich auf einen Fahnenjunkerlehrgang der Kriegsschule (Offizierslehrgang).

DRESDEN, DEN 9. DEZEMBER 1943

Ich bin gestern auf einen Fahnenjunkerlehrgang der Kriegsschule in Dresden gekommen. Mein Kamerad Karl H., der mit mir auf der Regimentsschule war, ist auch auf unserer Stube. Der Lehrgang soll vier Monate dauern.

DRESDEN, DEN 12. DEZEMBER 1943

Ich hörte heute einen Weihnachtsliederabend in der hiesigen evangelischen Garnisonskirche. Es sang der Kreuzchor, ein weltberühmter Knabenchor. Es war eine Freude, den hellen und klaren Stimmen der jungen Sänger zuzuhören.

WEIHNACHTEN IN DRESDEN 1943

Gestern, am Heiligen Abend, hatten wir eine schlichte Weihnachtsfeier in dem barocken Fahnensaal unserer Schule. Nachher saßen wir in unserer Stube um das Weihnachtsbäumchen herum und sangen unsere guten alten Weihnachtslieder. Wir dachten an die Lieben daheim, an unsere Kameraden an der Front und an die vielen, die das Weihnachtslicht auf dieser Welt nie mehr erblicken werden. Danach ging ich mit ein paar Freunden durch die Stille der Heiligen Nacht an den herrlichen Barockbauten der Stadt vorbei über die schön geschwungene Elbbrücke in die Schloßkirche, wo wir die Christmette erlebten. Es war, als würden die Engel und Putten, die Säulen und Figuren der herrlichen Barockkirche lebendig, als würden sie mit uns einstimmen in das Jubeln und den Lobgesang der Sänger, der brausenden Orgel und des Orchesters. Das Kind in der Krippe hat uns eine Stunde lang den Himmel auf Erden erleben lassen. Friede auf Erden? Gibt es so etwas überhaupt noch? Hier haben wir ihn gefunden.

DRESDEN, DEN 31. DEZEMBER 1943

Wiederum geht ein Jahr seinem Ende zu. Es war das härteste in meinem bisherigen Leben. Am Anfang stand ich im strengen Winter an der Front in Rußland und erlebte all die Not, den Schrecken und den Kampf, die Härte und Strenge des Krieges. Und dann kam der Schicksalstag, der 24. Februar, an dem ich schwer verwundet wurde. Der Tod stand vor mir. Ruhig und entschlossen habe ich ihm ins Auge geblickt, doch er ging nochmals an mir vorüber. Und nun begannen die furchtbaren Tage des Schmerzes und des Leids. Im Mai hatte ich das Glück, in mein Heimatlazarett verlegt zu werden.

Ich danke dem Herrgott für alles, was er mir in diesem Jahr geschickt hat, für Liebes und Gutes, aber auch für die Not. Was auch im neuen Jahr auf mich zukommt, ich nehme es an. Und wenn es in den Tod geht, so leuchtet über unseren Gräbern blutrot das Morgenrot, und dieses

Licht wird dann einmal mit aller Macht das Dunkel brechen. Ich will immer an meinem Leitspruch festhalten: Herr, Dein Wille geschehe!

DRESDEN, DEN 17. JANUAR 1944

In den letzten Tagen waren wir in Königsbrück auf dem Truppenübungsplatz beim Scharfschießen. Die Ausbildung von uns Offiziersanwärtern ist streng, aber korrekt und umfassend. Ich denke, ich werde es schaffen.

DRESDEN, DEN 23. JANUAR 1944

Heute abend war ich in einem Sinfoniekonzert der Dresdner Philharmoniker. Die Symphonie Concertante für Oboe, Fagott, Violine, Cello und Orchester in B-Dur von Joseph Haydn wurde gespielt. Außerdem hörte ich noch die 2. Symphonie in D-Dur von Ludwig van Beethoven, deren zweiten Satz, das Larghetto, am bekanntesten ist. – Und nun freut mich das Leben wieder! Ich bringe es fertig, alles mit einem fröhlichen und freien »Ich will!« zu tun.

Erst jetzt spüre ich so richtig, was es heißt: leben. Die Freude an das zukünftige, ewige Glück spornt mich immer wieder an. Freilich jubelt und lacht das Herz nicht immer, denn Widerwärtigkeiten kommen in jedes Leben. Doch wenn diese überwunden sind, dann freut sich unser Inneres umso mehr. Nun kann kommen, was will: Mein Herz ist bereit. Keine irdische Nacht kann mir mehr etwas anhaben, das Überirdische ist größer und stärker.

DRESDEN, DEN 6. FEBRUAR 1944

Ich besuchte heute ein Mozart-Konzert, das in dem herrlichen, barocken Dom aufgeführt wurde. Das »Ave verum« und das »Laudate Dominum« wurden gesungen. Ich war tief ergriffen, besonders von Mozarts »Requiem«, das am Schluß aufgeführt wurde. Es kam mir vor, als ob bei dem jubelnden Sanctus die Erlösung nahen würde und die Seele dann nach dem feierlichen Benedictus in die glorreiche Himmelshöhe einfahren würde. In der Musik Mozarts findet das Empfinden der Seele seinen höchsten Ausdruck.

Mit Wirkung zum 1. Februar 1944 wurde ich zum Fahnenjunker-Feldwebel befördert. Ich bin jetzt Portepeeträger.

DRESDEN, DEN 13. FEBRUAR 1944

Nun hatten wir unsere erste Reitstunde. Es hat mir unheimlich Spaß gemacht, auf dem strammen Reitpferd zu sitzen. Mit Leib und Seele bin ich bei der Sache. Reiten ist eine der schönsten Sportarten. – Bei einer Pionier-Wasserübung übten wir mit Schlauchbooten das Übersetzen über einen Strom.

DRESDEN, DEN 20. FEBRUAR 1944

Mein Vetter Franz Egle ist ein ganz feiner, wertvoller Mensch. Er wurde schon zum zweiten Mal verwundet, das letzte Mal durch einen Lungenschuß wie ich. Die Briefe von ihm sprechen von einer ganz tiefen Ehrfurcht vor dem Leben und künden von einem wunderbaren Glauben. Er weiß seinen Weg, der ihn durch Not und Kampf zum Lichte führt. Wir sind ganz tief miteinander verbunden und spüren nebeneinander unsere Herzen schlagen.

KRAKAU BEI KÖNIGSBRÜCK, DEN 24. FEBRUAR 1944

Wir fuhren heute hierher auf den Truppenübungsplatz. Unsere Ausbildung läuft auf Hochtouren. Wir lernen »Kriegsführung im Kleinen«, sprich Taktik, und »Kriegsführung im Großen«, d. h. Strategie. Es macht mir Spaß, auf der Offiziersschule zu sein und diese Ausbildung mitzumachen.

Heute vor einem Jahr wurde ich schwer verwundet. Ganz knapp bin ich damals dem Tode entgangen. Doch der Herr hat es allem Anschein nach anders gewollt. Er hat mich gerettet. Im stärksten Kampfe, bei einem Sturmangriff der Russen, hat mich die kalte Hand des Todes gestreift. So schwer das alles war, so bin ich doch eigentlich froh, diese Zeit mitgemacht zu haben. Herr, dein Wille geschehe! Fiat voluntas tuas!

»Mit seinen Schwingen überschattet dich der Herr. Du bist geborgen unter seinen Flügeln. Mit einem Schild umgibt dich seine Treue.« (Psalm 90)

DRESDEN, DEN 5. MÄRZ 1944

Ich versuche, ein ganzer Christ zu sein, nicht einer, der nur die Gebote hält, weil es Pflicht ist, oder einer, der nur aus Feigheit nicht sündigt. Ich will heraus aus der Masse. Ich habe den Mut, gegen eine gewaltige Macht von Schmutz anzukämpfen. Ein Mensch, der nur ein Held sein will, lebt ausschließlich aus seiner eigenen Kraft. Wohin das führt, sehen wir am Beispiel so vieler Zeitgenossen. Das rein materielle Leben ist nicht von Dauer, denn ihm fehlt der Grundstamm, das Kreuz. Ich will versuchen, das göttliche Leben zu führen, ein Leben, das von den Quellen des göttlichen Bornes genährt wird und das ein höheres Ziel hat, nämlich einmal das Weiterleben in Christus. Ich finde, daß das Heldentum des Kreuzes die höheren Werte hat, denn nur so wird der Mensch vollendet.

ALTENBERG IM ERZGEBIRGE, DEN 8. MÄRZ 1944

Nun fuhren wir hierher in ein schönes altes Erzgebirgsstädtchen. Wir sind im Sportheim der Dresdner Kriegsschule untergebracht. Wunderschön ist die winterliche Landschaft. Der Ort liegt in tiefem Schnee vergraben zwischen den bewaldeten Bergen. Ein tiefer Friede liegt über dem Land. Man sollte nicht glauben, daß ein unheimlicher Krieg tobt.

Die Bewohner des Landes sind arm, doch wiederum reich. Es sind meist Bergarbeiter. Schon seit 500 Jahren wird hier Erz gewonnen. Dabei fertigen die Menschen hier noch herrliche Schnitzereien und Webarbeiten. Wir steigen von Altenberg hinauf auf eine der Höhen und kommen an ein kleines, mit Schiefer bedecktes Haus. Ein alter Kirschbaum steht vor dem Giebel. Wir stehen vor dem Elternhaus eines berühmten Erzgebirger Heimatdichters, des Max Stake. So einfach und arm er aufgewachsen ist, umso tiefer und inniger sprechen seine Lieder von der engen Verbundenheit mit seiner geliebten Heimat. Dieser alte Mann mit schneeweißen Haaren erfreute uns gestern abend ein paar Stunden lang mit seinem Bruder Willy und einigen Mädchen mit glokkenreichen Stimmen aufs herzlichste. Selten findet man in einem Land noch eine solch urwüchsige Lebensart wie hier im Erzgebirge.

Mit Leib und Seele erfreuen wir uns beim Skifahren. Hier können wir uns einmal wieder so richtig austoben.

DRESDEN, DEN 12. MÄRZ 1944

Nun bin ich Oberfähnrich geworden. Unser Lehrgang auf der hiesigen Kriegsschule geht zu Ende. Wir haben eine hohe Aufgabe, denn bald sollen wir Offiziere werden. Wir sind zwar des Vaterlandes Fahnenträger, aber in erster Linie möchte ich Gottes Fähnrich sein.

GEISLINGEN, DEN 20. MÄRZ 1944

Letzte Woche noch war ich in der Jahrhunderthalle in Breslau, wo die Abschlußfeier von uns Fahnenjunkern stattfand. Großadmiral von Dönitz hielt die Feierstunde ab. – Und nun bin ich noch einige Tage daheim auf Urlaub.

GEISLINGEN, DEN 23. MÄRZ 1944

Mein sechzehnjähriger Freund Hanspaul E. kam gestern auf Urlaub. Er hat schon seine Feuertaufe erhalten. In stärksten Bombenhagel in

Stuttgart stand er an der Flak und hat seinen Kämpfermut gezeigt. Mit nur wenigen seiner Kameraden hat er unzählig viele Brandbomben gelöscht, während fast alle anderen in volle Deckung gingen. Hambi ist ein ganz feiner Freund.

Geislingen, den 25. März 1944

Ich will versuchen, jeden Tag froh und heiter zu begrüßen. Ich habe die Feststellung gemacht, daß man viel besser und tiefer leben und Gutes tun kann, wenn man im Herzen eine lautere Fröhlichkeit besitzt. Mit einem frohen Herzen will ich das »Fiat« sprechen. Ein Christ muß daran denken, daß sein Leben nicht nur ihm selbst gehört, sondern auch und in erster Linie seinen Mitmenschen.

> Ein Licht, das leuchten will, muß sich verzehren;
> Trost, Licht und Wärme spendend stirbt es still.
>
> Ein Licht, das leuchten will, dem muß genügen,
> daß man das Licht nicht achtet, nur den Schein.

Nun geht mein Heimaturlaub zu Ende. Bald geht's wieder los an die Front.

Kolmar, den 28. März 1944

Mit Wirkung vom 1. März 1944 wurde ich zum Leutnant befördert. Morgen fahren wir ab nach Rußland. Schwere Aufgaben warten draußen auf dem Felde auf uns. Wir haben die Verantwortung für das Leben vieler Männer. Dabei müssen wir versuchen, echte Vorbilder zu sein. Herr, gib uns die Kraft dazu!

Brest-Litowsk, den 5. April 1944

Wir kamen zunächst nach Warschau zur Führerreserve der Heeresgruppe Mitte. Von Warschau aus fuhren wir weiter zur 5. Jäger-Division. Unsere Division ging gestern um 3 Uhr mit der 4. und 5. Panzerdivision zum Angriff über, um Kowel, das schon seit längerer Zeit von den Russen eingeschlossen ist, zu entsetzen. In Kowel befinden sich noch sehr viele Krankenschwestern und auch viele Verwundete. Es ist also ein ehrenvoller Auftrag, ihnen zu helfen.

Ostermontag, den 10. April 1944

Auch hier in Rußland spürt man etwas von dem Osterwunder. Wenn auch die äußeren Formen fehlen, so ist das innere Glück dafür umso größer. Christi Auferstehung ist uns Richtschnur.

Gestern fuhr ich mit einem Kameraden zur Division vor, die in dem Dorfe Dubetschno liegt. Mit dem Zug ging's bei strahlender Sonne durch die Pripjetsümpfe. Partisanen schossen auf unseren Zug. Mit Flaschenkorken wurden die Einschußlöcher am Dampfkessel zugestopft. Auf LKW und Raupenschleppern kamen wir weiter auf der Rollbahn. Die Wege sind verheerend schlecht. Immer wieder müssen wir absteigen und den Laster aus dem Dreck herausziehen.

Die Nacht verbrachten wir in einem Stall, den wir uns mit Stroh und Heu zurechtgemacht hatten. Froh habe ich die strahlende Morgensonne begrüßt, die uns das Auferstehungswunder so schön und klar verkündet.

LUBOSTSHINY, DEN 14. APRIL 1944

Wir kamen gestern hierher in ein Dorf bei Kowel. Wir sind drei junge Leutnants und in einem Bauernhaus untergebracht. Eine große Familie wohnt in dem Haus: Großeltern, Eltern und eine stattliche Zahl Kinder. Die Leute haben uns sehr freundlich aufgenommen. Sie sind als Ukrainer froh, daß jetzt wieder die Deutschen im Dorf sind, denn als vor einigen Wochen die Russen in dieses Gebiet eingefallen sind, haben sie wüst gehaust. Sie haben den Leuten fast alles weggenommen, oft ihr letztes Stück Vieh. Jetzt sind die Ukrainer natürlich sehr dankbar, endlich Ruhe zu haben und ungestört ihrer Arbeit nachgehen zu können.

Nun habe ich einmal die Gelegenheit, das Wesen und die Art der ukrainischen Menschen kennenzulernen. Ich muß sagen, daß die Leute, so einfach sie auch leben, viel glücklicher sind als viele von uns. Sie leben frei und ohne allen Komfort, so richtig urwüchsig. Sie besitzen auch eine tiefe Religiosität. In jedem Dorf stehen selbstgemachte Holzkreuze, die immer geschmückt sind mit bunten Stoffen und Gebetsfähnchen. Die einfachen Holzkirchen sind schlicht, im Innern aber reich ausgestattet. Ich beneide die Ruhe und den tiefen Frieden dieser Menschen, die mit ihrem tiefen Gottesglauben ein wirklich glückliches Leben führen dürfen.

LUBOSTCHINY, DEN 15. APRIL 1944

Mit lachendem Gemüte wollten wir dreie gestern Nachmittag einen kleinen Spaziergang um den See, der nahe dem Dorfe liegt, machen. Als wir angekommen waren, entdeckten wir am Ufer ein kleines Fischerboot, das uns natürlich sehr willkommen war. Wir setzten uns hinein, nahmen lange Stecken in die Hand und bewegten mit deren Hilfe das Boot fort. Doch der Genuß einer Seefahrt war uns nicht lange geschenkt, denn plötzlich fing das Boot an zu schwanken, das Wasser stürzte hinein – und plumps – lagen wir alle drei im Wasser. Rasch bewegten wir uns durch Wasser und Schlamm zum Ufer – und da erkannten wir endlich unsere lustige Lage und fingen an zu lachen. Einer schaute den andern an, wie er klitschte vor Nässe und wie der Schlick von den Kleidern weglief. Es war köstlich anzusehen, wie steif wir uns auf den Heimweg machten, immer noch kullerten die Lachtränen herunter. Unsere Hausgenossen empfingen uns natürlich teils mit Mitleid und teils mit Lachen und halfen uns, die Klamotten zu putzen.

LUBOSTCHINY, DEN 23. APRIL 1944

Im Gebiet hinter der Front halten sich überall viele Partisanen auf, die oft die tollsten Stücke treiben. Gestern wurde unser Bataillon zum Durchkämmen eines großen Waldes eingesetzt. Anfangs ging unser Vorgehen noch ganz gut vorwärts, doch bald kamen wir in ein Sumpfgebiet, das wir erst umgehen wollten, doch plötzlich waren wir mittendrin. Was blieb uns anderes übrig, als es zu durchkämmen. Das war eine Sache! Jeder stand bis über die Knie im Schlamm. Viele mußten herausgezogen werden, da sie sonst nie mehr herausgekommen wären. Unser Kleinster, ein Oberjäger, stand bis zum Bauch im Schlamm. In etwa drei Stunden war der Wald durchkämmt – und die Partisanen natürlich über alle Berge.

IM FELDE, DEN 26. APRIL 1944

Gestern bin ich zu meinem alten Regiment, dem Jäger-Regiment 56, das zur Zeit in einem Dorfe liegt, versetzt worden. Der Ort liegt an der Bahnlinie Brest-Litowsk-Kowel. Bis jetzt ist es hier noch ziemlich ruhig, doch wer weiß, wann es wieder losgeht.

Ich kam zu einer schweren Kompanie, der fünften. Und so kann ich mir in der ruhigen Zeit die Kenntnisse über die Führung der schweren Infanteriewaffen, des schweren Granatwerfers, des schweren Maschinengewehrs und des leichten Geschützes aneignen.

IM FELDE, DEN 28. APRIL 1944

Nun bin ich Zugführer in einer Jägerkompanie. Ein altes Haus ist mein Zuggefechtsstand. Mein Melder, ein Oberjäger, ein Pionier und ich haben hier Quartier bezogen. In dem Haus befindet sich ein riesengroßer Ofen, auf dem die ganze Familie schläft. Ich habe einen schönen Strauß mit Birkenzweigen auf den Tisch gestellt und den Frühling ins Haus geholt. Und wenn dann abends die Kerze auf dem Tisch brennt und zusammen mit dem offenen Herdfeuer eine wunderbare Helle verbreitet, dann schlagen unsere Herzen höher. Wir sind an dem wenigen froh, mehr als wenn wir im vollen stehen würden.

IM FELDE, DEN 3. MAI 1944

Vor einigen Tagen sind wir auf einen Stützpunkt, der weit vor der Hauptkampflinie liegt, gekommen. Gestern nacht schlich sich ein feindlicher Spähtrupp an uns heran; er trat aber auf eine Mine. Unser Bunker ist nur etwa 80 Zentimeter hoch, es ist das reinste Gefängnis!

IM FELDE, DEN 5. MAI 1944

Wenn der helle Maiensonnenschein durch die kleine Öffnung unseres Bunkers hereinstrahlt, dann sind wir hocherfreut. Meine Gedanken gehen dann zurück in die heimatlichen Berge und Täler, wo jetzt die Obstbäume in schönster Blüte stehen. Mein Herz ist erfüllt vom Maiensonnenschein.

»Sieh also zu, daß das Licht in dir nicht Finsternis werde.« (Lk 11, 35)

IM FELDE, DEN 10. MAI 1944

Heute bin ich Kompanieführer geworden. Ich habe mit dem heutigen Tag die bisher größte Verantwortung und Verpflichtung in meinem Leben übernommen. Viele Männer sind mir in die Hand gegeben worden. Ich werde bemüht sein, ein gutes Beispiel zu geben. Meine ganze Arbeit lege ich in Gottes Hände.

»Herr, Dir in die Hände sei Anfang und Ende, sei alles gelegt.«

»Wem viel gegeben ist, von dem wird viel verlangt, wem viel anvertraut ist, von dem wird noch mehr gefordert.« (Lk 12, 48)

IM FELDE, DEN 19. MAI 1944

Heute vor vier Jahren ging in meinem Leben die große Wandlung vor sich. Ich bin wieder wirklich Mensch geworden, und mein Leben hat seit diesem Tag wieder einen tiefen Sinn bekommen. Es ist schön, klar und einfach zu leben und immer weiter aufwärts zu streben. Voller Dankbarkeit verspreche ich dem Herrgott erneut die Treue zu einem guten Leben.

IM FELDE, DEN 21. MAI 1944

Wir sind immer noch in derselben Stellung. Die feindliche Artillerie schießt, Späh- und Stoßtrupps schleichen sich heran und in der Nacht kommt der »Eiserne Gustav«, ein uraltes Nachtflugzeug, das immer wieder Bomben abwirft. Bei Nacht ist es sonst ziemlich ruhig, natürlich außer dem Froschgequake. Es mögen Tausende, ja Abertausende Frösche sein, die ein wunderbares Konzert veranstalten, die ganze Nacht hindurch. Und auf den Dächern klappern viele Störche. Im Walde ruft der Kuckuck. Es könnte so schön sein!

PFINGSTEN, IM FELDE, 1944

»Atme in mir, Du Heiliger Geist,
daß ich Heiliges denke.
Rede in mir.
Brenne in mir, Du Flamme des Geistes,
daß ich rein bin, froh und stark
und Deine Helle in mir sich lichtspendend verzehrt.«

IM FELDE, DEN 4. JUNI 1944

Es ist doch sonderbar, daß in der Natur draußen alles so still und friedlich ist, nur dieser »kleine Gott der Welt«, wie Goethe den Menschen nennt, zerfleischt und zernagt sich gegenseitig. Ich glaube, Gott läßt dies zu, um dem Menschen seines Hochmuts wegen die Augen zu öffnen; denn der Mensch glaubte, mit seinem eigenen Geist allein leben zu können. Die Menschheit muß aber auf Gott hin gerichtet sein, um bestehen zu können.

Während unsere Soldaten im Westen, Süden und Norden in blutigem und erbittertem Kampfe stehen, herrscht bei uns im Osten eine seltsame Stille. Ob das wohl die Ruhe vor dem Sturme ist? Ob das drohende Gewitter sich schon nähert?

IM FELDE, DEN 18. JUNI 1944

Mein Hauptmann, ein evangelischer Theologiestudent, ist ein prächtiger Mensch. Er kümmert sich um jeden Soldaten, auch um den geringsten. Er ist wirklich wie ein Bruder zu jedem seiner Leute. Ernst und Humor harmonieren bei ihm beispielhaft.

IM FELDE, DEN 25. JUNI 1944

Nun ist auch bei uns wieder der Kampf entbrannt. Am 21. Juni, früh um 4 Uhr, hat der Russe unseren Stützpunkt angegriffen. Der Feind schoß mit Nebelgranaten und hat dadurch sämtliche B-Stellen blind gemacht. Sofort haben wir das Sperrfeuer ausgelöst und ihn zurückgeschlagen.

IM FELDE, DEN 1. JULI 1944

Gestern, an meinem Geburtstag, traf ich zufällig mit meinem Freund Paul B. zusammen. Er ist Leutnant beim Artillerie-Regiment 5. Das war vielleicht eine Freude! – Paul hat mich in den folgenden Tagen täglich besucht. Es ist doch etwas Schönes, mit einem Menschen zusammen sein zu dürfen, der die gleichen Ziele und Ideale besitzt wie ich. Da bricht auf einmal wieder die helle Begeisterung auf für die heilige Sache und man spürt in sich wieder den Willen zum Leben aufsteigen und die Kraft dazu, den guten Weg zu gehen. Leider sind wir aber dazu berufen, allein die Schlacht zu schlagen. Aber wir haben einen treuen Wegbegleiter bei uns, es ist der Herr.

Ein Wort von Paul:

>»Meine Kameraden!
>Ich wollte Brücke sein in fremde Welten.
>Ich wollte Straße sein nach fernen Zielen.
>Ich wollte Leuchte sein auf dunklen Wegen.
>Ich wollte Fährmann sein durch weite Meere.
>Ich wollte Junge sein, mein ganzes Leben.
>Ich möchte Schwerter tragen und höher streben.
>Ich möchte Werkzeug sein durch das DU alles kannst.
>Ich möchte DIR gehören mein Leben lang.«

Heute nacht bin ich neben einem sterbenden Kameraden meiner Kompanie gestanden. Ich durfte in das reine Angesicht eines Zwanzigjährigen schauen, der im Todeskampfe lag. Still und ruhig lag er da, und es hatte den Anschein, als ob er sich ganz und gar vom irdischen Leben verabschiedet hätte. Bei einem Zucken glaubte ich, er würde sich mit aller Kraft nochmals aufbäumen gegen das Unabänderliche. Doch dann wurde er wieder ruhig. So verstarb er.

Ein Familienvater meiner Einheit wurde schwer verwundet. Obwohl seine Wunden faustgroß waren, hat er nicht gejammert. Ich glaube, das hätte ich nicht geschafft. Ein paar Stunden darauf starb auch er.

IM FELDE, DEN 8. JULI 1944

Heute ist ein heißer Kriegstag! Seit heute früh greift der Russe von drei Seiten unsere Stellungen an. Mit nur kurzen Unterbrechungen liegt ständig sehr schweres Feuer auf uns.

Wir werden ernster gestimmt und unsere Gedanken richten sich wieder nach dem, der unser aller Leben in Händen hält.

IM FELDE, DEN 9. JULI 1944

Gestern abend lag ein unheimliches Trommelfeuer auf unseren Stellungen. Wir schlugen zurück mit unseren schweren Waffen. Auch heute schießt der Russe den ganzen Tag starkes Störungsfeuer auf uns. Bei diesem fürchterlichen Trommelfeuer kam mir wieder mehr zum Bewußtsein, wie armselig unser irdisches Leben ist. Was ist ein Mensch, der im Feuerhagel liegt! Ich habe nur einen Gedanken: Gott! Er allein kann uns Kraft geben, das alles zu bestehen.

BRODKI, DEN 11. JULI 1944

Das Trommelfeuer dauert an. Der Russe griff an, aber wir haben ihn zurückgeschlagen. Und nun ist's Gott sei Dank wieder ruhiger. Aber wer weiß, wie lange?

Die Nacht im Sumpf

Dort liegt der Sumpf,
unheimlich, still und schwarz.
Ein Schauer kalt die Finsternis durchziehet,
aus welcher furchterregend sich dunkle Schatten heben,
Fangarme ausstreckend,
das bange Herz zu greifen.
Und grausiger noch die düstern Wolkenmassen
das Moor umhüllen.
Mir wird so klemmend und so bang
in diesem Reich des Todes und der Unterwelt.
Doch plötzlich wird das Dunkel
durch einen Lichtstrahl jäh durchbrochen.
Ein zaghaft Quirlen hörbar ist,
und langsam fängts an allen Enden an zu quaken.
Das Licht bricht durch,
des Mondes Schein durchdringt der Wolkenfetzen silbern Schimmer.
Und plötzlich hebt ein tausendfältig Quaken an,

ein Jauchzen und ein Singen ists, ein Preisen,
zu loben wunderbar im Chor,
den Sieg des Lichts.

SMOLARI, DEN 19. JULI 1944; 1.55 UHR

Wir befinden uns auf einer großen, planmäßigen Absetzbewegung.

Hier hören die Eintragungen im Felde auf, denn ich hatte keinen Augenblick mehr Gelegenheit, auch nur ein Wort zu schreiben.

GEISLINGEN, IM HEIMATLAZARETT, AM 5. AUGUST 1944

Endlich habe ich Gelegenheit, wieder einmal zur Feder zu greifen, um das Furchtbare der vergangenen Tage aufzuschreiben. Wir sind überhaupt nicht mehr zur Besinnung gekommen. Die Wirklichkeit kann ich in Worten nicht beschreiben. Ich versuche zu rekonstruieren:

IM FELDE, DEN 18. JULI 1944

Die Division hat den Auftrag, sich bis zum Bug abzusetzen, um dort erneut in Stellung zu gehen. Am hellen Tag, um 18.30 Uhr, mußten wir uns absetzen, da der Russe rechts von uns eingebrochen ist. Fast wären wir eingeschlossen worden.

So marschiert dann Kompanie für Kompanie über eine vom Russen eingeschlossene Höhe, und dort bekommen wir schon unsere ersten Ausfälle. Der weitere Marsch geht über Halinow vorbei nach Smolarg und verläuft vollends gut. In Smolarg besetzen wir sofort nach Ankunft Zwischenstellung und halten diese bis zum andern Morgen.

19. JULI 1944

In aller Frühe kommt der Befehl zum sofortigen Absetzen. Ich lasse eben meine Kompanie zum Abmarsch antreten, als plötzlich eine wüste Schießerei beginnt. Der Russe ist uns auf den Fersen. Wir gehen mit unseren schweren Waffen sofort in Stellung und halten rein, was das Zeug hält. Im überraschenden Einsatz setzen wir uns weiter ab, bis es uns gelingt, uns vom Feind zu lösen.

Ruhig geht es nun wieder weiter durch einen Wald. Kurz vor der nächsten Ortschaft tauchen plötzlich russische Schlachtflieger auf. Es ist eine große Massierung auf dem Schlachtfeld entstanden, da nicht nur wir, sondern auch andere Regimenter zur selben Zeit dort marschieren. Ich schreie sofort: »Fliegerdeckung! Fahrzeuge in den Wald, marsch, marsch! Flieger-MG frei!« Da kommen auch schon die ersten Maschinen angebraust. Kurz vor uns lassen sie ihre Bomben fallen, mitten in die Marschkolonne hinein.

Und nun sind sie im Anflug auf uns zu. Da brülle ich aber wieder: »Feuer frei!« – und nun fängt ein Abwehrfeuer aus allen Rohren an. Und siehe da – die Maschinen drehen ab. Doch noch ein paar Mal unternehmen sie den Versuch, uns anzugreifen, was ihnen jedoch dank unserer Landser jedesmal mißglückt.

Der Marsch geht weiter bis Wilica. Dort beziehen wir Abwehrstellung, um den Rückzug des II. Bataillons zu sichern, und marschieren dann gegen Abend durch einen großen Wald bis nach Spak weiter, wo es der Rollbahn entlang rechts abgeht.

Nach etwa drei Kilometer Marsch auf der Rollbahn kommt plötzlich der Befehl zum Halten. Wir müssen wieder zurück nach Spak, um dort Stellung zu beziehen, da anderen Einheiten in diesem Abschnitt der Rückzugsweg gesichert werden muß.

Am Morgen des 20. Juli setzen wir uns weiter ab. Wir marschieren an großen Seen vorbei, kommen nach Pulmo, machen dort eine kurze Pause und erfahren, daß weiter südlich der Russe durchgebrochen sei und mit Panzern bereits über den Bug gesetzt habe. Auch sollen Panzer nach Norden zu im Anrollen sein. Aus diesem Grund müssen wir sofort in einem Wald südlich von Zalesi Abwehrstellung beziehen, um ein weiteres Vordringen des Feindes nach Norden zu verhindern.

Nach einigen Stunden müssen wir unsere Stellungen verlegen, haben aber leider weder rechts noch links Anschluß. Unser Hauptmann entgeht ganz knapp der Gefangenschaft. Der Russe greift an und die Verbindung zu unseren Jäger-Kompanien reißt ab. Es bleibt uns kein anderer Ausweg mehr, als uns mit dem Rest des Bataillons nach Westen durchzukämpfen, da wir von drei Seiten vom Feind bedrängt werden und nur noch ein ganz enger Schlauch zum Ausweichen vorhanden ist.

In einem Gewaltmarsch schlagen wir uns durch, werden nochmals von feindlicher Artillerie beschossen und kommen schließlich aber doch wieder auf der Rollbahn glücklicherweise auf eigene Truppen.

Nur eine kurze Pause können wir unseren Männern und den Pferden gönnen. Wir sind total erschöpft, doch müssen wir weiter.

Bei Kosparie kommen wir endlich an den Bug, müssen aber leider feststellen, daß sämtliche Brücken zerstört sind. Deshalb müssen wir mit Mann und Pferd und Gefechtswagen durchs Wasser über den Fluß, der an dieser Stelle Gott sei Dank nur etwa 1,50 Meter tief ist.

Spät in der Nacht ist das Übersetzen des Bataillons beendet. Leider bleibt unser Kettenkrad mitten im Fluß stecken. Ich marschiere nun mit dem Rest des Bataillons nach Sobibov, wo wir für einige Stunden Quartier beziehen können. Mein Infanterie-Geschützzug und ein Geschütz meines Pak-Zuges fehlen.

21. JULI 1944

Frühmorgens erreicht uns die Nachricht, daß der Russe westlich des Bugs nach Norden vorstößt. Sofort müssen wir in einem Wald Stellung beziehen, halten diese einige Stunden lang und bekommen dann den Auftrag, anzugreifen, da ein Funkspruch aufgefangen worden ist, wonach der Feind in kürzester Zeit bei Zaluze eine Brücke über den Bug fertiggestellt haben wollte. Nach etwa zwei Kilometern Angriff, der gut verläuft, müssen wir auf einer Höhe wieder Stellung beziehen. Ich lasse meinem Granatwerfer-Zug in Stellung gehen, und dann schanzen wir uns alle ein.

Leider haben wir auch diesmal eine rechte offene Flanke, an der der Feind nach Norden weiter vorstößt. Plötzlich bekommen wir ein furchtbar starkes Infanteriefeuer. Sofort wird die rechte Flanke abgeriegelt, und nun liegt auch noch starkes feindliches Granatwerferfeuer auf unseren Stellungen. Meine Granatwerfer eröffnen sofort das Feuer und schießen, was das Zeug hält.

Da bricht auf einmal zwischen unserer Höhe und dem Ort Wolezyny der Russe durch. Mit den wenigen Männern meines Kompanietrupps und mit einigen Versprengten bilde ich sofort einen Eckpfeiler und riegle so die offene linke Flanke ab. Wir halten die Stellung etwa zwei Stunden lang und schießen und schanzen.

Da hören wir plötzlich Panzergeräusche und schon krachen die ersten Panzergranaten in unsere Reihen. Und nun spüre ich einmal wieder so richtig die große Verantwortung, die ein Offizier im Kampfe besitzt. Die Augen meiner Kameraden schauen auf mich und schon werden Stimmen laut: »Herr Leutnant, was machen wir?«

Was bleibt uns da, in dieser aussichtslosen Situation, anderes übrig, als uns abzusetzen? Die Panzernahkampfmittel, die ich angefordert

1. März 1944: *zum Leutnant befördert*

habe, sind noch nicht eingetroffen und unsere Löcher sind gegen Panzer noch nicht tief genug. Wir lassen die Panzer, es sind sieben an der Zahl, bis kurz an uns herankommen und setzen uns dann langsam ab. Aber o weh! Da rennt auch schon das ganze Bataillon und alles, was dabei ist, zurück.

Es entsteht eine große Panik. Jeder läuft um sein Leben, und was das Schlimmste ist, Verwundete bleiben einfach liegen. Kein Führer hat mehr Einfluß auf seine Leute, es ist alles durcheinander geraten. Und mitten in uns hinein hält der Feind mit seinen Panzergranaten. Es ist eine reine Glücksache, wer aus diesem Inferno noch herauskommt.

Ein Sumpf nimmt uns auf, und das ist unsere Rettung. In einem Wald können wir unsere Leute endlich aufhalten und wieder frisch ordnen. Alles ist total ermüdet und erschöpft. Schon tagelang erhielten wir nichts mehr zu essen und mußten Tag und Nacht marschieren. Mit Gier trinken wir das uns sonst anekelnde Sumpfwasser.

22. Juli 1944

In den ersten Morgenstunden setzen wir uns weiter ab. Mein Infanterie-Geschützzug und meine Pak sind wieder zu meiner Kompanie zurückgekommen. Welch ein Glück! Wir marschieren über Sobibar, Orchowik, die Stadt Wlodenka durch einen großen Wald nach Wyzyki-Polod und erhalten dort den Befehl, wieder umzukehren, um in dem Wald so lange Stellung zu beziehen, bis ein noch weiter rückwärts liegendes Bataillon sich durchgekämpft hat.

Nach einem kurzen Marsch sehen wir plötzlich angreifende russische Kavallerie, die in kühnem Vorstoß die Ortschaft in Besitz nehmen wollte. Sofort lasse ich meine schweren Waffen in offene Feuerstellung gehen. Die Russen werden zurückgeschlagen, doch stößt in demselben Augenblick russische Infanterie links ausholend vor und umschließt das Dorf.

Da heißt es sofort handeln, bevor wir gänzlich eingeschlossen werden. Wir treten gleich zum Gegenstoß an und kämpfen uns weiter durch. Mit ein paar schneidigen Männern übernehme ich die linke Flankensicherung und marschiere als Vorhut voraus. Vor einer Ortschaft bekommen wir plötzlich von einer Höhe herab Feuer, das immer stärker wird.

Das Bataillon geht zurück, doch ich bleibe mit meiner Kompanie noch liegen, um das Absetzen zu sichern. Immer noch liegen wir im feindlichen Feuer, und auf einmal greifen die Russen mit Hurräh-Gebrüll von der Höhe herab an. Einzeln kriechen wir in dem offenen Gelände zurück.

Wie Hasen knallen uns die Russen ab. Ich muß staunen, wie kugelsicher ich bin. Mein Kompanietruppführer, ein junger Kerl, ist hierbei gefallen.

Unter gemeinsamer Aufopferung bringen wir einen schwerverwundeten Kameraden zurück. Glücklich kommen wir im Wald an und verbinden ihn. Er hat einen Bauchschuß erhalten. Da faßt er meine Hand, schaut mir in die Augen und sagt: »Ich danke schön!« Ich bin tief ergriffen und kann kein Wort reden. Später ist er verstorben. Die Verwundung war zu stark.

Wir marschieren nun mit dem Bataillon, das wir endlich erreicht haben, weiter. Wir versuchen, aus dem Kessel herauszukommen, denn wir sind eingeschlossen. Wir marschieren die ganze Nacht zum 23. Juli durch und kommen am späten Vormittag in Opole an, wo wir für kurze Zeit endlich einmal wieder Quartier beziehen können.

Die Pause dauert nur wenige Stunden. Der Rest des Bataillons rückt nach und wir setzen uns nun sofort weiter ab. Das II. Bataillon marschiert vor uns. Plötzlich werden wir von links her sehr stark vom Feind bedrängt. Das II. Bataillon kommt glücklich durch, doch bei uns entsteht wiederum eine Panik. Der Feind treibt uns immer mehr nach rechts in den Sumpf, und da stehen wir auf einmal mit unseren gesamten Fahrzeugen vor einigen Bacharmen.

Jetzt geschieht das Traurige, das ich nie vergessen werde. Die Pferde und sämtliche Fahrzeuge versinken im Sumpf, und ich muß den mir unheimlich schwerfallenden Befehl geben, unsere schönen Geschütze zu sprengen. Nur ein einziges Fahrzeug und ein paar Pferde kommen durch, der Rest geht verloren. Todmüde marschieren wir über Paszenka weiter, bis wir in einem herrlichen Schloß eine kurze Pause einlegen können.

Dort wird nun das Bataillon, das sehr zusammengeschrumpft ist und normalerweise aus fünf Kompanien besteht, in drei Kompanien aufgeteilt. Ich bekomme die 3. Kompanie. Leider haben wir nun keine schwere Kompanie mehr. – Während das Bataillon abmarschiert, bleibe ich mit meiner Kompanie als Nachhut zurück und marschiere dann in der Nacht mit dem II. Bataillon bis nach Rudno, wo wir für wenige Stunden Zwischenstellung beziehen.

Dann geht es am 24. Juli 1944 über Kowarowka bis zu einem Wald weiter, wo ich wiederum als Nachhut am Waldrand liegenbleibe, währendessen das Bataillon vorher abrückt.

Nach einigen Stunden setze auch ich mich ab. Wir marschieren durch einen großen Wald, und da hören wir merkwürdig nahe Kampflärm von russischen MG. Da erkennen wir, daß es jetzt auf alles ankommt. Wir müssen unter allen Umständen vor den Russen die Rollbahn bei Zelizna erreichen, um dort dem Bataillon nachrücken zu können.

Wir kommen nach Zelizna, marschieren auf eine Höhe und sehen plötzlich etwa 200 Meter vor uns eine russische Pak stehen. Die Russen springen sofort ans Geschütz und fahren auf die Höhe hinauf. Im »Marsch-marsch« springen wir über die etwa 1000 Meter weite Fläche zum Wald zurück. Doch da hält auch schon die Pak in uns hinein. Und dann schießen aus allen Dächern russische Maschinengewehre. Leider muß ein Schwerverwundeter liegenbleiben, was für uns alle sehr schmerzlich ist. Mit ein paar Leichtverletzten kommen wir ohne weitere Verluste zum Wald zurück.

Ich sammle nun meine Kompanie wieder zusammen, und nun heißt es handeln, bevor uns die Russen weiter bedrängen. Es bleibt uns nur noch ein Weg durch den Wald nach Norden, der unserer Annahme nach feindfrei sein könnte. In einem Gewaltmarsch schlagen wir uns durch die Wälder und Sümpfe stundenlang durch, bis wir am Nachmittag wie durch ein Wunder wieder auf eigene Kräfte stoßen.

Wir erkundigen uns nach dem Weg nach Kwasombka und erreichen dort das III. Bataillon. Der Major schickt mich mit meiner Kompanie zum Regiment, und total erschöpft und ermüdet kommen wir dort an. Von den Füßen hängen die Fleischfetzen weg, alles schmerzt, es ist unheimlich, wie fertig wir sind.

Wie einen Sohn empfängt mich unser Oberst, und ich fühle, daß er mir in diesem Augenblick sehr dankbar ist, daß wir das Absetzen der anderen geschützt haben. Für ein paar Stunden können wir Quartier beziehen, müssen dann aber noch in der Nacht zum Bataillon vor, das sehr in Bedrängnis steht. Ich melde mich auf dem Bataillonsgefechtsstand in Lotzki und bekomme dort den Befehl, mit meiner Kompanie Verbindung nach links zum II. Bataillon aufzunehmen, da in diesem Abschnitt der Feind durchgebrochen ist.

Nach erfülltem Auftrag besetzen wir zusammen mit der 2. Kompanie diesen Geländeabschnitt. Inzwischen ist es Morgen geworden, der 25. Juli. Wir müssen noch verschiedene feindliche Vorstöße abwehren, bei denen mein guter, treuer Melder, mein herzensguter Hannes, durch einen Kopfschuß schwer verwundet wird und fällt.

Der Druck des Feindes wird immer stärker, die Lücken in unseren Stellungen sind zu groß. Die Stellung kann unter keinen Umständen mehr gehalten werden. Dann kommt der Befehl zum Absetzen. Es ist ein Teufelsspiel, dieses Gemetzel und dieses Töten, wo man hinschaut.

Leider muß der Regimentsstab die Fahrzeuge sprengen, und jeder Stabsoffizier muß nun genauso wie wir marschieren. Wir schlagen uns in der Nacht durch einen großen Wald nach Norden durch, stoßen auf eine Bahnlinie, überqueren diese und folgen nun einer Rollbahn, die nach Rogoznica führt. Dort bekommen wir nach langer Zeit einmal wieder Verpflegung. Endlich mal wieder was zu essen!

Unser gesamter Troß kam in Gefangenschaft und die Küchenstaffel ist von Panzern überfallen worden. Es ist unheimlich, wie unsere Füße schmerzen. Wir können uns nur noch unter Aufbietung der allerletzten Kräfte halten. Wie soll das nur weitergehen? Wir alle sind der Verzweiflung nahe! Doch es bleibt keine Zeit zu jammern. Es geht weiter.

Wir gehen wieder in Stellung. Ich muß mit meiner Kompanie eine Brücke über die Kozna besetzen. Bei unserem linken Nachbarn, der Anschluß an unsere Kompanie hat, bricht der Russe in zahlreich wiederholten Vorstößen durch. Ich riegle sofort die linke Flanke ab. Durch schwungvolle Gegenstöße der Pionierkompanie wird der Feind wieder zurückgeschlagen. Wir schanzen uns ein und verbringen vollends die Nacht in den Löchern unserer Riegelstellung.

27. JULI 1944

Der Feind verhält sich merkwürdig ruhig. Wir meinen, er würde abziehen. Abends bekomme ich links durch Leutnant M., der am andern Tag gefallen ist, Anschluß. Wir verbringen die Nacht in unseren Panzerlöchern und setzen uns am Morgen des 28. Juli auf eine Höhenstellung ab. Da greift plötzlich der Russe in unserem Abschnitt an. Er setzt sich am anderen Ende des Kornfeldes fest, und nun heißt es handeln! Mit den Männern meiner Kompanie gehe ich zum Gegenstoß vor und der sich hartnäckig wehrende Feind wird zurückgeschlagen. Wir haben ein MG und ein Zielfernrohr erbeutet und kämpfen uns nun wieder zu unserer Ausgangsstellung zurück. Dort erreicht uns die Nachricht, daß unser Oberst sich sehr lobend über unseren Gegenangriff ausgesprochen habe.

Wenige Stunden später erhalten wir ein unheimlich starkes Pak-Feuer und dann wird der feindliche Druck so stark und die Übermacht so groß, daß wir uns absetzen müssen. Nach etwa 200 Meter Zurückgehens fangen wir unsere Teile wieder auf und dann treten wir erneut zum Gegenstoß an.

Der Russe sitzt etwa 80 Meter vor uns in einem Kornfeld. Links von mir sehe ich einige feindliche Schützen stehen und eröffne sofort das Feuer auf sie. Sie legen sich blitzschnell nieder und eröffnen mit MG das Feuer auf uns.

Plötzlich saust mir ein Gewehrschuß durch Stahlhelm und Kopf. Es dreht sich alles in mir, und ich höre nur noch ein Surren und das Rieseln des Blutes unter dem Stahlhelm. Schon habe ich mein Leben abgeschrieben. Ein Kamerad springt herbei und verbindet mich notdürftig.

Und nun krieche ich auf allen vieren mitten im stärksten Pak-Feuer und den MG-Salven etwa einen Kilometer zurück zum Truppenverbandsplatz. Die Regimentsoffiziere sind nicht wenig erstaunt und tiefbetrübt. Ein hoher Offizier heftet mir schnell noch das Eiserne Kreuz an die Brust. Und nun werde ich auf einem Panzerfahrzeug zum Regiment gefahren. Der Regimentskommandeur, Oberst B., verabschiedet sich in liebenswürdigster Weise von mir.

In einem Sanka geht es weiter zum Hauptverbandsplatz nach Ludki, wo ich richtig verbunden werde und in der Nacht liegenbleibe. Am andern Tag werde ich in einem LKW über Sokolow nach Malkinia zur Krankensammelstelle gefahren und bleibe dort über Nacht. Dann geht es in einem Lazarettzug über Ostrow durch ganz Ostpreußen zur Krankensammelstelle Jaroschin, wo man mir erklärt, ich solle weiterfahren in Richtung Westen, und wenn mein Zustand sich verschlechtern sollte, mich in irgendein Lazarett aufnehmen lassen.

Ich fuhr direkt bis Geislingen, »wo es schlechter wurde«. (Das kann man sich ja denken.) Im Heimatlazarett war zufällig noch ein einziges Bett frei: Es war dasselbe wie ein Jahr zuvor. Welch ein Zufall! Meine Verwundung ist ein Kopfschwarten-Durchschuß durch eine Gewehrkugel. Ob mein Gehirn verletzt ist, weiß ich noch nicht. Ich kann aber noch ganz normal denken und kann nur eines sagen: »Herr, Dein Wille geschehe!«

Geislingen, den 11. August 1944

Heute bekam ich nun meinen Kopfverband abgemacht, da beide Wunden fast zugeheilt sind. Es ist nur innerlich noch nicht alles in Ordnung. Die Schädeldecke ist durchschossen, das Gehirn scheint wie durch ein Wunder nicht verletzt zu sein. Ich habe bei dieser Verwundung ein unbändiges Glück gehabt, denn es hat sich wahrlich nur um Millimeter gehandelt, dann hätte mich die feindliche Kugel getötet. Allein Gott habe ich das zu verdanken.

Mit zerrissenem Rock und und einer alten Hose, an der das Knie vom Kriechen durchlöchert war und die noch vom Schmutz starrte, mit schmutzigen Stiefeln, Socken, die unheimlich viele Löcher hatten, einer Leibwäsche, die etwa vier bis fünf Wochen im heftigsten Kampf am

Körper war, meinem Lederriemen mit meiner Kartentasche, einem alten Brotbeutel und einer noch älteren Feldflasche, die ich recht liebgewonnen hatte, weil sie mir in manch heißen Minuten Labung geschenkt hat – mit dieser Ausrüstung und der schützenden Binde um das von Blut verklebte Haar, so kam ich an jenem 3. August abends um 23 Uhr nach Hause.

Auf den Bahnhöfen und in den Städten blieben die Leute stehen und sahen mich an, wie einen, der eben frisch aus dem Graben gestiegen war. Und ich fühlte, daß mich manch dankbarer Blick streifte.

Geislingen, den 14. August 1944

Meine Gedanken gehen immer wieder hinaus aufs Feld zu meinen Kameraden. Wie mag es ihnen wohl ergehen im Kampf? Ich denke auch an die, die nicht mehr dabeisein können, an meinen guten treuen Hannes, meinen Melder, der durch einen Kopfschuß gefallen ist, an viele Freunde und auch so viele Unbekannte, die ihr Leben geben mußten.

Wenn ich es jetzt in Ruhe bedenke, dann hat uns die Kriegsmaschine zu furchtbaren Handlangern gemacht. Mein Auge hat auf einen Menschen gezielt und dieser Finger, der doch einer Hand gehört, die Trost spenden soll, hat an der Waffe abgedrückt und so das Leben eines Menschen ausgelöscht. Diese Gedanken machen mich fast wahnsinnig!

Hat ein Mensch das Recht, über Tod und Leben eines anderen Menschen zu bestimmen? Ist es nicht ein grausames Spiel, das Kriegsspiel? Nein, es kann nicht sein, daß wir Mörder sind. Sind wir Sklaven des Kriegsgotts, Männer, die eine schreckliche Pflicht erfüllen müssen? Wo ist der Wille des Allmächtigen?

Ich begreife, daß das einfache und schlichte Leben beim Militär einfach nicht möglich ist. Es geht vielleicht für einige Zeit, in der es etwas ruhiger zugeht und wo man Gelegenheit zur Besinnung hat. Aber wenn es dann rundgeht, dann schlägt alles in einem furchtbaren Chaos wieder zusammen. War denn wirklich alles umsonst?, so fragt man sich. Wo sind denn die schönen Stunden des Glücklichseins, des Kindseins? Stattdessen zerbricht einem fast das Herz in der rauhen Wirklichkeit des grausamen Krieges, und man wird hierhin und dorthin geschleudert, man kommt nicht mehr zur Besinnung.

Ich wollte dieses einfache Leben leben, ich wollte durch und durch wieder versuchen, Kind zu sein, und vor den Dingen der Natur noch mehr Staunen und Ehrfurcht erwerben, ich wollte, daß das Gotteswort etwas Objektives in mein Leben bringe, ich wollte ein neuer Mensch werden. Doch wie ein gewaltiger Orkan über das Land herfällt, so wurde ich durch das Entsetzliche der Kriegsfurie aufgepeitscht und durcheinandergeschlagen. Arm und verlassen in meinem Inneren schreit mein Herz in dieser Not zu meinem Gott. Er weiß doch so viele Wege, die zum Ziele führen, und er hat doch auch für mich einen Weg bestimmt. Ganz am Anfang stehe ich nun wieder da und überlege und sinne nach dem neuen Leben. – Herr, hilf mir in meiner Not!

GEISLINGEN, DEN 19. AUGUST 1944

Seit einigen Tagen ist meine Wunde wieder offen und eitert. Deshalb bekam ich wieder einen Verband um meinen Kopf.

GEISLINGEN, DEN 23. AUGUST 1944

Ich will nun versuchen, kurz zusammengefaßt, den inneren Werdegang seit meiner Einberufung zu beschreiben.

Eine große Leere entstand in meinem Innern, als ich zum Arbeitsdienst einrücken mußte. Ich fühlte mich inmitten der völlig andersgesinnten Umgebung so richtig einsam, und ich empfand einen tiefen Abscheu gegen all das Schlechte meiner Umgebung. Die anderen merkten sehr bald, was mit mir los war und zogen mich deshalb auch des öfteren auf. Zum Glück hatte ich einen Freund, den unvergeßlichen Alex E., der heute leider als Leutnant vermißt ist. Er mußte dieselben inneren Kämpfe mitmachen wie ich, und deshalb hatten wir uns auch gefunden.

Insgeheim respektierten uns die andern, hauptsächlich auch die RAD-Führer, die hundertfünfzigprozentige Nazis waren. Im Dienst erfüllten wir unsere Pflicht und so konnte uns keiner etwas nachsagen. Der Dienst war sehr streng. Deshalb kamen wir innerlich fast nie zur Besinnung. So kam es, da ich auf einen derartigen Alltag nicht eingestellt war, daß mein inneres Leben etwas vernachlässigt wurde. Heute weiß ich jedoch, daß diese erste Schule in meinem Leben notwendig war, damit mir die Augen zur Wirklichkeit geöffnet wurden und ich zum weiteren Kampfe gerüstet und vorbereitet war.

Und dies ist in der Vakanzzeit zwischen RAD und Kommiß auch geschehen. Nun wußte ich, wie ich mich verhalten mußte, um ein guter Soldat zu werden. Mit Stolz darf ich sagen, daß ich in meiner bald darauf beginnenden Rekrutenzeit ein sehr guter Soldat war. Durch Beachtung von besonders zwei Dingen war mir das gelungen: erstens durch restlosen Einsatz und äußerste Pflichterfüllung im Dienst und zweitens durch Beachtung der kleinen Dinge im Alltag; also durch ein opfervolles Leben.

Nun war ich in den Augen meiner Kameraden auf einmal kein Sonderling mehr, denn sie bekamen, da ich so oft für sie etwas tat oder ihnen in schwierigen Situationen half, Achtung vor mir, ja einige taten es mir gleich. Hier habe ich in meinem Leben den schönsten Beweis, daß man in einer andersgearteten Umgebung durchaus positiv leben kann.

Ich kam an die Front in eine relativ ruhige Stellung. Dort durfte ich gute Freunde kennenlernen, doch erlebte ich oft auch genau das Gegenteil. Einen tiefen Eindruck hat Weihnachten 1942 auf mich gemacht. Ich war tief beglückt, wie die Hirten von Bethlehem in einem kalten Stall leben zu dürfen und dem in Armut geborenen Kind nahe zu sein. In diesen einsamen, sternenklaren und eiskalten Winternächten habe ich mir wieder Kraft von oben geholt. Und bald mußte ich diese Kraft gebrauchen, denn es ging zum harten Einsatz.

Immer wieder drang das »Ich will!« im Kampfe durch, und so war es mir möglich, das Schwere zu bestehen. Ich wurde in jenen schweren Tagen ernster, denn ich mußte mich mit dem Todesgedanken befassen, und dann spürte ich auch, daß ein Mensch, der in solch hartem Einsatz steht, ohne tiefen Gottesglauben untergeht.

Meine schwere Verwundung hat mich reifer gemacht und leider etwas von meinem Humor genommen. In der ruhigeren Zeit der Genesung in der Heimat bekam ich wieder einen sehr starken Lebenswillen. Als ich spürte, daß meine Wunden wieder geheilt werden könnten, wurde ich von einer tiefen Lebensfreude ergriffen. Ich habe zuerst meinen Willen geschult, betrieb, als es mein Zustand ermöglichte, täglich Gymnastik und stellte einen Selbsterziehungsplan auf, um dadurch innerlich schneller vorwärtszukommen.

Ich mußte jetzt hinaus in die Natur und im Sommer ins kühle Bad. – Als ich dann wieder in die Kaserne kam, begann wieder eine Zeit des Alleinseins. Es war nicht einfach, die Freizeit beim Militär richtig und gut zu erfüllen.

Voller guter Vorsätze ging ich auf die Kriegsschule, wo ich auch wieder mehr Lebensfreude und Mut bekam, was ich zum Teil auch dem strengen Dienst zu verdanken habe. In einer Zeit des Untätigseins habe ich mich nie richtig wohl gefühlt. Ich war auf der Offiziersschule tief beglückt, bekam wieder die schöne Gelassenheit. Die äußeren Einflüsse, wie Baudenkmäler, Konzerte, Theater und vor allem auch die herrlichen Festgottesdienste in der wunderschönen Hofkirche, wirkten äußerst heilbringend auf mein Inneres.

Das Pontifikalamt und der persönliche Segen, den mir der Bischof von Meißen an Neujahr erteilt hat, haben ein tiefes Glück und eine große Sehnsucht in mir wachgerufen. So kann ich die Zeit auf der Kriegsschule etwa meiner Rekrutenzeit gleichstellen. Hieraus kann ich die Erkenntnis ziehen, daß man sich in einer fremden Welt, so wie ich das empfunden habe, mit Lebenswillen und Opferbereitschaft durchaus wohlfühlen kann, zumal man doch offensichtlich spürt, wie die anderen diese Einstellung respektieren.

In meinem zweiten Fronteinsatz durfte ich das Verantwortungsvolle des Vorgesetztenseins erleben. Nun gehört mein Leben nicht mehr mir, sondern ganz und gar meinen Kameraden.

Ich hatte immer das Gefühl, daß mir etwas fehlte. Durch einen anderen wurde ich darauf aufmerksam gemacht: Es ist das Kindsein. Ich mußte wieder Ehrfurcht vor dem Wort und vor allen Dingen Erstaunen gewinnen. Nur so konnte ich innerlich vorwärtskommen, denn ich spürte, daß ich jedes Wort und jedes Ereignis innerlich erleben mußte, um es nicht als reine Lebensweisheit, sondern als etwas Organisches und Objektives mir anzueignen.

Doch plötzlich wurde dieses mein Streben durch den ungeheuer starken Fronteinsatz in einem furchtbaren Chaos zuammengeschlagen und vernichtet. Der entsetzliche Kampf, in den wir jungen Menschen hineingezogen wurden, gönnte mir keine innere Besinnung mehr. Es war einfach unmenschlich! Das war kein fairer Kampf mehr. Der Tod hat mich hart und schweigsam gemacht, und leider wurde aus dem »Ich will!« sehr oft ein »Ich muß!«. Aus und vorbei war es mit dem Kindsein.

Über all diesem Entsetzlichen habe ich aber meinen Glauben nie verloren. Er hat es mir so manches Mal möglich gemacht, mit der bestehenden Situation fertig zu werden, wo andere am Leben verzweifelten.

Durch meine zweite Verwundung fühlte ich mich noch ärmer und verlassener. Ich wußte jetzt, daß ich nur ein winzig kleiner Mensch bin. Und so stellte ich mich wieder ganz an den Anfang zurück. – Wie innerlich erregt habe ich das Blutrote der untergehenden Abendsonne getrunken, als ich ein paar Stunden nach meiner Verwundung im Krankenwagen der untergehenden Sonne nachfuhr, und meine Seele schrie zu Gott: »O komm, nimm mich mit zu den vielen, zu dem gewaltigen Heer von Namenlosen.«

Geislingen, den 26. August 1944

Von meiner Feldeinheit wurde heute das am 9.8.1944 verliehene Eiserne Kreuz I. Klasse zugeschickt. Dem Herrn dankend trage ich diese

Auszeichnung für meine Kameraden, ohne die ich ja nichts hätte zustande bringen können.

GEISLINGEN, DEN 31. AUGUST 1944

So eigenartig es klingt, aber ich habe Heimweh nach der Front.

Immer wieder muß ich an meinen Freund Paul B. denken. Wo wird er wohl sein? Erst jetzt fällt es mir wieder ein, daß ich ihn während unserer Absatzbewegungen am 21. Juli kurz traf. Wir standen kurz vor dem Angriff und konnten uns leider nur dienstlich sprechen. Es war mir seltsam zumute, als er mir zum Abschied die Hand reichte.

Gestern habe ich meine jungen Freunde in der Gemeinde wieder einmal zusammengerufen. Wir saßen im Kreise auf dem Boden. In der Mitte brannte eine Kerze. Es sind unvergeßliche Stunden, die wir miteinander erleben dürfen. Als ich ihnen sagte: »Jesus Christus sitzt in diesem Augenblick mitten unter uns im Kreise«, da wurden sie ganz still und man hörte kaum noch einen Atemzug. Wir sangen unsere frohen Lieder. Könnte ich nur für immer unter ihnen sein!

GEISLINGEN, DEN 2. SEPTEMBER 1944

Heute erhielt ich die Nachricht, daß mein Freund Paul seit dem 22. Juli in Rußland vermißt ist. Mir ist es, als würde Paul zu uns allen sagen: »Seid doch nicht traurig, denn solange der Herr bei mir ist, bin ich froh und glücklich.« Ich finde keine Worte, das Leben meines Freundes zu beschreiben, denn so einer hat in unserer Stadt noch nie gelebt. Ich persönlich verdanke ihm alles, denn er hat mich, obwohl er es nicht gewußt hat, durch sein Beispiel dem Dunkel entrissen und mich ins »lichtflutende Leben der Wahrheit« geführt. – Als ihm seine Mutter beim Abschied das Weihwasser gab und das Kreuz auf seine Stirn zeichnete, war sie traurig. Paul aber sagte zu ihr: »Mutter, lach doch dazu!«

GEISLINGEN, DEN 3. SEPTEMBER 1944

Wir müssen wieder Ehrfurcht vor allen Dingen bekommen, den großen und den kleinen. Ich spüre auch die Schönheit des Gebetes. Jedes Wort, das ich mit Gott sprechen darf, kommt mir groß und so schön vor wie ein kostbarer Edelstein. Lieber will ich weniger beten und mit jedem Wort wie mit einem wertvollen Schatz umgehen, damit ich das Erstaunen vor dem Gebet nicht verliere.

GEISLINGEN, DEN 4. SEPTEMBER 1944

Viele Menschen halten nur da Ordnung, wo man hinschaut. Wie mag es wohl in deren Innerem aussehen? Ist es nicht großartig, daß in den verborgensten Winkeln unserer gotischen Dome, an den Stellen, wo kein Mensch hinkommt, mit derselben Genauigkeit gebaut worden ist!

Welches ist die Idee unseres deutschen Vaterlandes? »Deutschland, dieses große, menschliche und dichterische Land, das den Deutschen unbekannt ist« (Hans Heinrich Ehrler). – Ich denke, wir müssen wieder gesunden, wir müssen unser Wesen wiederfinden, wir müssen demütig werden. Nicht in blinder Erhebung und Selbsttäuschung, sondern in wirklichem Erkennen unseres Wesens, das sich am schönsten aus den schöpferischen Werten offenbart. Mögen die Millionen Opfer am Ende diese Idee als Frucht des Krieges davontragen!

Was ist, wenn die Feinde uns besiegen? Bliebe da der Kern, und wird uns der verlorene Krieg zum Heile werden? Was ist, wenn unser geliebtes Vaterland auseinanderfällt? Vielleicht werden wir dann erkennen, daß ein Volk in seiner Gesamtheit nur dann wirklich leben kann, wenn es in Gott seinen Höchstwert erkennt, und nicht, wenn es in überheblicher eigener Machtverkommenheit seine Kräfte weiterentwickeln will. Sagt doch Goethe: »Die Völker sind nur so lange produktiv, als sie religiös sind.« Und mein Freund Paul schrieb einmal: »Ein Volk hat seine schöpferischen Kräfte immer nur dann erhalten und behalten, wenn es mit der vollen Überzeugung sprach: Gott der Allmächtige lebt, er existiert, ja er ist die Ursache der Wirklichkeit und die Wirklichkeit selbst.« Das waren die letzten Worte, die er uns in seinem Rundbrief geschrieben hat.

GEISLINGEN, DEN 7. SEPTEMBER 1944

Ich denke viel über meine Wende nach. Damals war ich überglücklich, dem unheimlichen Dunkel, nämlich einem ideal- und grundsatzlosen Leben, entflohen zu sein. Ich schwärmte buchstäblich für das Herrliche, Große und Schöne meines Lebens. Ich wandte mich fast völlig ab von der Welt und ließ meine Gedanken nur den großen Idealen nachgehen. Das ging, solange ich noch eingebettet war in den Kreis meiner gleichgesinnten Freunde und unter dem Schutz meines Elternhauses.

Doch dann kam die Bewährung, als ich Soldat wurde und plötzlich spürte, daß mir die ungesunde Höhenluft nicht guttat, daß ich kein Träumer sein durfte, sondern mit beiden Füßen auf der Erde stehen mußte. Nun mußte ich erleben, daß die Wirklichkeit doch ganz anders war und ich anders leben mußte. Ich erkannte, daß ich helfen mußte, mitzubauen an dieser Welt. Und das war nur so zu erreichen, daß ich ganz für die andern da sein mußte.

GEISLINGEN, DEN 10. SEPTEMBER 1944

Eine Frage bereitet mir schon lange Kopfzerbrechen: Warum gibt es Krieg? Können die Menschen nicht in Frieden und Eintracht miteinander leben? Warum muß so viel unschuldiges Blut fließen? – Ewiger Kampf herrscht unter den Tieren, und nicht anders ist es bei den Pflanzen. Im Wald nimmt ein Baum dem andern die Nahrung weg. Jeder strebt zum Licht, der eine verdrängt den andern, um wachsen zu können. Und wer zu schwach ist, verkümmert und geht zugrunde. Von den Insekten bis zu den Raubvögeln herrscht Kampf. Kampf ist überall auf der Welt.

Wie ist das bei uns Menschen? Ich denke, wir Menschen besitzen doch Vernunft. Und bei uns sollte dieser Kampf nicht die Form eines Krieges, des Vernichtens, des Mordens, des Todes sein, sondern die eines Lebenskampfes, des Kampfes zum Leben. Gott hat doch nicht befohlen: »Tötet einander!« Folglich ist der Krieg von Gott niemals gewollt. Die reine Vernunft sagt uns, daß der Krieg der Menschheit niemals zum Wohle dienen kann.

Ich bin der Ansicht, daß der Krieg nichts Gutes ist. Erscheint der heutige Krieg, dieses Morden – wohlgemerkt im Großen gesehen, nicht der innere Kampf des Einzelnen – vor Gott als ehrlicher Kampf, wenn Millionen Menschen, unschuldige Frauen und Kinder darunter, hingemäht werden? Und warum ist es im Krieg erlaubt, Menschenleben auszulöschen, während man sonst in diesem Fall ein Mörder ist? Ist die Tat vor Gott nicht jedesmal dieselbe?

Ich kann mich für den Krieg nur dann einverstanden erklären, wenn wir dazu gezwungen werden, wenn man uns das Schwert in die Hand gezwungen hat, sonst niemals.

Ist die Ursache des Krieges rein menschliche Schuld?

Es ist unser Schicksal, daß wir in diese Not hineingeboren worden sind. Da wir als Deutsche zu unserem Vaterland gehören, ist es doch Gottes Wille, daß wir auch in Zeiten der höchsten Not, im Krieg, ganz zu ihm stehen und die ganze Not mit ihm teilen und wenn es sein muß auch unser Leben opfern.

GEISLINGEN, DEN 12. SEPTEMBER 1944

Ein Volk kann nur leben, wenn es zu Jesus Christus steht. Auch die Führung muß ganz und gar durchdrungen sein von Christi Gottheit, denn wenn sie ihn nicht anerkennt, sondern sich nach eigenem Dünken einen »Gott« wählt, so geht sie unter und zieht immer mehr Menschen in den Abgrund. Dieser Zustand ist gefährlich und kann auf die

Dauer nicht bestehen, denn einmal muß die große Auseinandersetzung kommen.

Warum anerkennen die sogenannten »Gottgläubigen«, wie sie sich nennen, Jesus Christus nicht mehr? Warum haben sie für die Kirche höchstens noch ein Spötteln übrig? Die große Masse ist zu blind oder zu dumm, um sich mit dem Christusglauben zu befassen. Und viele behaupten, das Christentum bestände zum größten Teil nur aus Äußerlichkeiten, es enthalte zu wenig Heidnisches, und sich vor Gott so zu demütigen wie die Christen lasse ihre menschliche Würde nicht zu. Die »Gottgläubigen« sind sich ja noch nicht einmal selbst bewußt, was sie eigentlich wollen.

Ich bin gegen den Krieg!

Ich bin gegen eine Führung, die nicht Christus als ihren obersten Feldherrn anerkennt.

Gedanken von Paul im Rundbrief:

»Die Welt ruft heute zu einem Leben des Kampfes, des Heldentums und des Übermenschen auf. Sie behauptet, Christus habe die Gleichung aufgestellt: Gott ist Mensch. Als ob Gott von uns kleinen Menschlein abhängig wäre, als ob er sie fragen würde, ob er die Sonne scheinen lassen darf oder nicht! Er, der Ewige, ist mehr als die Summe der Weltdinge, denn diese ist endlich und Gott ist unendlich. Er lebt nach eigenen Gesetzen sein unendliches Leben.

Das Gemeine ist, daß diese modernen »Gottesgläubigen« unsere wunderschöne, tiefe deutsche Mystik als Grundlage ihrer Lehre nehmen. Ihre Aufrufe zur Tapferkeit sind nur hohle Gespräche, denn ihnen fehlt das Wichtigste: die Erkenntnis, daß es keine Tapferkeit gibt, die nicht zugleich religiös ist.

Das Wichtigste im Leben ist, daß wir erkennen, daß überhaupt nichts zwischen Himmel und Erde existiert, was auf Christus bezogen nicht notwendig ist und für ihn nutzbar gemacht werden kann. Unser gesamtes Leben müssen wir in Christus hineinstellen.«

Ich denke, dieser Geist muß die Menschen beseelen, dann erst wird wirklicher Friede unter ihnen herrschen. Vielleicht wird unser Volk in der tiefsten Not, wenn jeder am eigenen Leib das Elend erspürt, wieder gesunden und das Wesen wiederfinden. Ich kann mir das aber nur vorstellen, wenn eine ungeheure Not und ein noch nie dagewesenes Elend über uns kommen. Vielleicht finden die Menschen durch die Schrecknisse des Krieges wieder zur Demut zurück.

Was haben die Menschen aus dem Wort »Macht euch die Erde untertan« gemacht? Die Technik wird nur zum Vernichten und Zerstören ausgenutzt, statt daß sie der Menschheit helfen würde. So weit hat es eine Welt gebracht, die ihren höchsten Wert nicht in Gott, sondern im Irdischen, im Materiellen sieht. Erst wenn das gesamte Tun und Denken der Menschen wieder Sinn von Christus und Richtung auf ihn hin bekommt, wird auch die Technik der Menschheit wieder zum Heile dienen.

GEISLINGEN, DEN 21. SEPTEMBER 1944

Heute mittag muß ich wieder scheiden. Ich komme zunächst noch ein paar Tage in eine Schleusenabteilung eines Tübinger Lazaretts und werde von dort aus zu meinem Ersatzbataillon nach Kolmar entlassen.

Die größte Freude haben mir während meines Genesungsaufenthaltes meine Buben gemacht. Jede Woche kamen wir zusammen, und des öfteren wanderten wir durch unsere herrlichen Wälder, auf unsere Berge und Felsen. Günther R. wird an meiner Stelle die Führung unserer Gemeinschaft übernehmen. Unser Auftrag ist uns allen klar: Überall und zu jeder Zeit durch unsere Haltung und Einstellung das Lob unseres Herrn Jesus Christus zu verkünigen. Wir haben die ehrenvolle, aber auch verantwortungsvolle Aufgabe, unseren Glauben durch diese gefahrvolle Zeit zu tragen, um ihn unserer Nachwelt zu erhalten.

Und nun gehe ich mit dem festen und gläubigen Vertrauen auf Gott. Der Herr wird mich durch alles ruhig und sicher hindurchführen. Sollte ich meinen Heimatboden nicht mehr betreten dürfen, so geschehe sein Wille.

KOLMAR, DEN 24. SEPTEMBER 1944

Ich wurde in einem Tübinger Lazarett fachärztlich untersucht und fuhr am folgenden Tag nach Kolmar, wo ich gestern morgen ankam. Groß war meine Freude, als ich die wunderschöne Stadt mit ihrem herrlichen Münster wiedersah.

KOLMAR, DEN 28. SEPTEMBER 1944

Morgen gehe ich zu meiner alten Division wieder ins Feld. Noch mehr als früher trage ich das Bewußtsein in mir, daß die Hand Gottes mit mir ist. Ich bin innerlich ganz froh und habe mich von so vielen Dingen losgemacht. Ganz und gar stehe ich in Gottes Hand, und er wird alles gut machen. Ich bin bereit, wenn es sein muß, mein Leben zu opfern.

Arys/Ostpreussen, den 8. Oktober 1944

Seit sechs Tagen befinde ich mich hier bei der Führerreserve auf einem Truppenübungsplatz und warte täglich auf meine endgültige Abstellung an die Front.

Im Osten, den 29. Oktober 1944

Seit einigen Tagen bin ich wieder vorne. Ich führe meine alte Kompanie. Das ist meine größte Freude. Die Front ist mir jetzt zur zweiten Heimat geworden, in der ich mich im Kreise meiner Kameraden richtig wohl fühle.

Im Felde, den 8. November 1944

Heute ging ich durch die Trümmer der Stadt, die wir verteidigen. Ich kam an einer zerschossenen Kirche vorbei und traute fast meinen Ohren nicht, als ich Orgelklänge vernahm. Ich betrat das Innere des Gotteshauses. Es war ein sonderbares Gefühl, als ich inmitten des Trümmerhaufens stand. Der Raum war erfüllt von den gewaltigen Klängen der Orgel. Ein Kamerad spielte darauf.

Geislingen, den 30. November 1944

Vorgestern kam ich heim. Das seltene Glück eines Urlaubes ist mir geschenkt. Mit vollen Zügen darf ich wieder die Schätze der Heimat trinken. Es ist zwar Urlaubssperre, aber ich erhielt einen sogenannten »Tapferkeitsurlaub«.

Der Schmerz um meinen vermißten Freund Paul ist ungeheuer. Ich kann es nicht glauben, daß er nicht mehr zu uns kommen soll. Es würde unserem Freundeskreis die Seele fehlen.

Geislingen, den 15. Dezember 1944

Die gegenwärtige Zeit ist ungeheuer schwer. Hält Gott ein furchtbares Strafgericht über die Menschheit ab? Ich denke mir oft, ob unsere »Idee« überhaupt den Sieg verdient. Was würde dann werden? Es ist nicht auszudenken! Ich glaube, die Menschen würden sich immer mehr von Gott lossagen, der Glaube würde immer mehr schwinden. Ich habe die Vorahnung, daß noch viel Schlimmeres, ein gewaltiges Blutvergießen und ein unheimlich großes Sterben kommen werden. Vielleicht werden dann die wenigen Überlebenden in dieser tiefsten Not wieder zur Einsicht kommen, daß ein Leben ohne Gott nicht möglich ist.

GEISLINGEN, DEN 16. DEZEMBER 1944

Vor einigen Tagen war ich mit meinem Herrn Stadtpfarrer in Unterweckerstell, seiner Heimat. Von dort aus wanderten wir durch ein enges Tal nach Oberweckerstell. Von der Höhe aus bot sich uns ein wunderbares Bild, das ich nie mehr vergessen werde. Es ging dem Abend zu und oben ging gerade die Sonne unter. Vor uns lag ein runder Kegelberg mit der Ruine Scharfenschloß. Der Berg lag schon im Halbdunkel da. Wie ein dunkles Käppchen sah der kahle Laubwald aus, der sich vom Tal in die Höhe hinaufzog. Tief unten im Tal lag friedlich eingebettet der Weiler Unterweckerstell, überall von steilen Bergen umgeben. Im Hintergrund aber durften wir das weite Land mit seinen Hügeln und Bergen sehen. Goldglänzende Wolken zogen an dem halbdunklen Abendhimmel hinauf. Wir standen da und staunten über diese Pracht unserer schönen Heimat.

Der Urlaub geht seinem Ende zu. Heute wurde die Stadt Heilbronn am hellen Tag von feindlichen Fliegern angegriffen. Wir hörten von unserem Bühnenfenster aus die dumpfen Einschläge und sahen die Flammen, die emporschlugen. Ist das nicht der hellste Wahnsinn?

Morgen fahre ich wieder an die Front. Nur Gott weiß, was die Zukunft bringen wird. Er allein weiß auch, was aus unserer Heimat wird. Ich bin innerlich gelöst und ziehe frohen Herzens wieder ins Feld.

GEISLINGEN, DEN 10. JUNI 1948

Ich bin heimgekehrt, nach über dreijähriger Gefangenschaft!

Oh, wer gibt meinem Mund Worte, um das auszudrücken, was mich bewegt? Wie soll ich ihn, meinen Herrn und Schöpfer loben, mit was soll ich ihm danken für die Gnade der Heimkehr? Er hat mir das Leben neu geschenkt, nach jener kampfreichen Zeit in der Finsternis.

Noch einmal will ich Rückschau halten über das Vergangene und will das große Erlebnis der harten Kriegsgefangenschaft hier niederschreiben.

»Der dich schuf,
wird dich tragen,
auch über den Abgrund weg!«
Johanna von Bismarck

Das einzige Blatt aus meinem Tagebuch, das ich durch die Gefangenschaft gebracht habe.

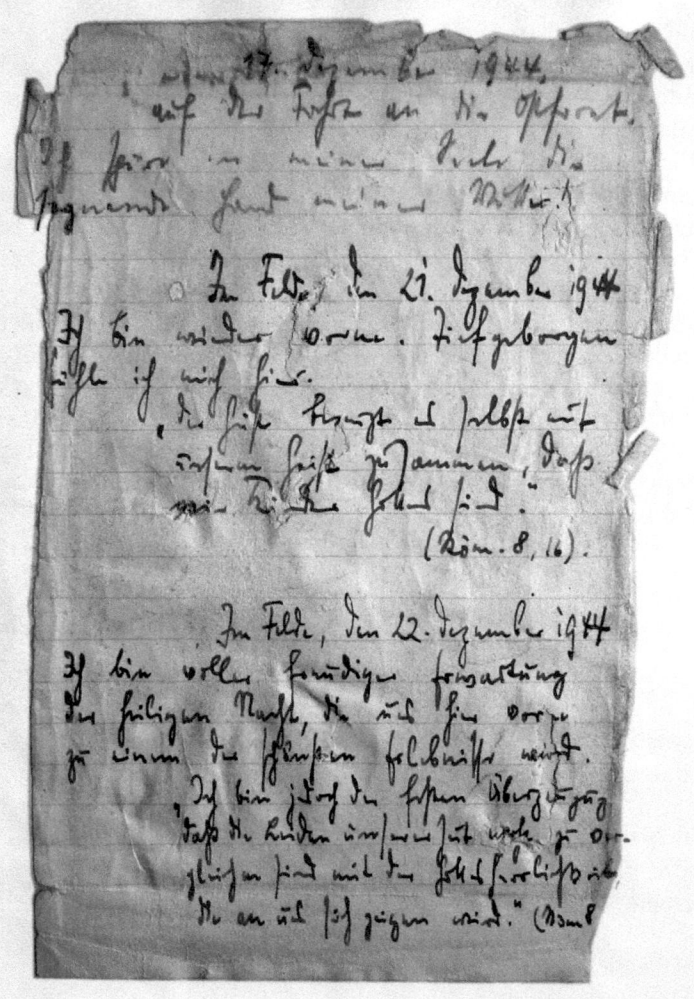

Das einzige Blatt aus meinem Tagebuch, das ich
durch die Gefangenschaft gebracht habe.

17. Dezember 1944

Auf der Fahrt an die Ostfront.
Ich spüre in meiner Seele die
segnende Hand meiner Mutter!

Im Felde, den 21. Dezember 1944

Ich bin wieder vorne. Tiefgeborgen
fühle ich mich hier.
>>Der Geist bezeugt es selbst mit
unserem Geist zusammen, daß
wir Kinder Gottes sind.<<
(Röm 8, 16)

Im Felde, den 22. Dezember 1944

Ich bin voller freudiger Erwartung
der heiligen Nacht, die uns hier vorne
zu einem der schönsten Erlebnisse wird.
>>Ich bin jedoch der festen Überzeugung,
daß die Leiden unserer Zeit nicht zu ver-
gleichen sind mit der Gottesherrlichkeit,
die an uns sich zeigen wird.<<
(Röm)

Vor dem letzten Fronteinsatz

Rückschau

IM FELDE, DEN 21. DEZEMBER 1944

Ich bin wieder vorne. Tiefgeborgen fühle ich mich hier. Ich bin voller freudiger Erwartung der Heiligen Nacht, die uns hier vorne zu einem der schönsten Erlebnisse wird.

WEIHNACHTEN 1944 IN PULTUSK AM NAREW AN DER OSTFRONT

Am Heiligen Abend gehe ich mit meinem Kompanieoffizier, Leutnant Eugen H., zu den Zügen meiner Kompanie und halte dort Weihnachtsfeiern ab.

Um Mitternacht steigen wir aus unseren Erdlöchern und Bunkern heraus und gehen still und erwartungsvoll durch die zertrümmerte Stadt zum zerstörten Gotteshaus, einer alten polnischen Klosterkirche, die kurz zuvor noch als Pferdestall gedient hatte. Schweigend setzen wir uns in das Chorgestühl, in dem einst die Mönche saßen. Eine große Tanne steht in unserer Mitte. Unser Bataillonskommandeur, ein junger evangelischer Theologiestudent, zündet eine Kerze an.

Während er das Weihnachtsevangelium vorliest und von Treue, Liebe und Frieden zu uns spricht, bleibt mein Blick an dem hellen Schein des einzigen Lichtleins hängen. Draußen heult der Kriegssturm. Granaten schlagen ringsum ein, Fliegerbomben krepieren, MG-Garben peitschen durch die Luft und Explosivgeschosse zerbersten über unseren Köpfen an den Mauern des offenen Gewölbes.

Durch das Heulen der Kriegsnacht klingen unsere Lieder von der Heiligen Nacht, begleitet von den gewaltigen Akkorden der Orgel, die bis jetzt noch unzerstört geblieben ist. Dann geht's wieder hinaus in die rauhe Wirklichkeit, in das ungewisse Dunkel der Kriegsnacht. –

Friede? Es ist ein einziger Schrei nach Friede und Befreiung aus dem Chaos in unseren Herzen. Mit zwiespältigen Gefühlen und vielen unbeantworteten Fragen kehren wir in unsere Schützengräben zurück. Später fahre ich in meiner Kutsche zurück zum Troß meiner Kompanie und halte dort eine Weihnachtsfeier.

Die Neujahrsnacht erleben wir wieder in der alten, zerschossenen Klosterkirche, wo wir nach unserer Ankunft gründlich aufgeräumt und dem Raum wieder seine alte Würde zurückgegeben haben. Pfarrer K., die Zukunft vorausahnend, spricht von einem neuen Auferstehen, von einem geistigen Wiedererwachen unseres Vaterlandes. Gestärkt und gerüstet gehen wir dem neuen Jahr entgegen.

Der große Endkampf

12. JANUAR 1945 AN DER OSTFRONT

Beginn des feindlichen Angriffs aus den Brückenköpfen beiderseits Ostenburgs – im Norden Scharfwiese, im Süden Seerwek. Feindliche Einbrüche, eigene Gegenstöße.

14. JANUAR 1945

Es ist Sonntagmorgen. Ich komme eben von meiner B-Stelle auf dem Turm und will mich etwas ausruhen, da beginnt Schlag 8 Uhr das feindliche Trommelfeuer. Der Russe schießt mit allen Kalibern und nebelt unsere B-Stellen ein. Mit S.Pak schießt er unseren starken Turm zusammen. Meine Granatwerferbedienung im Schloß fällt aus. Tote und Schwerverwundete!

Nachmittags gegen 17 Uhr Kompanieführerbesprechung! Es ist größte Eile geboten, Ostenburg (Pultusk) ist fast eingeschlossen. Rasch sammeln, um 17.30 Uhr absetzen! Der Feind ist bereits in die zu beziehende Stellung eingedrungen! Im Eilmarsch geht es vorwärts. Nach einigen Kilometern stoßen wir auf den Feind. Es kommt zu wüsten Schießereien. Wir umgehen die Russen und geben unser Äußerstes her.

15. JANUAR 1945

Gegen 4 Uhr in der Frühe haben wir die befohlene Stellung nördlich von Stregozin bezogen. Der Bataillonsgefechtsstand und mein Kompaniegefechtsstand befinden sich in Kasiorowko. Vormittags beginnt nach einem furchtbaren Trommelfeuer ein sehr starker feindlicher Angriff. Wir haben leider sehr viele Ausfälle.

Unsere Jäger setzen sich ab bis zum Bataillonsgefechtsstand. Dann geht es weiter zurück, zuerst über eine Höhe weg und von dort über eine weite Fläche. Feindliche Panzer stoßen nach, gehen in Stellung und verursachen uns einen großen Schaden.

Kilometerweit laufen wir durch den Feuerhagel; viele meiner Kameraden bleiben auf dem Schlachtfeld liegen. – Auf einer Höhe hinter einer Ortschaft beziehen wir Zwischenstellung und ordnen unsere restlichen Teile. Dann setzen wir uns weiter ab. Es geht auf der Rollbahn über Gacocin nach Badkowo. Feindliche Flieger tauchen auf. Unser Bataillon biegt nach rechts ab und hat gegen 2 Uhr früh am 16. Januar bei Samora-Gora Stellung bezogen.

Ich schicke die Hälfte meiner schweren Kompanie in die vorderste Linie zu den Jägerkompanien, weil diese zu schwach sind. Nachdem die Stellungen bezogen sind, führe ich Probealarm durch, denn der Russe unternahm schon wieder Stoßtrupps an der Rollbahn. Gegen Morgen beginnt ein sehr starker feindlicher Angriff auf dem ganzen Regimentsabschnitt. Schuß auf Schuß jagen wir aus den Rohren unserer schweren Waffen, immer mitten hinein in die angreifenden Feinde.

Leider erreicht uns der Absatzbefehl zu spät. Im stärksten feindlichen Druck müssen wir uns über eine Höhe hinweg absetzen und haben dabei sehr viele Ausfälle – viele tapfere Kameraden meiner Kompanie! Russische Panzer stoßen nach. Nach harten Kämpfen und gegenseitiger Unterstützung gelingt es uns, uns vom Feind zu lösen.

Es geht durch einen Wald, in dem uns russisches Artilleriefeuer überfällt. Nach etwa acht Kilometer Marsch beziehen wir eine Zwischenstellung in einem kleinen Waldstück hinter einer Ortschaft. Nach kurzer Zeit beginnt ein starker feindlicher Infanterie- und Panzerangriff. Im stärksten Feuerhagel setzen wir uns bis zur Rollbahn ab, beziehen dort wieder Stellung und werden spät am Abend als Regimentsreserve nach Rumowoka zurückgezogen.

17. JANUAR 1945

Das Bataillon hat eine Straße besetzt. Wir beziehen den Bataillonsgefechtsstand in einem polnischen Haus. Dort schlachten wir ein paar Hühner, die uns nach dem tagelangen Hungern ausgezeichnet schmecken.

In der Morgendämmerung setzen wir uns der Straße entlang ab und geraten an einem Straßenknie plötzlich mitten unter russische Infanterie. Es beginnt eine wüste Schießerei. Im Nahkampf boxen wir uns hindurch. Es gibt Tote und Verwundete auf beiden Seiten. Im stärksten feindlichen Infanterie- und Pak-Feuer gelingt uns der Durchbruch zu unseren Leuten, die an einem Waldrand eine Pak in Stellung gebracht haben und den Gegner mit schwerem Feuer niederhalten. Dann setzen wir uns gemeinsam durch einen großen Wald ab, beziehen kurz Stellung in einigen Gehöften, marschieren dann über eine Brücke weiter über große, verschneite Felder. Ein großer Teil von uns hat wunde Füße, und so geht es nur mit Aufbietung unserer letzten Kräfte weiter.

Es ist ein großes Durcheinander entstanden. Einheiten der Aufklärungsabteilung, Artillerie und Jäger marschieren wild durcheinander.

Unser Kommandeur bringt neue Befehle. Wir setzen uns hinter einer Artillerie-Abteilung ab. In einem polnischen Haus machen wir kurz Halt. Wir bekommen Milch und Brot. O, wie herrlich das schmeckt! Dann geht's weiter durch einen Wald und über große, freie Felder in eine Ortschaft. Dort begegnet uns unser General. Unser Kommandeur verteilt Frontkämpferpäckchen. Und nun beginnt ein großer, weiter Marsch, über eine große Brücke, durch eine Ortschaft und durch einen weiten Wald. Wir werden vom Durst gequält. Zum Glück liegt überall noch Schnee. Gegen Abend erreichen wir eine große Ortschaft, die vollgestopft ist von zurückfahrenden LKWs, Fahrzeugen aller Art und den Treckwagen der flüchtenden Zivilisten. Mit unserem stark zusammengeschmolzenen Bataillon besetzen wir in der Nähe der Kirche die Ortsausgänge.

18. JANUAR 1945

Gegen 3 Uhr setzen wir uns auf Selbstfahrlafetten bis nach Biezun (Lauffen) ab. Der Feind drückt von rechts nach. Nach kurzem Schlaf beziehen wir gegen Mittag Stellung am Stadtrand. Um 14 Uhr kommt der Befehl zum Absetzen, der aber gleich darauf widerrufen wird. Wir müssen erneut Stellung beziehen. Plötzlich beginnt ein sehr starkes feindliches Artilleriefeuer in der Gegend der Kirche. Darauf greift der Russe auf der ganzen Linie mit starken Kräften an. Mitten im Feuerkampf müssen wir uns absetzen. Auf dem Marktplatz sitzen wir mit unseren Jägereinheiten auf Sturmgeschütze auf und fahren zurück.

Auch unser Regimentskommandeur kämpft mit uns in vorderster Linie. Wir fahren zurück – doch ach, fünf feindliche Panzer haben mit russischer Infanterie den Ortsausgang besetzt. Schon haben sie das Feuer eröffnet und ein eigenes Sturmgeschütz mit aufgesessener Infanterie und unser Bataillonskrad zusammengeschossen. Doch nun gehen unsere Sturmgeschütze und unsere 2-c-Flak in Stellung und schießen einen russischen Panzer nach dem anderen in Brand. Überschlagend setzen wir uns ab durch einen Wald, beziehen dort kurz Stellung und marschieren in eine Ortschaft, die von unseren vorauseilenden Teilen bereits besetzt ist. Als Bataillonsreserve rücken wir weiter in die nächste Ortschaft. In der Nacht vom

18./19. JANUAR 1945

setzen wir uns bei schwerem feindlichem Feuer durch einen großen Wald ab. In einem Städtchen (Rippin?) machen wir Halt. Kurze Rast bei Kaffee und Marmeladebrot in einem Haus! Meine schweren Waffen und die Gefechtsstaffel, die schon einige Tage abgekommen waren, stoßen wieder auf uns.

In einem sehr langen, anstrengenden Marsch geht's in ein Sumpfgebiet mit lauter Einzelgehöften. Todmüde kommen wir dort an, lösen die Hermann-Göring-Division ab und beziehen stützpunktartig die Stellungen.

Der Russe stößt links von uns bei Polizeieinheiten mit Panzern durch, ebenso rechts in einer Mulde. Wir müssen uns bis zum Waldrand absetzen und werden dann von Teilen der Hermann-Göring-Division wieder abgelöst. Als Gegenstoßreserve machen wir uns dicht hinter der Hauptkampflinie ein Tannenzweiglager. Vor Kälte können wir aber nicht ruhen, sondern müssen uns ständig bewegen. Nach einigen Stunden kommt unser Verpflegungsfahrzeug und bringt uns seit Tagen endlich wieder das erste warme Essen. – Abends ruft uns ein Befehl zurück zum Divisionsgefechtsstand in ein Schloß. Nach ein paar Stunden Ruhe erhalten wir Befehl zum sofortigen Abmarsch. – Um Mitternacht vom

19./20. JANUAR 1945

marschieren wir ab; die ganze Nacht hindurch! Stundenlang marschieren wir schweigend durch dichten Nebel. Der erste Halt erfolgt an einer Kirchhofmauer. Müde lasse ich mich in den Schnee fallen. Neben mir liegt Leutnant Z., unser Adjutant. Wir spüren in diesem Augenblick, daß wir mehr denn je durch dasselbe Schicksal miteinander verbunden sind. Er als der Ältere bietet mir hier das Du an, und ich habe in ihm einen guten und treuen Freund gewonnen. Später rasten wir wieder in einem Bauernhaus und erhalten dort Wasser und Brot.

Ängstlich forscht die Frau in unseren Blicken, ob wir sie und den Hof wohl verlassen werden. O grausames Schicksal! – Es geht weiter bis zu einer Stellung, die vom Volkssturm besetzt ist. In einem Dorfe grüßt uns ein wunderbares gotisches Kirchlein. Ich mache meinen Kameraden Gerhard R. darauf aufmerksam. Beide empfinden wir schmerzliche Gefühle über das schöne Land, das wir dem Feinde preisgeben müssen.

Der Volkssturm wird von uns abgelöst. Todmüde sitzen wir in einem Bauernhaus auf einer Anhöhe. Heinz schläft beim Streichen eines Brotes dreimal ein. Nach kurzer Rast müssen wir die Stützpunkte besetzen. Unsere Füße sind wundgelaufen, die Kräfte wollen uns verlassen, aber wir beißen auf die Zähne! – Groß ist das Leid der Zivilbevölkerung, die nicht flüchten darf, sondern im Ungewissen zurückbleiben muß. – Um Mitternacht bricht der Russe rechts von uns beim Volkssturm ein.

21. JANUAR 1945

Wir erhalten den Befehl, uns abzusetzen. Der Marsch geht durch Straßburg und Bischofswerder. Gegen Mittag biegen wir rechts ab und marschieren in einem Wald nach Osten, wo wir bei einer Försterei die Waldausgänge stützpunktartig besetzen müssen. Unser Kommandeur ruft telephonisch in der nächsten Ortschaft an und – erhält Auskunft von Russen! Der Feind greift plötzlich überraschend mit Infanterie an und fügt uns ziemlichen Schaden zu. Wir müssen bis zur Försterei zurückgehen und bauen dort erneut eine Linie auf. Der Bataillonsstab rückt ab, Leutnant R. und ich bekommen Befehl, nachzufolgen. Der Russe greift weiter an und hält uns hin. Es wird plötzlich dunkel. Der Befehl war unklar gegeben und wir wissen nicht, auf welchem Weg und wohin wir uns mit unseren Kompanien absetzen sollen.

Wir lösen uns vom Feind und schlagen uns durch riesige Wälder und an großen Seen vorbei in einem stundenlangen, mühsamen Eilmarsch zur eigenen Linie durch. Wie groß habe ich hier meine Aufgabe als Kompanieführer gespürt, wie hoch ist die Verantwortung für die Männer, die einem Führer anvertraut sind!

21./22. JANUAR 1945

Mit einem F.E.B. beziehen wir weiter rückwärts in einer Ortschaft eine Stellung. Abends muß ich mit meiner Kampfgruppe an einem See eine vorgeschobene Stellung beziehen. Links bin ich an die 560. Division angelehnt. Die ganze Nacht hindurch werden Stellungen gebaut.

22./23. JANUAR 1945

Wieder müssen wir uns absetzen. Nach einigen Stunden Marsch sind wir am Ziel. Wir sind Regimentsreserve und können uns wieder einmal einen Tag ausruhen. In einem Haus haben wir Quartier bezogen. Meine Melder servieren mir Pfannkuchen. O welch seltener Genuß, mitten im Kampfgewühl! – Am 24. Januar kommt unsere Gefechtsstaffel nach vorn. Abends müssen wir uns nach Lessen absetzen.

25. JANUAR 1945

In der Frühe kommen wir dort an. Es ist ein sehr schönes Städtchen. Am nördlichen Stadtrand beziehen wir Stellung. Mit meinem Oberfeldwebel Hugo E. liege ich bei grimmiger Kälte auf einer völlig offenen Höhe und schieße meine Granatwerfer ein. Bei Tagesanbruch tauchen die ersten Russen auf. Nach einiger Zeit erfolgt ein planmäßiger Angriff. Die Russen brechen links von uns ein. Wir müssen uns im stärksten Infanteriefeuer bis zum Bataillonsgefechtsstand absetzen. Ich habe meine B-Stelle auf dem Dache einer Strohscheune bezogen. Es hagelt regelrecht von feindlichen Geschossen. Mit meinem Granatwerfer halte ich die Gegner nieder, um das Absetzen der letzten Jäger zu decken. Zum Unglück schießt unsere Artillerie zu kurz. Ein Volltreffer schlägt mitten unter uns hinein. Dicht neben mir fällt ein Kamerad, dem das ganze Gehirn herausgeschossen ist.

Der Russe bleibt liegen. Am Abend verlege ich meine Granatwerfer-Stellungen etwas weiter zurück. Die Nacht hindurch wird unser Bataillonsgefechtsstand von feindlichen Granatwerfer-Feuerüberfällen bös heimgesucht. Wir haben leider sehr viele Ausfälle.

GEGEN MORGEN DES 26. JANUAR 1945

erhalten wir den Befehl, uns bis nach Czembruck abzusetzen. Ich war mit den schweren Waffen vorausgeeilt bis zu einem Herrschaftsgut. Nach dem Einrücken der Jägerkompanien beziehen wir unsere Stellungen. Bei Tagesanbruch beginnt ein sehr starker russischer Angriff mit Infanterie- und Panzerkräften. Schwere Feuerüberfälle liegen auf unseren Stellungen. Wir wehren die Russen ab bis zum Abend. Links bei der Aufklärungsabteilung ist der Feind in einem Wald durchgebrochen. Wir legen unseren Bataillonsgefechtsstand und meine Granatwerfer-Stellung zurück in das Herrschaftsgut. Rings um das Gut herum besetze ich die Höhen.

Am späten Abend werden wir von russischer Infanterie angegriffen. Es kommt zu einer furchtbaren Schießerei. Wir nehmen unseren Gefechtsstand zurück in die nächste Ortschaft. Unsere Jägerkompanien sind abgeschlossen. Durch einen tiefen, dunklen Wald führe ich die Gefechtsfahrzeuge zum Regimentsgefechtsstand zurück. Ich bringe dort in der Ortschaft Garnsee meine schweren Waffen in Stellung. Die Nacht verläuft vollends ruhig.

27. JANUAR 1945

In aller Frühe sammeln wir uns, auch unsere Jägerkompanien haben sich nach erbitterten Kämpfen wieder zu uns durchgeschlagen. Feindliche Panzer drohen uns von Norden her einzuschließen. Wir setzen uns ab bis zum Stadtvorwerk, einem Rittergut mit einem wunderbaren neuen Schlößchen, das in einem ganz modernen Stile erbaut ist. Gegen Mittag rücke ich mit meinen Gefechtsfahrzeugen ab. Unsere kleinen, struppigen Pferde müssen Unheimliches leisten. Sie sind genauso müde wie wir Soldaten.

GEGEN MORGEN DES 28. JANUAR 1945

setzen wir bei Neuenburg über die zugefrorene Weichsel. Große Trecks der Zivilisten haben sich hier gestaut. Das Leid der flüchtenden Zivilpersonen ist ungeheuer groß. Viele Kinder erfrieren in der grimmigen Kälte.

AM 29. JANUAR 1945

bleiben wir in Neuenburg. Es ist ein schönes, urdeutsches Städtchen, das auf einer Höhe an der Weichsel liegt. Die Zivilisten, die von der Partei im Stich gelassen worden sind, leben in Angst und Not vor den anrückenden Russen.

AM 30. JANUAR 1945

kehren wir nach Tyrl zum Bataillon zurück. Zunächst werden wir Regimentsreserve, und am 1. Februar beziehen wir in Morgi als Divisionsreserve im Kindergarten Quartier. Am Tag darauf fährt unser lieber Kommandeur, Hauptmann H., in Urlaub. Der Abschied ist schwer; werden wir unseren guten Kommandeur wiedersehen? Hauptmann B. übernimmt das Bataillon.

AM 4. FEBRUAR 1945

kommen wir als Armeekorps-Reserve zwischen unserer und der 35. Division nach Großkämmern. Es ist ein sehr schönes Dorf mit einer wunderschönen Kirche. Wir hören einmal wieder die Glocken läuten. Wehmütige Heimatgefühle überkommen uns.

AM 6. FEBRUAR 1945

marschieren wir wieder ab nach Neuenburg in eine Ortschaft und beziehen dort bei einer deutschen Frau Quartier. Überall treffen wir dasselbe Leid an.

AM 8. FEBRUAR 1945

geht es abends zum Bahnhof. Das Bataillon wird verladen. Ich verbringe mit meiner Kompanie die Nacht in einem Gutshof.

AM 9. FEBRUAR 1945

verlade ich meine Kompanie. Am Abend kommen wir in Tempelburg an, einem schönen deutschen Städtchen. In einem RAD-Lager beziehen wir Quartier. Unser Regimentskommandeur gibt mir am 10. Februar Befehl, mit meiner Kompanie die Ortschaft Brotzen zu besetzen.

Ich besetze dort die Ortsausgänge und mache Quartier für das nachkommende Bataillon. Es ist ein schönes, reiches Bauerndorf mit einem herrlichen Schloß und einem prächtigen Pfarrhaus.

AM 11. FEBRUAR 1945
marschieren wir über Tempelburg und Falkenburg in eine Försterei. Ich habe ein sehr gutes, temperamentvolles Reitpferd, einen polnischen Apfelschimmel. Lange Trecks der Zivilisten fliehen vor dem heranrückenden Feind. Frauen, Mütter, Kinder und Greise haben in aller Eile die notdürftigsten Sachen zusammengepackt und verlassen mit tränenden Augen ihre Heimat. Es ist ein erschütterndes Bild, wie diese Menschen in ihrem Leid nach rückwärts fliehen, während wir nach vorne marschieren, um den einbrechenden Feind aufzuhalten. Mein Meldereiter, der in Vierchhoff zu Hause ist, trifft eben noch seine flüchtende Mutter und seine Schwester an.

Am Abend marschieren wir nach Vierchhoff und lösen dort Volkssturmeinheiten und Panzerjagdkommandos ab.

GEGEN MORGEN DES 12. FEBRUAR 1945
haben wir die Linie Teerbrennerberg – Neuhof – Herrberg besetzt. Ich baue meine schweren Waffen auf. Bei Tagesgrauen schlagen wir einen feindlichen Angriff ab. – Später löse ich Leutnant R. auf einem vorgeschobenen Stützpunkt in einem Wäldchen ab. Wir stehen dauernd unter stärkstem Infanteriefeuer und haben sehr viele Ausfälle, Tote und Verwundete.

Der Feind greift mit starken Kräften an und droht uns einzuschließen. Wir müssen auf die Höhe 161 zurückgehen. Als ich einmal für zehn Minuten zum Bataillon weg muß, gebe ich das Kommando an einen jungen Leutnant ab. Kaum habe ich die Leute verlassen, so geht dieser Leutnant zurück, und der Feind sitzt auf der Höhe. Sturmgeschütze schlagen ihn wieder zurück. Mein Melder, Obergefreiter H. und ich schlagen einen Angriff in Kompaniestärke ab. Die Polen liegen uns gegenüber. Es sind ziemlich schlechte Soldaten.

In den folgenden Tagen liegt sehr viel schweres Feuer auf Neuhof. Die prächtigen pommerschen Bauernhöfe brennen ab. Wir füttern das schreiende Vieh. Ich bekomme eine neue Kampfgruppe mit Kraftfahrern, die erst einige Wochen Soldaten und noch nicht einmal ausgebildet sind. Mit diesen Leuten besetze ich den Ortsrand von Neuhof. Ich muß überall sein, denn ich kann mich auf keinen verlassen. Mit eiserner Strenge halte ich die Kampfgruppe zusammen.

Hauptmann F. übernimmt ein Fähnrichsregiment, und so bekomme ich meine alte 5. Kompanie mit den schweren Waffen zurück. Mein Hauptfeldwebel, Robert D., kommt vom Urlaub zurück und überbringt mir ein Paket von meinen Eltern. Wie schön ist dieser Heimatgruß inmitten des Kampfes!

AM 19. FEBRUAR 1945

erfolgt ein sehr starker polnischer Angriff auf den ganzen Divisionsabschnitt. Wir schießen dabei 23 Panzer ab. Auf Neuhof liegt sehr starkes Feuer. Wir schlagen alle feindlichen Angriffe ab. Da leistet sich der Pole ein Husarenstückchen: Er dringt mit einem LKW in einen vorspringenden Ortsteil ein und besetzt die rückwärtigen Häuser. Leider gingen unsere Panzerfäuste nicht mehr los. Oberjäger M. hält die Ortsspitze trotz des Feindes im Rücken weiterhin gegen den von vorne erneut angreifenden Feind. Der tapfere Leutnant R., der an diesem Tag seinen Geburtstag feiert, setzt einen Stoßtrupp an und vernichtet den eingedrungenen Feind mit Handgranaten und Panzerfäusten.

AM ABEND DES 20. FEBRUAR 1945

kommt unser General nach vorn und besichtigt die Stellungen. Kurz danach werden wir von der 163. Division abgelöst.

GEGEN MORGEN DES 21. FEBRUAR 1945

marschieren wir in ein Gehöft bei Vierchhoff. Ich sehe hier einmal wieder nach dem Rechten bei meiner Kompanie. Die Pferde werden geputzt und beschlagen, die Infanteriekarren in Ordnung gebracht, die Waffen gereinigt, alles unnötige Gepäck lasse ich zum Troß schaffen. Jeder Mann darf nur einen Brotbeutel haben, alles andere Gepäck kommt zurück. Auch von mir selbst verlange ich das.

Nach kurzer Zeit werden wir in LKWs geladen. Es geht zu neuem Einsatz. Wir fahren über Falkenburg, Dramburg und Klein-Spiegel nach Kreutz, wo wir am Abend unsere Einheit ablösen.

22. FEBRUAR 1945

Wir haben die Linie Hassendorf – Nantikow besetzt. In aller Eile werden Stellungen ausgehoben und Bunker gebaut. – Dieses Gebiet war bis vor kürzester Zeit von den Russen besetzt und wurde von unserer Aufklärungsabteilung wieder zurückerobert. Überall zeigen sich Spuren des furchtbaren Kampfes. Zahllose tote Russen liegen herum, unzählig viele feindliche Waffen, besonders Paks, stehen im Gelände.

Mein m. Granatwerferzug besitzt nun mit den eroberten russischen Werfern zwölf Rohre, mein s. Granatwerferzug hat vier Werfer.

Der Russe hat in diesem Gebiet grausam gewütet. Die Ortschaften sind vollkommen ausgeplündert. In Hassendorf finden wir eine Frau mit weggeschnittenen Brüsten und ein Greisenpaar mit durchschnittenen Schlagadern. An einem Waldrand liegen französische Kriegsgefangene mit eingeschlagenen Schädeldecken. Es sind grausame Bilder!

Am 28. Februar 1945 bricht der Russe beim II. Bataillon durch. Unsere Sturmgeschütze schlagen ihn aber wieder zurück.

Am 1. März 1945

morgens um 6 Uhr beginnt ein furchtbares feindliches Trommelfeuer, das stundenlang andauert. Der Russe bricht zwischen Reetz und Nantikow durch. Auch bei uns versucht er anzugreifen; wir halten aber eisern. Als wir schon beinahe eingeschlossen sind von russischen Panzern, erhalten wir den Befehl, uns abzusetzen.

Der Feind drängt scharf nach. Wir gehen zurück bis Glambeck und beziehen dort auf den Höhen wieder Stellung. Am Abend setzen wir uns weiter ab bis zum Gut Klein-Spiegel. Im Westen rollen unaufhaltsam russische Panzerkolonnen in endlosen Reihen nach Norden und stoßen zur Ostsee vor. Unsere Führung zögert, es kommen keine klaren Befehle von oben. Jetzt wäre noch Zeit, aus dem Kessel herauszukommen!

In den Morgenstunden des 2. März 1945

marschieren wir weiter durch große Wälder nach Norden. Vor Zehrden besetzen wir den Waldrand und schirmen nach Westen ab. Ich marschiere mit meiner Kompanie zum Divisionsgefechtsstand. Dort erfahre ich Näheres über meine Lage.

Wir sind eingeschlossen mit drei Divisionen. Von allen Seiten drängt der Feind auf uns ein. – Über einen großen Truppenübungsplatz der Luftwaffe setzen wir uns weiter ab und beziehen in einem Wald vor Klausdorf Stellung. Ich bringe die Fahrzeuge des Bataillons nach Klausdorf, um unser Bataillon mit Essen zu versorgen. Tagelang hungern wir schon.

In der Nacht vom 2./3. März 1945

wird fieberhaft gekocht und geschlachtet. Leider wird unser Verpflegungsfahrzeug abgeschossen und kommt nicht durch. Der Feind greift an. Es geht hin und her. Mal erobert der Russe unsere Stellungen, mal werfen wir ihn wieder hinaus. Ich bringe meine schweren Waffen auf der Höhe in einem Luftwaffenlager in Stellung. Das ganze Lager steckt voller SA-Leuten, die bei einem starken Panzerüberfall ausreißen.

Ich gehe zurück in einen Wald und halte die flüchtenden Teile auf. Mein guter Leutnant R. begegnet mir als Verwundeter. Er macht mich auf die sturmbewegten Wolken aufmerksam und sagt zu mir: »Genau so zerfetzt wie diese Wolken ist auch die Menschheit.«

AM 3. MÄRZ 1945

setzen wir uns durch Dramburg ab bis nach Silenzig. Dort erhalten wir nun genaue Befehle: Die eingeschlossenen drei Divisionen, die 5. Jäger-Division, die 163. und die 402. Infanterie-Division kämpfen sich gemeinsam durch und brechen aus nach Westen. Munition und Verpflegung gibt es keine mehr. Die Division nimmt nur die Sturmgeschütze, die motorisierten Waffen, die Munitionsfahrzeuge und die Verwundeten mit. Sämtliche anderen Fahrzeuge und Waffen sind zu vernichten.

Wir sind alle tief erschüttert. Schweren Herzens trennen wir uns von unseren schweren Waffen, die uns so viele Jahre hindurch ihre Dienste geleistet haben.

Ich übernehme mit dem Sturmgewehrzug die Vorhut des Regiments. Es sind lauter schneidige junge Soldaten, Achtzehn- bis Neunzehnjährige. Vorsichtig pirschen wir uns die ganze Nacht hindurch über zwei Ortschaften vor, bis etwa zwei Kilometer vor Rosenow.

IN DER FRÜHE DES 4. MÄRZ

haben wir das befohlene Wegkreuz besetzt. Das Bataillon ist in die Ortschaft nachgerückt. Ich übernehme nun die 3. Jägerkompanie. Nun wird der Angriff auf Rosenow besprochen. Vorne rechts greift die 1. Kompanie unter Leutnant R., vorne links die 3. Kompanie unter meinem Befehl an. Dahinter folgt als Bataillonsreserve die 2. Kompanie unter Oberleutnant P.

Erstes Angriffsziel: Wäldchen durchstoßen und jenseitigen Waldrand besetzen!

Zweites Angriffsziel: Rosenow. – Der Angriff beginnt. Zahlreiche russische Panzer rollen in etwa einem Kilometer Entfernung an uns vorüber. Die Russen besetzen die Höhen bei Rosenow und wehren unseren Angriff ab. – Im feindlichen Infanteriefeuer gehen wir vor; unsere Sturmgeschütze unterstützen uns. Rosenow wird mit »Hurra«

genommen. Der Feind flieht in einem wilden Durcheinander. Wir stoßen durch und besetzen den Ortsrand.

In einem Haus halten sich noch die Russen. Aus allen Fugen und Ritzen schießen sie heraus. Wir haben Verwundete und Tote. Nun dringen wir ins Haus ein. Da kommt uns ein Russe entgegen, eine deutsche Frau vor sich herzerrend, sodaß wir nicht schießen können. Gleich darauf reißt sich die Frau los und kommt mit ihren Kindern heraus. Die deutschen Frauen und Kinder stehen in einem unsagbaren Leid. Die Russen haben im Keller dieses Hauses ein Freudenhaus eingerichtet, wozu alle jungen Mädchen der Ortschaft zusammengetrieben wurden.

Das Leid ist riesengroß. Sämtliche Häuser wurden ausgeplündert. Jede Frau und jedes Mädchen, ja oftmals Kinder, wurden bis zu 40, 50 mal vergewaltigt. Viele Frauen gehen aus Verzweiflung ins Wasser.

Unsere Soldaten sind beim Anblick dieses Elends nicht mehr zu halten. Mit Sturmgeschützen, Panzerfäusten und Nahkampfwaffen wird das Haus zusammengeschossen, kein Russe verläßt das Haus lebend ...

Gegen Mittag geht der Kampf weiter. Wir greifen an, das III. Bataillon voraus. Es fällt dichter Schnee. An der Rollbahn werden russische Panzer und vollbeladene LKWs im Nahkampf vernichtet. Zu 1000 Fetzen werden die aufgesessenen russischen Infanteristen zerrissen. Es geht weiter über den Emilienhof. Plötzlich tauchen drei russische Panzer von links auf. Unsere Pak geht in Stellung und schießt zwei davon ab, wird aber leider von dem dritten Panzer selbst abgeschossen.Und nun werden wir von diesem dritten Panzer aufs schlimmste verfolgt. Es hagelt nur so von feindlichen Panzergranaten mitten in uns hinein. In einem Wald sammeln wir uns und ordnen uns wieder. Den ganzen Tag werden wir von russischem Pak-Feuer niedergehalten. Am Abend gehen wir nach Grabow hinein, das bereits von unserem Regiment besetzt ist. Ich schließe mit meiner Kompanie eine Lücke. Plötzlich tauchen feindliche Panzer auf, einer dicht vor unserer Stellung, etwa 20 Meter weg von uns, hinter einem Haus. Ich hole sofort ein Sturmgeschütz heran, das den Panzer abschießt.

Dann beginnt der Ausbruch aus Grabow. Der Angriff bleibt auf Befehl der Division liegen, nachdem wir wieder mehrere Panzer abgeschossen und die nächste Ortschaft im Sturm genommen haben. Die Artillerie und die Stäbe müssen nachgezogen werden. Wir liegen die ganze Nacht in grimmiger Kälte da.

AM 5. MÄRZ 1945
wird der Angriff im Morgengrauen fortgesetzt. Von allen Seiten sind wir von russischen Panzern umzingelt, die uns dauernd beschießen. Ein Meldereiter wird von einer Panzergranate so zerrissen, daß man keine Spur mehr von ihm findet. Wir stoßen weiter, bis wir in einen dichten Wald gelangen. Plötzlich bekommen wir wieder Feindberührung; russische Infanterie hat sich in das Walddickicht eingenistet. In einem schwungvollen Stoßtrupp gehen wir mit »Hurra« vor: Die Russen fliehen!

Nach einigen Minuten setzt sehr starkes Pak-Feuer ein. Durch einige Volltreffer haben wir leider sehr viele Ausfälle, unter anderem fällt mein guter, treuer Melder, Obergefreiter Z. Verwundet werden unter anderem Oberleutnant L., Leutnant R. und noch viele andere Soldaten aus unseren Reihen.

Unter erheblichen Schwierigkeiten bringen wir die vielen Verwundeten weg in die nächste Ortschaft, die vom II. und III. Bataillon bereits besetzt ist. Im Ort sind viele deutsche Frauen, die überall dasselbe Leid durchgemacht haben.

Gegen Mittag wird der Angriff weiter fortgesetzt. Viele Frauen und Kinder ziehen mit uns. Wieder schießen wir mehrere Panzer ab. Es geht über die Rollbahn von Lebes. Die nächste Ortschaft wird von uns eingenommen. Viele Frauen laufen uns entgegen, umarmen uns und weinen wie die Kinder. Auch sie haben dasselbe furchtbare Schicksal mitgemacht. – Viele Zivilisten, Frauen, Mütter, Kinder und Greise, packen ihre Bündel und ziehen mit uns.

Es geht in einer Waldsenke nach Norden. Traurig ist der lange Zug der Soldaten, Verwundetenfahrzeuge und Zivilisten. Die Kinder fangen zu weinen an, das Leid ist unbeschreiblich. – Am Abend kommen wir im Julienhof an, wo wir die Verwundeten versorgen können. Leider müssen wir unsere Sturmgeschütze sprengen, da der Sprit ausgegangen ist. Die ganze Gegend ist sehr stark besetzt von den Russen.

Die letzte Phase des Kampfes

Am Morgen des 6. März 1945 stoßen wir auf einer Rollbahn auf starke Feindkräfte. Von allen Seiten sind wir von russischer Infanterie und von Panzern eingeschlossen. Der Transport der zahlreichen Verwundeten wird zum Problem. Es wird ein neuer Entschluß gefaßt: das Regiment wird in kleine Kampfgruppen aufgelöst, die sich nach

Nordwesten durchkämpfen. Jede Kampfgruppe hat einige Verwundete mitzunehmen.

Wir befinden uns in einem Wald bei Grienhof. Leider können wir unsere Frauen nicht mitnehmen und müssen sie so furchtbar enttäuschen und ihrem eigenen Schicksal überlassen.

Ich schlage mich bis zu dem Fluß Rega ostwärts von Regenwalde mit meiner Kampftruppe von etwa 40 Mann durch. Der Verwundetentransport bereitet erhebliche Schwierigkeiten. Ich sehe ein, daß es zwecklos ist, die schwerverwundeten Soldaten in den Infanteriekarren mitzunehmen, da sie bei den bevorstehenden Strapazen ganz bestimmt sterben würden. Da stoßen wir auf ein Gut, das noch nicht von den Russen entdeckt wurde, und in dem sich ein deutscher Arzt befindet. Dort gebe ich meine Verwundeten ab.

Lange Kolonnen des Feindes rollen direkt vor uns auf der Rollbahn vorbei. Plötzlich werden wir von rückwärts von starken russischen Infanteriekräften angegriffen. Ein Feldwebel schreit: »Komm, wir ergeben uns! Es ist doch alter Soldatenbrauch, sich in sinnlosen Situationen zu ergeben!« Für mich kommt das nicht in Frage. Ich brülle: »Los, ins Wasser!« Einige ergeben sich. Der Rest springt mit mir in voller Ausrüstung in die Rega. Verzweifelt versuchen wir, ans andere Ufer zu schwimmen, was uns wegen der dicken Winterbekleidung nur sehr schwer gelingt.

Und nun beginnt eine wüste Schießerei, die Russen stehen am Ufer und zielen auf uns. Im dichten Feuerhagel erreiche ich das andere Ufer und ziehe mich rasch hinter einen Busch. Meine Bekleidung ist so vollgesogen, daß ich nicht mehr aufstehen kann. Im Liegen ziehe ich die Tarnbekleidung aus und lasse sie liegen. Nur mit der Tuchbekleidung springe ich in den angrenzenden Wald. Ich nehme meine Pistole, den Feldstecher und die Kartentasche mit und springe um mein Leben.

Leutnant H. aus Ulm rennt mit mir. Plötzlich habe ich ihn aus den Augen verloren. Wie mir meine Angehörigen bei meiner Heimkehr berichteten, kam er damals zur eigenen Linie durch und hat dort berichtet, ich sei liegengeblieben und von einem Russen mit einem Bajonett erstochen worden. Diese Aussage hat er eidesstattlich bezeugt, und deshalb haben meine Angehörigen die amtliche Nachricht von meiner Einheit erhalten, ich sei gefallen. Sie haben damals um mich getrauert, nur meine Mutter hat es nicht geglaubt, sondern immer gesagt: »Mei Hannes lebt!«

In Wirklichkeit springe ich weiter in den Wald. Es geht über eine Rollbahn und dann weiter nach Norden. So nach und nach sammle ich die Reste meiner Kampftruppe. Von ca. 40 Mann sind wir noch 13, die das Glück hatten, durchzukommen. Am Waldrand halte ich an. Wir stehen vor einer Ortschaft, in der die Russen ein- und ausgehen. Es beginnt zu schneien. Wir frieren in unserer pudelnassen, dünnen Bekleidung und zittern vor Kälte. Alles ist naß, und natürlich funktionieren auch unsere Waffen nicht mehr. Und der Hunger quält uns. Es ist zum Verzweifeln!

Wir bleiben in unserem Versteck und brechen erst am Abend auf in Richtung Regenwalde. Plötzlich stehen wir vor einer sehr stark besetzten russischen Linie. Zurück können wir nicht mehr. Es bleibt uns keine andere Wahl als durchzustoßen. Die Russen schießen wie die Wilden auf uns, es gibt Verwundete, Tote und Gefangene. Mit drei Mann komme ich glücklich durch.

Wir schleichen uns wie die Panther an vielen russischen Posten vorbei. Panzer sind aufgestellt, eine Feldküche rollt uns entgegen!

Wir umgehen Regenwalde im Norden und pirschen uns durch Wälder weiter in Richtung Plathe. Der Hunger ist furchtbar, die Kälte entsetzlich! Überall ist der Feind. Wir scheuen das Licht. Wir sind total verzweifelt!

IM MORGENGRAUEN DES 7. MÄRZ 1945 befinden wir uns in einem Wald an der Rega in der Nähe von Plathe. Einer von meinen drei Soldaten wird geistig irre und verläuft sich. In einem dichten Tannenwäldchen bereiten wir uns ein Lager aus Zweigen, die wir in den Schnee legen, und schlafen. Nun sind wir nur noch zu dritt.

Gegen 22 Uhr brechen wir auf, finden einige Boote und setzen über die Rega über. In einem Wald marschieren wir der Rega entlang nach Norden. Westlich von uns rollt der Feind in langen Kolonnen an uns vorüber. Am Waldrand machen wir Halt. Viele deutsche Zivilisten halten sich dort vor den Russen versteckt auf. Grenzenlos ist ihr Leid.

Wir marschieren weiter in Richtung Greifenberg. Einige Russen schießen auf uns. Auf den Chausseen herrscht ein sehr starker Verkehr, so daß wir immer wieder ausweichen müssen. Unser Marsch geht über endlose Schneefelder, immer querfeldein, dem Kampfeslärm folgend.

Eine wahnsinnig gewordene Frau begegnet uns. Wieder laufen wir auf feindliche Posten auf, gehen zurück und versuchen, an einer anderen Stelle vorwärts zu kommen. Die ganze Nacht marschieren wir auf den hartgefrorenen Feldern, immer hoffend, bald auf die deutsche Linie zu stoßen. Die wundgelaufenen Füße schmerzen entsetzlich.

8. MÄRZ 1945

Es wird langsam hell. Wir befinden uns kurz vor Greifenberg, ich mit einem Unteroffizier voraus, ein kleiner Obergefreiter etwa 50 Meter hinter uns. Verzweifelt halten wir Umschau nach einem Waldstück, in dem wir uns tagsüber verstecken könnten.

Plötzlich folgen uns ein paar Russen, die auf uns aufmerksam geworden sind. Ich laufe mit dem Unteroffizier weiter. Auf einmal, so ganz plötzlich, stehen wir etwa 15 bis 20 Meter vor einer starken russischen Straßensicherung. Sie sind genauso überrascht wie wir. Wir halten kurz an, und ich schreie »Kehrt!« und nun rennen wir los. Es beginnt eine wilde Verfolgungsjagd, auch ein Reiter sprengt hinter uns her.

Die Russen schießen wie wahnsinnig auf uns und verfolgen uns. Noch heute habe ich ihr »Haalt!«-Gebrüll in den Ohren. Der Obergefreite bleibt zurück; ich laufe mit dem Unteroffizier weiter. Schon will dieser aufgeben, aber ich reiße ihn mit. Nach etwa drei Kilometern Hetzjagd kommen wir in ein Dorf. Aber auch hier stehen wir plötzlich mitten unter Russen.

Wir rennen kurz rechts hinter ein Haus, dann nach links über die Straße an einem Hof vorbei und wieder zur Ortschaft hinaus. Zuerst sind die Russen vollständig verdutzt, aber dann springen sie mit »Haalt«-Geschrei hinter uns her, bringen ihre Waffen in Stellung und verfolgen uns. Es beginnt wieder eine furchtbare Schießerei. Der Unteroffizier fällt unter den Feuerstößen plötzlich um. Ich weiß nicht, wurde er verwundet oder ist er gefallen.

Und nun kommt die furchtbarste Stunde meines Lebens. Im stärksten Feuerhagel schleppe ich mich mit reiner Willenskraft mutterseelenallein weiter. Es ist unbeschreiblich, es ist so schrecklich, wenn man als Einzelner zur Zielscheibe von 20 bis 30 Feinden dienen muß! Da pfeifen die Kugeln, die MG-Salven und die MP-Garben von allen Seiten an mir vorbei; einmal rechts, einmal links am Kopf vorbei. Dann wieder kurz vor mir und wieder dicht hinter mir. Es ist ein rasender Feuerhagel.

Doch in diesem Augenblick spüre ich, daß mir ein Höherer beisteht. Noch *nie* zuvor habe ich solch starke Kräfte in mir gefühlt. (»Du umschließt mich von allen Seiten und legst deine Hand auf mich« – Psalm 139, 5)

Blitzschnell fahren die Gedanken und Gefühle durch den Kopf. Ich muß an meine Angehörigen und an meine Kameraden denken, besonders an meine liebe, gute Mutter. Da überkommt mich plötzlich ein schmerzliches Gefühl darüber, daß ich ihr vielleicht für immer entrissen werden könnte.

Ganz fest steht in mir der Gedanke, daß ich mich unter keinen Umständen gefangennehmen lasse, sondern bis zuletzt kämpfen werde. Das gefährlichste Stück, eine Höhe, muß ich noch überwinden. Dort ist das feindliche Feuer am stärksten, und dort gebe ich mich ganz in Gottes Hand.

Und nun überkommt mich eine tiefe Traurigkeit. Ich fühle mich total verlassen und denke: Jetzt hast du keinen einzigen Menschen mehr bei dir. Du bist vollkommen allein im Feindesland.

Doch plötzlich werde ich wie vom Blitz getroffen. In einem unbeschreiblich hellen Licht sehe ich vor mir den auferstandenen Herrn. Schlagartig trifft mich die Erscheinung. Mein ganzer Körper wird heiß und ich spüre *seine* Gegenwart und seine Worte: »Hab keine Angst! Du bist nicht allein, ich bin bei dir!« Dann ist alles wieder wie zuvor.

In diesem Augenblick wird mir bewußt, daß ich den Krieg überstehen werde. Ich spüre eine ungeheure Kraft in mir, die mir von oben gegeben wurde. – Dann bleiben die Russen auf einmal zurück. Es beginnt plötzlich sehr stark zu schneien; zum Glück, denn dadurch werden meine Fußspuren verwischt.

Ich muß noch einen Bach überqueren, versuche, hinüberzuspringen, falle aber leider hinein und bin erneut total durchnäßt. Ich schlage die Richtung nach einem Walde ein, der mich schützend aufnimmt. O wunderbares Gefühl der Rettung, ich kann es kaum fassen! Zum ersten Mal in meinem Leben empfinde ich in wunderbarer Weise die Wonne der Armut – und ich fühle mich doch reicher als alle Menschen der Welt. Nun bin ich ganz allein, von allen Seiten vom Feind umringt. Keinen Menschen habe ich mehr bei mir.

Doch in diesem Augenblick spüre ich, daß ja einer bei mir ist, der über allen Menschen steht. Ich fühle seine Nähe, und ein Geborgensein in seiner Hand umfängt mich. Es kommt mir vor, als habe er mir das Leben neu geschenkt. Unwillkürlich dringt in meinem Herzen ein heißes Dankgebet empor zu ihm.

Ich komme in ein dichtes Tannenwäldchen. Freude umfaßt mich bei dem lustigen Flockentreiben des sehr starken Schneefalles, bei diesem herrlichen Naturspiel. Es ist mir so seltsam zumute. Die ganze Natur erscheint mir wie verzaubert. Wie liebende Freunde, die einem einsamen Menschen helfen wollen, betrachte ich die tief verschneiten Tannen und die mich einhüllenden Schneeflocken.

Ich bereite mir ein Lager aus Tannenzweigen und lege mich, körperlich völlig erschöpft, doch innerlich froh und stark, unter den schützenden Ästen einer Fichte nieder. Nach kurzem Schlaf werde ich geweckt. Es stehen zwei pommersche Bauern vor mir, die sich vor den Russen im Walde versteckt haben. Erstaunt und tiefbeglückt schauen wir uns gegenseitig an.

Sie geben mir zu essen und verbinden meine wundgelaufenen Füße, die schon tagelang halbverfault in den Stiefeln stecken. Noch zwei weitere Bauern kommen dazu. Es sind Prachtmenschen, diese Pommern. Gemeinsam bauen wir uns einen Unterschlupf aus Ästen und Zweigen in einem von drei Seiten geschützten Waldstück.

Drei Tage erhole ich mich hier, bis meine wunden Füße ein klein wenig geheilt sind. Nachts schleichen die Männer ins Dorf, um Nahrungsmittel zu holen. Gegen Abend des

11. MÄRZ 1945

nehme ich Abschied und gehe allein weiter in Richtung Stettin. Immer noch schmerzen meine Füße, und so komme ich nur langsam weiter durch die Wälder und über die zahlreichen Sümpfe und Bäche hinweg. Ich habe keine Karte mehr, Gottes Sterne weisen mir die Richtung. Die ganze Nacht hindurch marschiere ich ohne Ruhe weiter.

12. MÄRZ 1945

In der Morgendämmerung suche ich vergeblich einen Wald, der mir als Schlupfwinkel dienen könnte. Ich folge einer kleinen Anhöhe und stehe vor einer alten Mühle. Nach vorhergehender Inspizierung, ob sie vom Feind besetzt ist, dringe ich ein. Zwei fette Gänse vollführen ein unheimliches Geschnatter, sonst ist kein Lebewesen zu sehen.

Ich verziehe mich auf den Dachboden, nehme die Leiter hoch und verramme die Klappe. Welch große Überraschung erwartet mich dort! Ich finde zahlreiche Gläser mit eingemachtem Gänsefleisch vor, eingemachtes Obst und Fruchtsäfte. Alles ist mir herzlich willkommen! In einer Ecke steht ein richtiges Federbett. In voller Ausrüstung, auch mit meinen Stiefeln an den Füßen, strecke ich mich mit meinen müden Knochen darin aus und bin im Nu hinüber.

Nach kurzem Schlaf höre ich unten plötzlich ein Rumoren, ein Poltern und Stimmengeflüster. Im ersten Augenblick bin ich verdutzt und erschrocken. Sollte ich erkannt worden sein? Vorsichtig lüfte ich die Klappe und lausche hinab. Da darf ich mit Freuden feststellen, daß es deutsche Landser sind, die mich aus dem Schlaf aufgeschreckt haben.

Sofort gebe ich mich zu erkennen und sehe mich sieben deutschen Soldaten von der 163. Division gegenüber. Die Freude dieses Findens ist groß. Und nun wird gekocht und gebrutzelt, was das Zeug hält. Alles, was aufzufinden ist, kommt in den Kochtopf.

Dann sehen wir, daß etwa 100 Meter vor uns eine Ortschaft liegt, in der die Russen ein und aus gehen. Das stört uns in diesem Augenblick nicht mehr, denn wir alle sind ausgehungert und haben einen Bärenhunger.

Am Abend breche ich mit vier Kameraden in nordwestlicher Richtung auf. Leider müssen drei Mann wegen sehr starker Fußbeschwerden zurückbleiben. Nach einem langen, harten Marsch über endlose Felder, über Bäche, durch Sümpfe hindurch, über die Heide und durch tiefe Kiefernwälder gelangen wir unter sehr großen Schwierigkeiten gegen Morgen des

13. MÄRZ 1945

an die Dievenow. Die wunden Füße wollen uns fast nicht mehr tragen. Wir werden plötzlich von einer feindlichen Patrouille angeschossen und mit Handgranaten beworfen. Sofort werfen wir uns nieder und schleichen dann wieder langsam zurück ins feindliche Hinterland, um einen Unterschlupf für den Tag zu suchen. In der Nähe einer Windmühle finden wir ein Gehöft und verkriechen uns dort ins Heu.

Am anderen Morgen halten wir durch das Dach Ausschau. Etwa 500 Meter vor uns liegt am diesseitigen Ufer der Dievenow die feindliche Linie (von Polen besetzt, 1. Polnische Armee). Am gegenüberliegenden Ufer ist die deutsche Linie aufgebaut. Deutsche MGs, die Artillerie und die deutsche Flak schießen herüber. Nachts steigen die Leuchtkugeln hoch. Wir wünschen, wir hätten Flügel! Aber so einfach ist es nicht, über das Wasser zu kommen.

Einmal stehen wir schon am Ufer, sind durch die feindlichen Postenketten hindurchgeschlichen und haben den etwa 100 bis 200 Meter breiten Sumpfgürtel mühsam durchquert. Der Gegenwind ist aber zu stark und die Kälte zu groß, um zu schwimmen.

Fünf Tage lang versuchen wir alles mögliche, um hinüberzukommen. Wir schleppen Bretter, Türen, leere Kannen und Draht hinunter, um ein Floß zu bauen, doch da haben uns wieder die feindlichen Posten bemerkt, die uns beschießen; und wir müssen alles liegenlassen und zurückgehen in das Gehöft. Wir werden fast wahnsinnig über unsere Lage. Soll uns das hindernde Wasser zum Schicksal werden?

Eines Nachts statten wir dem Nachbargehöft einen Besuch ab. Vorsichtig schleichen wir uns heran, da sehen wir durch ein abgedunkeltes

Fenster einen schwachen Lichtschein. Gespannt horchen wir auf jedes Geräusch. Da hören wir auf einmal, wie sich dreie darüber streiten, ob sie Kartoffelpuffer oder Salzkartoffeln kochen sollen. Sofort dringen wir ein und stehen drei Fähnrichen von der Kriegsschule Groß-Born gegenüber, die feste beim Kochen sind. Ihr Floß, mit dem sie übersetzen wollten, ist im Sumpf abgesoffen.

In der folgenden Nacht drehe ich zwei Hühnern in unserem Gehöft den Hals um und schlachte sie mit meinem Stilettmesser. Wir gehen damit wieder zum Nachbargehöft, weil dort eine bessere Kochgelegenheit ist. Aber – o Schreck! Die Fähnriche sind weg! – Die Hühner schmecken vortrefflich. Am andern Morgen, dem

18. MÄRZ 1945

liegen wir wie immer im Heu versteckt. Es fällt uns auf, daß heute besonders viele polnische Soldaten in der Gegend herumstreifen. Da geschieht gegen 11 Uhr das Malheur. Ein polnischer Stoßtrupp dringt in unser Gehöft ein. Die Leiter zu unserem Heuboden wird angelegt und – das Unheil schreitet näher! Wir können uns nicht mehr verteidigen, da ja unsere Waffen nicht mehr funktionieren. Mit den Bajonetten durchsuchen sie das Heu. Plötzlich steht ein polnischer Soldat auf meinem Bauch. Wie ein Blitz zuckt er zusammen und rührt sich nicht mehr. Nach einiger Zeit lüftet er vorsichtig das Heu; und da ist's geschehn! »Stoi, rucki werch!« – Widerstand wäre zwecklos gewesen, und so ergeben wir uns in die Gefangenschaft.

Die bittere Leidenszeit beginnt!

Bevor ich meine Pistole verliere, ist schon meine Armbanduhr weg. Dann werden mir meine anderen Sachen wie Kartentasche, Füllfederhalter usw. weggenommen. Auf dem Weg zum Bataillonsgefechtsstand liegen zwei tote deutsche Bauern, die erschossen wurden, auf der Straße.

Wir werden von den Polen gut empfangen, bekommen Speck, Brot und Kaffee. Dann werde ich vollends meiner restlichen Habseligkeiten beraubt, wie Taschenuhr, Messer usw. Nach einiger Zeit werde ich von einem russischen Kapitän vernommen, der mich erschießen will. Ich habe schon seine Pistole auf der Brust, als es zum Glück plötzlich durch die Luft pfeift und deutsche Granaten einschlagen. Wie Streichhölzer fliegen die Dachbalken in die Luft. Wie vom Blitz getroffen verschwinden die polnischen Offiziere in volle Deckung. Und von da an werden sie zutraulicher zu mir.

Wie wir ungefähr 50 Gefangene beisammen sind, müssen wir in die nächste Ortschaft zurückmarschieren. Dort werden wir nochmal gefilzt (beraubt) und bekommen dann Suppe und Brot zu essen. Ich als der einzige Offizier werde von einem Dolmetscher in einer Kutsche zum polnischen Regiment zurückgefahren und muß dort vor einem Oberst zur Vernehmung erscheinen. Auch er will mich mit Schlägen und Pistole zum Aussagen zwingen. Ich schweige aber beharrlich.

Die folgenden beiden Tage muß ich bei der Feldgendarmerie verbringen. Ich werde dort ausgezeichnet behandelt, darf in einem Federbett schlafen, während der polnische Soldat, der mich bewacht, mit dem Bettvorleger vorlieb nehmen muß. Man serviert mir die besten Sachen zur Mahlzeit. – Ich gehe auch zum Revier, um mir meine wunden Füße verbinden zu lassen. Ein jüdischer Militärarzt behandelt mich jedoch in zynischster Weise. Man kann es ihm auch nicht verdenken bei allem, was die Deutschen den Juden angetan haben.

AM 20. MÄRZ 1945
werde ich mit einem mitgefangenen deutschen Major unserer Division in einem PKW zur Division nach Morgow zurückgeführt. Der Gefechtsstand ist in einem Schloß untergebracht. Zuerst werden wir dort von einem Oberst vernommen und bekommen dann ein sehr gutes Mittagessen.

Am Abend werde ich zu cirka 100 deutschen Landsern in eine Scheune gesperrt. Unsere Bewachung, ein junger polnischer Soldat, schikaniert uns auf alle nur denkbare Arten. Alle paar Minuten schlägt er einen von uns mit einem Prügel.

In einigen Tagesmärschen geht es dann unter Bewachung von polnischer Kavallerie zum ersten Lager. Die Nächte verbringen wir in Gehöften, die noch voll sind mit deutschen Zivilisten. Ihr Leid, das ihnen die Russen zugefügt haben, ist unsagbar. Am Wege stehen überall ausgeplünderte Treckwagen, von denen die Russen die Pferde weggenommen hatten. Spinnstoffwaren aller Art liegen von der Ostsee oben bis herunter nach Landsberg an der Warthe wie hingesät auf und an den Straßen zerstreut.

In Greifenberg wird unser Major zum polnischen Armeestab geholt. Er soll durch Lautsprecher die deutschen Soldaten zum Überlaufen bewegen. Weil er dieses ablehnt, wird er drei Tage, ohne einen Bissen Essen zu bekommen, in einen völlig dunklen Kohlenkeller gesperrt.

Einige Tage später treffen wir uns im ersten Lager wieder. Er wurde auf übelste Weise behandelt.

Wir marschieren weiter und machen in einer Ortschaft zwischen Greifenberg und Plathe Quartier. Die Landser schlafen im Heu. Ein Leutnant, der noch hinzugekommen ist, und ich dürfen zuammen in einem Bett schlafen. In dem Raum befinden sich außerdem noch einige deutsche Frauen, die alle ohne Ausnahme unsagbares Leid durchgemacht haben und immer noch durchmachen müssen. Jede Nacht kommen die Russen und fallen über sie her. Die jungen Mädchen können sich nicht mehr im Haus aufhalten. Sie verstecken sich im Heu oder in den ausgeplünderten Treckwagen.

Mitten in der Nacht wird plötzlich die Tür unseres Raumes aufgerissen und ein großer dicker Russe poltert herein. Da müssen wir mitansehen, wie er auf eine hochschwangere Frau, die in derselben Nacht ihr Kind erwartete, losgeht. Wenn wir auch nur einen Muckser machen, werden wir erschossen. Wir zittern vor Wut. Da kommt aber zum Glück einer von unseren polnischen Wachsoldaten und wirft den Russen hinaus.

Am andern Tag marschieren wir vollends nach Plathe, ins erste Kriegsgefangenenlager, das sich im Schloß des Grafen von Bismarck befindet. Es ist ein sehr schönes Schloß mit herrlichen Sälen und einer wertvollen Bibliothek. Die Russen aber haben hier schon fürchterlich gewütet. Alles liegt durcheinander und wurde durchwühlt. In Schweinsleder gebundene, teils handgeschriebene Werke liegen auf dem Boden. Es ist zum Heulen. Ich nehme ein kleines, in Leder gebundenes Notizbuch mit, um mir Aufzeichnungen zu machen. Dieses wertvolle Büchlein mit dem Wappen des Fürsten Bismarck darauf habe ich auf abenteuerliche Weise mit nach Hause gebracht. Es hat mir die ganze Gefangenschaft hindurch treue Dienste geleistet. *(In diesem Büchlein hielt ich alle Ereignisse ab meinem letzten Fronteinsatz stichwortartig, jeden Millimeter Platz nützend, fest. So konnte ich nach meiner Entlassung aus der Gefangenschaft alles ausführlich rekonstruieren und niederschreiben.)*

Alle Gefangenen leiden an Durchfall, weil es immer nur Kartoffelsuppe zu essen gibt. Diese wurde vermutlich mit unsauberem Wasser zubereitet. – Am Osterfest muß ich mitansehen, wie ein paar Gefangene von einem russischen Leutnant aufs schlimmste verprügelt und in einen dunklen Keller gesperrt werden. Einige Tage später läßt uns ein jüdischer Arzt sämtliche Haare am Körper wegrasieren. Nun sehen wir aus wie Verbrecher.

AM 3. APRIL 1945

werden wir beim Abmarsch von Plathe den Russen übergeben. Von da an beginnt unser eigentliches Elend. Es geht über Nienenburg in einem anstrengenden Tagesmarsch nach Stargard. Es gibt nichts zu essen; wir sind müde und hungrig!

AM 4. APRIL 1945

kommen wir in Stargard an und werden zuerst gefilzt. Untergebracht werden wir in völlig verwanzten Baracken. Es gibt dreimal täglich eine dünne Wassersuppe, sonst nichts.

Am 11. April marschieren wir über Naumberg nach Landsberg, wo wir am 13. April spätabends ankommen. Wir sind rund 5000 Gefangene und müssen ohne Essen und bei brütender Hitze marschieren. Die Nächte müssen wir zusammengepfercht auf den freien Feldern verbringen.

Es geht dann durch restlos zerstörte und niedergebrannte deutsche Städte. Überall stehen deutsche Frauen am Wege und winken uns weinend zu. Obwohl wir ziemlich schlecht behandelt werden, haben wir doch noch großes Glück auf diesen Märschen, denn wie die meisten Gefangenen später berichtet haben, wurde jeder erschossen, der nicht mitkam. Zum Glück machte bei uns keiner schlapp. Eine ganz teuflische Hinterlist wandten die Russen auf diesen Märschen an. Da jeder von uns starken Durst hatte, stellten sie ab und zu einen Wassereimer an der Straße auf. Wenn nun einer von uns trinken wollte und daher aus der Marschordnung heraustrat, wurde er mit einem Prügel geschlagen. So verschafften sie sich Belustigungen an den Gefangenen.

Als wir in Landsberg ankommen, werden wir in der ersten Nacht in die ehemalige Irrenanstalt hineingesperrt. Am anderen Morgen werden wir im Lager Landsberg mit einer Filzung empfangen. Immer wieder nehmen uns die Russen weg, was ihnen gefällt. Wir machen auch Bekanntschaft mit dem »Nationalkomitee Freies Deutschland«. Es sind Deutsche, die wegen einem Stück Brot ihre Kameraden verraten. Neben politischer Aktivität in vollkommen einseitiger kommunistischer Richtung haben sie ein Netz von Spitzeln aufgezogen, um jeden mitgefangenen Kameraden, der ein Wort gegen die ruhmreiche Sowjetunion sagt, zu melden, damit dieser nach Sibirien abbefördert wird.

AM 23. APRIL 1945

werden wir in Landsberg in einen Viehwagentransport verladen. Es kommen 50 Mann in einen Waggon. Sämtliche Türen und Luken sind dicht. Es ist eine Luft zum Ersticken im Waggon. Landsberg ist wie ausgestorben. Auf dem Marsch zum Bahnhof kommen uns die neuen »Bürger« entgegen: Polnische Zivilisten ziehen nun in die schöne deutsche Stadt ein.

AM 24. APRIL 1945 kommen wir in Posen an und werden dort ins Lager Demmsen gesteckt. Dort werden wir nicht nur von den Russen, sondern auch von Deutschen (Mitglieder des N.K.) auf übelste Weise unserer Sachen beraubt. Ein ehemaliger deutscher Oberleutnant, ein Überläufer, belügt uns und macht uns die tollsten Versprechungen vom Stammlager, in das wir kommen sollen. – Gute alte Bekannte treffe ich im Lager an. Einige Tage später geht es in ein anderes Lager in Posen.

Im Polizeilager in Posen

Nach langem Stehen werden wir ins Lager getrieben. Dort wiederholt sich dasselbe Trauerspiel, das wir schon einige Male durchgemacht haben: Russen und Deutsche stürzen sich wie losgelassene wilde Tiere auf unsere wenigen Habseligkeiten und filzen uns bis aufs Hemd.

Wir werden in elende Massenquartiere gepfercht. Die stärkste Belegung des Lagers, in dem normalerweise ein deutsches Polizeibataillon untergebracht war, sind 24 000 Gefangene. Die Gänge, Aborte und Waschräume sind vollgepfropft, und draußen kann man kaum noch gehen, weil auch da ein großer Teil kampieren muß. Furchtbare Regentage treten ein – und in den Baracken hat nur ein Teil der Gefangenen Platz, obwohl sich keiner rühren kann vor Enge.

Die Verpflegung ist miserabel. Es treten zahlreiche Verhungerungserscheinungen auf. Täglich sterben einige Gefangene, und sehr viele »bekommen Wasser«. Nicht nur Soldaten, auch Zivilisten und eine große Zahl Jugendlicher von elf bis 18 Jahren werden ins Lager gebracht. Der deutsche Lagerführer P. schikaniert uns bis aufs Blut. Wir müssen als Offiziere niederste Arbeiten verrichten, müssen stundenlang strafmarschieren, manchmal im strömenden Regen, und bekommen Essensverschlechterungen, oft wegen Dingen, die an den Haaren herbeigezogen wurden.

Viele werden in den Karzer gesperrt, der auf einem hohen, windigen Turm errichtet wurde. Zwischendurch finden öfters überraschende Filzungen statt. Dann brechen Scharlach und Diphterie aus und fordern zahlreiche Opfer. Täglich müssen wir mit gewaltigen Wassermengen die Unterkünfte schrubben, so daß das Holz zu faulen anfängt und zu Keimherden der ansteckenden Krankheiten wird. Auch ein Vorstoß der mitgefangenen deutschen Ärzte ist vergeblich.

Wenn nicht alles unter Wasser steht, sagen die Russen: »Germanski nix Kultura!«, und verschlimmern ihre Maßnahmen, indem sie uns dreimal täglich naß schrubben lassen. Und noch was: Die Haare werden uns am ganzen Körper alle paar Tage restlos abgeschnitten oder wegrasiert. Es entstehen Szenen von schamlosester Art, über die sich die Russen belustigen.

Als wir ein paarmal Arbeitsgemeinschaften über die verschiedensten Gebiete wie Gartenbau, Bienenzucht, Deutsch, Sprachen, Geschichte, Biologie usw. abgehalten haben, wird uns vom Russen alles verboten. Er will uns geistig stumpf machen!

Heimlicherweise versammeln wir uns aber in irgendeiner Ecke frühmorgens und spätabends um unseren guten Pfarrer M. zum Gebet. Dieser ist einige Monate später leider gestorben.

Otto W., mein engster Freund in der Gefangenschaft, der in einem katholischen Internat ein humanistisches Gymnasium besucht hat, lernt mir Alt-Griechisch. In jeder freien Minute büffle ich Vokabeln, dekliniere und konjugiere ich und habe ganz große Freude an dieser geistreichen, wunderschönen Sprache der Philosophen und Dichter Alt-Griechenlands. Otto hat mir so viel beigebracht, daß ich das Neue Testament übersetzen konnte.

Trotz intensivster geistiger Beschäftigung sind unsere Nerven aufs Äußerste angespannt. Dazu kommt das Ungewisse über unsere Angehörigen und über das traurige Kriegsende. Für viele bricht eine ganze Welt zusammen. Scheu, ungeduldig, nervös und kopflos brüten sie in den Tag hinein. Es ist eine furchtbare Eintönigkeit, wenn man dauernd nichts als Menschen und immer dieselben Menschen um sich herum hat. Es tritt eine Unerträglichkeit ein, die sich zu einem regelrechten Menschenhaß steigert. Keiner kann den andern mehr sehen. Jeder, ohne Ausnahme, wird mehr oder weniger davon erfaßt.

Durch die geringe Verpflegung meint jeder, der andere hätte mehr bekommen. Und so entsteht ein entsetzliches Mißtrauen. Viele lassen sich gehen und lassen sich zu zahlreichen Vergehungen hinreißen. So sind Übervorteilungen, Betrügereien und Kameradendiebstähle leider an der Tagesordnung.

Einige wenige treten aber aus der großen Masse hervor; es sind nur leider verschwindend wenige. Werner R., ein herzensguter Mensch, der sich eher den Finger abschlägt, als daß er jemand etwas wegnimmt, der sich in liebevoller Weise durch viele Dinge der Gemeinschaft aufopfert, ist mir ein guter und aufrichtiger Kamerad geworden. Und Otto W. hilft mir viel. Wir muntern uns gegenseitig auf, wenn auch wir schwach zu werden drohen. Wir haben dieselben Ideale und Anschauungen in religiöser und geistiger Hinsicht, und unser Gottvertrauen trägt uns und wächst von Tag zu Tag.

Trotz der Nervenkrise, von der jeder erfaßt wird, geht eine seltsame Wandlung in unserem Inneren vor sich. Durch die zahlreichen Erniedrigungen, die wir dauernd erleiden müssen, werden wir demütig wie ein Kind. Wir sind anspruchslos und lernen auch das Geringste schätzen. Jetzt erst erkennen wir, mit welch geringen Mitteln ein Mensch leben kann. Wir sind dankbar für jedes Stückchen Brot.

Die Sehnsucht nach der Heimat und nach unseren Angehörigen wird immer größer. Jetzt erst begreifen wir, was einem Menschen die Heimat bedeutet. Wie herrlich kommt uns die Natur vor, die wir nur noch durch den Stacheldraht sehen dürfen. Wir finden nur noch ein Staunen über alles Geschaffene, auch über die geringsten Dinge.

Wir werden an die letzten Dinge des Lebens, an die Urzusammenhänge, erinnert. Viele lernen in dieser Trostlosigkeit wieder das Beten. Wir spüren, daß wir verzweifeln müßten, wenn wir keinen Halt in Gott hätten. Wir klammern uns voller Vertrauen an Gott. Keiner weiß, was ihn noch erwartet, keiner weiß, ob er die Heimat jemals wiedersehen wird und ob seine Angehörigen noch am Leben sind. Das alles lehrt uns das Gebet. Erstaunlich viele greifen zur Bibel, denn viele suchen etwas Neues, nachdem das Alte so furchtbar zusammengebrochen ist.

1. MAI 1945

Wie viele, die gestern noch begeisterte Nazis waren, sind heute schon hundertprozentige Kommunisten. O Gott, wie rasch doch mancher die Gesinnung ändert! Da werden Sowjetsterne an die Türen und Fenster geklebt, Transparente angebracht und besonders von ehemaligen Stabsoffizieren Plakate aufgehängt, unter anderem mit folgender Aufschrift: »1. Mai – wieder frei!« – Nach einer politischen Veranstaltung müssen wir einen Propagandazug durchs Lager machen, um unsere »sowjetfreundliche« Gesinnung öffentlich zu zeigen.

8. MAI 1945

Ich könnte weinen über das Schicksal unseres Vaterlandes! Wofür haben wir gekämpft und geblutet? Wofür? – Die Russen veranstalten ein stundenlanges Freudenschießen. Deutschland hat den Krieg verloren. Wahrscheinlich haben die Nazis auch nichts anderes verdient! Und für uns, die wir noch an Gott glauben? Ich denke, es wird einen Neuanfang für uns alle geben.

20. MAI 1945

Heute ist Pfingsten. Wir versammeln uns voller Zuversicht zur Morgenandacht. Pfarrer M. hält eine Ansprache. Es interessieren sich immer mehr für Religion, namentlich die Jüngeren. Nachdem sie von der verlogenen Idee der Nazis enttäuscht worden sind, suchen sie im Christentum wieder Halt und Kraft zu einem neuen Leben.

22. MAI 1945

Jetzt erst erfahren wir von den furchtbaren Kriegsverbrechen unserer deutschen Führung, von den Massenvernichtungslagern, von den KZs, in welchen unmenschliche Maßnahmen zur Vernichtung der Juden getroffen wurden. Wir wußten wohl, daß es KZs gegeben hat, denn zahlreiche Priester sind immer wieder wegen geringfügigen Äußerungen verschwunden. Daß die Nazis aber solch ungeheure Verbrechen begangen haben, das haben wir erst heute erfahren.

Wahre Geschichten

Ein Russe fährt eines Tages auf einem neuen Fahrrad auf der Landstraße an unserem Lager vorbei. Da kommt ein Pole entgegen, der auf einem alten Fahrrad freihändig fährt. Der Russe versucht es ebenfalls; es will ihm aber nicht gelingen. Da nimmt er dem Polen kurzerhand dessen uraltes Fahrrad ab und gibt ihm dafür sein neues. Der Pole fährt wie ein Henker auf und davon – und der Russe versucht wiederum vergebens, auf dem Rad des Polen freihändig zu fahren.

Ein russischer Posten findet bei einem Kriegsgefangenen bei einer Filzung einen Wecker. Voller Freude über eine solch große Uhr steckt er ihn in seinen Sack. Bei einer Rast während eines Marsches legt sich der Russe ins Gras und stellt seinen Sack daneben. Plötzlich fängt der Wecker in dem Rucksack zu rasseln an. Erschrocken springt der Russe auf, greift nach seiner MP und schießt wie ein Besessener den Wecker im Sack zusammen.

Eine Zeitlang suchten die Russen bei Filzungen nichts anderes mehr als Hautcreme, weil sie eine Riesenfreude daran fanden, sich zentimeterstark einzucremen. Wiederum kommt einer zu einem Gefangenen und brüllt ihn an: »Kräm Jäst?«

»Da, Da!« erwidert der Gefangene, greift in seinen Beutel – und gibt ihm eine Schachtel farblose Schuhcreme. Der Russe riecht an der »Kräm«, nachdem er sich das Gesicht vollgeschmiert hatte, schüttelt ungläubig den Kopf und sagt: »Jubt biomatt!«

Nach diesen eher heiteren Geschichten nun einige schreckliche, auch wahre Geschichten:

Ein Kamerad aus Pforzheim, der bei Kriegsende in seiner Gold- und Silberwarenfabrik in Prag weilte, erzählt von den menschenunwürdigen Handlungen der Tschechen. Er selbst ist dreimal dem Tode entronnen und mußte, obwohl er nie Soldat war, in die Gefangenschaft marschieren. Sämtliche deutsche Zivilisten wurden von den Tschechen nackt durch die Straßen getrieben und mit MGs niedergemäht, so lange, bis die Russen kamen und die MGs wegstießen. Die Verwundeten, die in den Lazaretten lagen, wurden in Lastkraftwagen auf die Moldaubrücke gefahren und lebendig ins Wasser geworfen.

Ein Marinekapitän erzählte, daß sie kurz nach ihrer Gefangennahme in Reihe vor einer Kreissäge antreten mußten. In grausamster Weise wurden dann einem nach dem andern von ihnen die Glieder zersägt. Kurz bevor er an die Reihe kam, kamen deutsche Flieger und schossen mit Bordwaffen. Die Russen sprangen in Deckung und er ist in diesem Moment ausgerissen, wurde später aber erneut gefangen.

Ein anderer Kamerad erzählte, daß sie mit 16 Mann niederknien und die Hände hochhalten mußten. Die betrunkenen Russen machten sich eine Freude daraus, alle der Reihe nach abzuknallen. Er war der 14., und als sie eben den 13. niederschießen wollten, kam ein russischer General und hat ihnen die Finger zu ihrem bösen Spiel gelegt.

28. Mai 1945

Mein Neues Testament, das ich schon seit dem ersten Tag meiner Einberufung besitze, ist mir zur unentbehrlichen geistigen Nahrung geworden. Es befand sich beim Durchschwimmen der Rega in meiner Kartentasche, wurde total durchnäßt, ist aber bei mir geblieben, auch trotz zahlreicher Prüfungen des »Nationalkomitees Freies Deutschland«. – Wir werden klein wie die Kinder. Die Freude an dem Geringen und Unscheinbaren wird von Tag zu Tag größer.

31. Mai 1945

Fronleichnam. Der gestrige Sonnenuntergang war wunderbar. Das herrliche Naturschauspiel zeigte mir in großartiger Weise die Schönheit Gottes und erregte eine tiefe Sehnsucht in mir. Ich spüre das Glück und den Frieden in meiner Seele täglich größer und reiner und lauterer werden. Es ist ein großer Drang in mir nach der Vollkommenheit. Meine Gedanken sind die meiste Zeit bei meinen Lieben in der Heimat. Nun sind wir ganz arm, und doch – der Herr hat uns einen unendlichen Reichtum geschenkt.

4. Juni 1945

Hauptmann H., mein ehemaliger Bataillonskommandeur, ist gekommen. Wie klar und fest blicken seine Augen. Dies fällt sofort auf bei der ersten Begegnung mit ihm. Ich bin zutiefst beeindruckt von der Haltung dieses feinen Menschen.

Wie zeigen sich hier in der schrecklichen Enge die Menschen doch allmählich mit ihrem wahren Gesicht! In der größten Not, wenn es jedem ganz schlecht geht, gibt sich jeder so, wie er wirklich ist. Da fällt auch die letzte Schminke der Zivilisation ab. – Noch nie in meinem Leben habe ich solch ehrlose Charaktere erlebt wie hier. Sollte man es für möglich halten, daß Menschen nur darauf aus sind, sich persönliche Vorteile zu verschaffen, oder ihren Mitmenschen, die doch dasselbe Los zu tragen haben, das Leben schwerzumachen? Bei den meisten scheint das Leben nur um das Essen zu gehen.

»In Demut achte jeder den andern höher als sich selbst, keiner darf auf eigene Vorteile aus sein, vielmehr sei jeder auch auf den des Nächsten aus!« (Phil 2, 3–4)

5. Juni 1945

Man muß auch bei der geringsten Sache anständig und gerecht sein. Wie viele verschaffen sich Vorteile auf Kosten der andern, betrügen, stehlen oder vergessen sich sonst, wie zum Beispiel durch folgende Fälle, die hunderte Male vorkommen:

Brot stehlen; als Essensausgeber sich eine größere Portion verschaffen; das Essen ungerecht verteilen; sich bei der Arbeit auf Kosten anderer drücken; sich einen guten Schlafplatz verschaffen; ungerecht tauschen; über jede Kleinigkeit aufbrausen; Hochmut aufgrund des Dienstranges; Gier beim Essen; wie Raubtiere den Kessel umlagern, damit ja keiner ein Gramm mehr bekommt als der andere; absichtliche falsche Verdächtigungen des Diebstahles, um Mitleid zu erregen; Schleicherei und Kriecherei (Offiziere!); falsche Angeberei mit erfundenen Kriegserlebnissen oder mit Freß- und Saufgelagen usw.

»Ich habe es ja gelernt, mit den Verhältnissen mich abzufinden. Ich kann in Armut und ich kann im Überfluß leben. Mit allem und mit jedem bin ich wohlvertraut, mit Sattsein und mit Hungerleiden, mit Reichsein und mit Darben. Ja, ich vermag alles, in dem, der mir die Kraft dazu gibt!« (Phil 4, 12–13)

Wie Kinder freuen wir uns an dem wenigen Schönen, das sich uns hier zeigt, und wenn es nur ein Gräslein ist oder die Sonne, die Wolken, der Himmel oder das Singen der Vöglein – alles schätzen wir so dankbar!

11. Juni 1945

Es ist nicht leicht, Geduld aufzubringen. Wir müssen immer wieder von neuem das Wartenkönnen lernen. – Mit größtem Interesse nehme ich an den (teils verbotenen) Vorträgen des jungen Philosophen Dr. Kopp teil. Gemeinsam lernen wir aus der Geschichte die Bedingungen des geistigen Verfalls der Menschheit kennen. Aus dem Erlebnis der beiden großen Kriege unseres Volkes ziehen wir den Schluß, daß sie das letzte Urerlebnis darstellen zu einem geistigen Erwachen des Abendlandes. Deutschland muß wieder das geistige Herz in Europa werden!

19. Juni 1945

Ist das Weltgeschehen eine gesetzmäßige Kreisläufigkeit, in der sich immer wieder dieselben Ereignisse in gewissen Zeitabständen wiederholen? Einmal sind es Kriege, Naturkatastrophen, Hungersnöte und Seuchen, die die Menschheit zu Boden zwingen, zum andern sind es Blütezeiten, in denen die Menschheit in der geistigen Welt oder in der politischen Macht wieder aufgerichtet wird.

Oder ist das Weltgeschehen ein Fortschreiten von Stufe zu Stufe? Niederschmetternde Ereignisse müssen eintreten, damit wieder Platz wird für Neues. Das Alte muß geläutert werden, um sich zu etwas Besserem zu entwickeln.

Die Natur zeigt uns das Fortschreiten am schönsten in der Spirale, zum Beispiel in der Schnecke. Immer größer wird die Spirale, es ist ein dauerndes Größerwerden. Oder betrachten wir das Naturspiel auf dem Wasserspiegel eines Sees, in den ein Stein geworfen wird. Ring für

Ring wird gebrochen, damit die neu entstehenden Ringe mehr Platz haben und sich immer größer entfalten können.

So muß auch unser Leben ein stetes Fortschreiten sein und kein Kreislauf, bei dem man am Ende doch wieder auf derselben Stufe liegengeblieben ist. Langsam müssen wir von Stufe zu Stufe höher steigen, das Licht, unser Ziel, im Auge! Als irdischer und schwacher Mensch schreiten wir, von Gott ausgehend, über die Stufen des Lebens zu ihm empor, um als Gewandelte, als neue Menschen, in ihn einzugehen.

Die Sterne geben uns die Gesetze, das Licht gibt uns die Kraft, diese zu verwirklichen. – Im Dunkel, in der Sünde, wird uns die Verfehlung und somit das Gesetz bewußt, im Tag, im »Licht der Welt« erhalten wir Kraft, über die Nacht zu siegen und im Licht zu bleiben.

Alles in der Natur strebt nach oben, zum Licht! Bund um Bund fügt sich um den Stamm der Tanne, die in einer wunderbaren Gleichmäßigkeit höher und höher strebt. Sie »lebt« im wahrsten Sinne des Wortes! »Musik ist das schönste Beten«, hat einmal mein Freund Richard gesagt. In der Musik äußert sich die Seele des Menschen am schönsten. Wo spürt man die Liebe reiner, die Stärke mächtiger, den Kampf gewaltiger, die Freude größer, die Traurigkeit tiefer und das Sehnen stärker, wo zeigt sich die Ehrfurcht, das Wundern und Staunen über die Dinge größer, als in den reinen Tönen der Musik? Wahre Musik kommt zutiefst aus den Herzen kindlich gesinnter Menschen!

21. JUNI 1945

Wir müssen vom »Deutschen Reich« Abschied nehmen. Es hat so kommen müssen: Gott will unserem deutschen Volk ganz offensichtlich einen neuen Weg zeigen.

Die deutsche Führung hat versagt. Sie hat es nicht verstanden, Politik zu betreiben. Sie war im wahrsten Sinne des Wortes verbrecherisch und zynisch! Aber ist deshalb das ganze Volk schlecht? Die vielen Opfer, die von Männern, Frauen und Kindern gebracht wurden, das Kämpfen und Sterben an der Front – wird das alles nun als Schuld unseres gesamten Volkes gesehen?

Wir müssen nach diesem Fehltritt in der Politik erkennen, daß wir Deutschen nicht in der Lage sind, die politische Führungsmacht in Europa zu übernehmen. Die Geschichte, besonders die vergangenen zwölf Jahre, haben es uns gezeigt, daß wir die Finger von der Politik lassen müssen. Und wenn wir wieder nach politischer Macht streben, dann wird wieder dasselbe Chaos hereinbrechen, das jetzt über unser Volk gekommen ist.

Deutschland muß heute nach zwei verlorenen Weltkriegen ein geistiges, ein inneres Reich aufbauen; es muß wieder die geistige Führung in Europa übernehmen. Wir müssen so etwas wie ein geistiges Wiedererwachen des Abendlandes herbeiführen. Da, wo Goethe aufgehört hat zu leben, müssen wir anknüpfen. In unserem Volk sind auch heute noch geistige Fähigkeiten vorhanden, besonders nach einem solch schweren Schicksalskampf. Diese müssen von innen heraus wieder wachgerufen werden. Deutschland muß wieder das geistige Herz in Europa werden, das die Völker in friedlicher Weise miteinander verbindet und zusammenhält.

30. JUNI 1945

Heute darf ich meinen 22. Geburtstag begehen. Wieviel Liebe durfte ich in meinem Leben erfahren; was haben meine guten Eltern alles für mich getan! Doch Gott gab mir das Beste: seine Gnade.

10. JULI 1945

Wer wird der zukünftige Kulturträger in Europa sein?

Das Ziel des Kommunismus ist, auch wenn die Nazipartei nicht gekommen wäre, die Herrschaft über die Völker Europas zu gewinnen, um dadurch als mächtiger Kontinentalstaat die größte Weltmacht darzustellen. Im Deckmantel stellt sich der Kommunismus als der Kulturträger Europas hin. Ein günstiger Anlaß zur Ausführung dieses Zieles ist die Vernichtung des Faschismus. Die Russen kommen als »Befreier« vom faschistischen Joch. Doch was bringen sie durch ihre Okkupation anderes als Sklaverei?

Die Sowjetunion will durch Politik die Kultur bringen. Die Geschichte hat aber gezeigt, daß dadurch niemals neue Kulturen entstehen, sondern höchstens neue Kriege zustande kommen. Allein vom Geistigen her kommt wahre Kultur, die die Völker in Frieden zusammenhält. Und wenn Deutschland überhaupt noch eine Aufgabe in der Welt zu erfüllen hat, dann ist es diese, ein geistiges Reich zu schaffen, das Europa eine neue Kultur bringt, die nicht auf dem Materialismus, sondern auf dem Geistigen fußt und die ein inniges Band der Freundschaft zwischen den Völkern wiederherstellt.

Ein schweres Schicksal ist unserem deutschen Volk auferlegt worden. Man hat uns die Freiheit genommen, wir dürfen in unserem Lande nicht mehr schalten und walten, wie wir wollen. Und noch weiter: Jeder einzelne Volksangehörige ist vom Schicksal tief gebeugt worden. Die meisten Wohnungen und Häuser in den Städten sind zertrümmert, die Familien wurden auseinandergerissen, viele deutsche Menschen sind heimatlos geworden, eine gewaltige Vertreibung hat stattgefunden. Mädchen und Frauen, ja sogar Kinder wurden manchmal bis zu 50 mal vergewaltigt und viele begingen in ihrer Verzweiflung Selbstmord. Unzählige Kranke, Verwundete und Versehrte harren ihres weiteren Schicksals. Hunderttausende deutsche Männer, vom elfjährigen Knaben bis zum 70-jährigen Greis (wie in unserem Lager!), schmachten eng zusammengepfercht in den Gefangenenlagern, jeder Deutsche hungert und unzählige Soldaten, Frauen und Kinder liegen als unschuldige Opfer tief in der dunklen Erde und vergrößern das Leid der Überlebenden.

Wo ist unsere Freiheit, war denn alles umsonst? Freilich, wir dürfen eines nicht übersehen: Die verbrecherischen Nazis haben ja diesen Krieg angezettelt. Aber man kann doch dafür nicht ein ganzes Volk verantwortlich machen! – Diese Fragen bewegen uns und lassen uns nicht zur Ruhe kommen.

Ist es vielleicht Gottes Wille, daß alles so und nicht anders gekommen ist? Wir wissen es nicht, und es wird auch immer ein Geheimnis bleiben. Das unermessliche Leid und die tiefe Not haben uns alle geläutert und gestärkt. Wir sind in den Tiefen des Leides in uns gegangen und haben uns wieder besonnen auf die Ursache dieses Unheils. Wenn wir genauer darüber nachdenken, dann müssen wir schuldbewußt bekennen, daß diesen schrecklichen Krieg nicht Gott gewollt hat, sondern daß er von uns, den Deutschen, verursacht wurde.

In unserem Unglück haben wir uns insbesondere besonnen auf die Ursache unseres Seins, die nur Gott sein kann, der die Ursache alles Seins ist. So müssen wir nun unsere ganze Kraft in den Dienst unserer neuen Aufgabe stellen, die uns Gott in diesem Kampfe gezeigt hat und für die er uns reif gemacht hat. Und diese Aufgabe kann nur dies sein: ein inneres Reich zu bauen, in dem jeder einzelne Volksangehörige als Teil eines großen, neuen Domes Christus, den lebendigen Gott, in sich trägt.

Keiner darf die Parole verbreiten, wir würden nach Rußland kommen. Hohe russische Offiziere behaupten, kein einziger Kriegsgefangener würde mehr nach Osten kommen. Wer dennoch die Parole verbreitet, wird eingesperrt. So häufen sich natürlich die Entlassungsparolen. Viele sehen sich schon zu Hause – Aber es sollte anders kommen.

Wir kommen nach Estland –
an den Finnischen Meerbusen!

15. August 1945

Auf der Fahrt! Eben läutete hier in Wilna, wo unser Transport hält, eine Glocke. Wie seltsam wurde meine Seele berührt, heute an Mariä Himmelfahrt. – Am 12. August wurden wir nach einer gründlichen Filzung in Posen verladen. Der Transport fuhr über Warschau, Bialywostok und Kowno. Wir hofften, nach dem Westen zu kommen, um entlassen zu werden, wie uns so viele Russen versichert haben. Doch entgegen unserem Hoffen ging es nach Osten. Was wohl der Russe mit uns vorhat? Zwei ungarische Gefangene sind ausgerissen. Einer blieb aber in einem Sumpf stecken und wurde wieder geschnappt. Wie ein Stück Vieh wurde er von den Russen mit ihren Gewehrkolben und mit den Stiefeln geschlagen und getreten.

Wie die Schafe liegen wir mit 50, bzw. 100 Mann in einem Waggon. Der Durst ist entsetzlich. Die Hitze wird immer größer, weil keine Luke aufgemacht werden darf. Zu essen gibt es einen Viertelliter Kasch und etwas Trockenbrot pro Tag. Das ist alles!

Walk (Estland), den 19. August 1945

Vorgestern, am Geburtstag meiner jüngeren Schwester, sind wir hier angekommen. Von Wilna ging der Transport über Dünaburg, Ostrow und Pleskau. Großartig ist die estnische Landschaft – Hügel, Wälder, Wiesen. Das Schönste ist der Abendhimmel, den ich noch nie in solch einer Pracht gesehen habe.

Walk, den 24. September 1945

Gestern war der schönste Tag in unserer gesamten bisherigen Gefangenschaft. Der lebendige Gott kam zu uns hinter den Stacheldraht und tief in unsere Herzen hinein. Wir hatten das große Glück, eine heilige Messe feiern zu können. Wir fühlten uns alle so glücklich, wie bei unserer ersten heiligen Kommunion am Weißen Sonntag. Das Kreuz und den Kelch hatte ein Mitgefangener von uns geschnitzt. Leider hatte dieses Geschehen eine furchtbare Reaktion. Ab gestern mittag wurden uns vonseiten des russischen Politoffiziers sämtliche religiöse Veranstaltungen aufs strengste verboten.

Walk, den 3. Oktober 1945

Am 1. Oktober starb unser Kamerad, Major Dr. B., ein edler und guter Mensch, dessen Inneres Ruhe und Gelassenheit ausstrahlte. Er war mir sehr ans Herz gewachsen.

Ich leide zur Zeit an einer inneren Selbstunzufriedenheit. Abends, wenn ich den vergangenen Tag überdenke, muß ich erkennen, daß ich viele meiner Vorsätze nicht erfüllt habe. Es fehlt mit besonders an der echten, tiefen Liebe, die sich ganz hingibt, die keine Grenzen kennt und die nichts fordert. Ich ringe um eine aufrichtige Umkehr und Besserung meines Handelns.

Kalte Nebel verhüllen das schöne, bunte Land und machen es rauh und ungewiß. Sturmreiche Herbsttage haben den lieben Sommer abgelöst.

WALK, DEN 15. OKTOBER 1945

Der 13. und 14. Oktober – zwei unvergessliche Tage. Dr. B., ein katholischer Priester, hat heimlicherweise nachts zelebriert und uns in einem im Bau befindlichen Blockhaus im Schutze der Dunkelheit die heilige Kommunion ausgeteilt. Trotz Verbot versammeln wir uns abends bei hereinbrechender Nacht in einer entlegenen Lagerecke zum gemeinsamen Gebet. Wir sind etwa 20 Mann. Man sagt uns nach, wir seien Faschisten, die sich im theologischen Deckmäntelchen betätigen würden.

WALK, DEN 9. NOVEMBER 1945

Einige Tage war ich bei einem Arbeitskommando in Torwa, einem kleinen estnischen Städtchen, das ca. 30 Kilometer nördlich von Walk liegt. Es war ein wohliges Gefühl, aus dem öden Lager wieder einmal in die freie Natur hinauszukommen. – Seit einigen Tagen liege ich nun krank auf der Pritsche. Ich habe Halsschmerzen, Fieber und Kopfweh.

Einige von uns büßen unschuldigerweise im Karzer. Von ihrem Arbeitskommando ist einer ausgerissen, und deshalb werden sie, die doch damit nichts zu tun haben, für ein Vierteljahr eingesperrt. Von der sehr schlechten und unzureichenden Lagerverpflegung bekommen sie nur die Hälfte und müssen dabei schwerste Normarbeit verrichten. Zuerst werden sie zwölf bis 14 Tage lang in die Dunkelkammer gesperrt. Dann kommen sie in eine Art Hühnerstall, wo man nicht stehen kann, weil er so niedrig ist. Und der Boden wird ständig unter Wasser gesetzt, damit sich keiner hinlegen kann. Sie kommen wie die Skelette aus diesem Loch heraus.

Ich bin zur Zeit etwas niedergedrückt und leicht erregbar. Es mag zum Teil davon herrühren, daß nicht die geringste Spur von einer Entlassung zu bemerken ist. Was erwartet uns noch? – Geduldig wollen wir uns jedoch Gottes Willen ergeben. Wenn wir uns an ihn nicht voll Hoffnung klammern dürften, dann müßten wir wahrhaftig verzweifeln.

Eben kommen wir von einem Großappell. Es wurde uns bekanntgegeben, der sowjetische Kriegsminister habe befohlen, daß sämtliche Kriegsgefangene ihre Orden und Ehrenzeichen und alle Rangabzeichen sofort abzulegen haben. Das »Nationalkomitee Freies Deutschland« und der »Bund deutscher Offiziere« wurden aufgelöst. Große Holzkisten wurden aufgestellt, in die wir unsere Auszeichnungen und sämtliche Rangabzeichen einwerfen mußten. Meine Rangabzeichen werden verbrannt; der Russe soll sie nicht haben!

Wir werden politisch geschult in einem Umfang, wie ich es nie erlebt habe. Es finden täglich politische Veranstaltungen statt, Vorträge, Diskussionen, Zeitungsberichte, Feierstunden usw. Wir Jugendlichen bis 25 Jahre müssen zur Zwangsjugendschulung erscheinen. Es gibt auch wöchentlich eine Kriegsgefangenenzeitung, die in Moskau gedruckt wird. Die gesamte Schulung geschieht vollkommen einseitig, voll von kommunistischen Ideen. In der Westzone müssen, wie uns eingetrichtert wird, verheerende Zustände herrschen. In der Ostzone aber und in Rußland ist das Paradies auf Erden. Wie es in Wirklichkeit steht, erleben wir ja täglich in dem »goldenen Sowjetparadies«. »Religion ist Opium fürs Volk«, sagt Karl Marx. Dementsprechend wird auch das ganze Volk erzogen, vollkommen stumpfsinnig, jede religiöse Regung wird unterdrückt.

Von Zeit zu Zeit finden »Kommissionierungen«, das sind ärztliche Arbeitsgruppenuntersuchungen, statt. Das Ergebnis fällt so aus, wie die Russen Arbeitskräfte brauchen. Besonders übel dran sind die chronisch Leidenden, denen man äußerlich nicht viel ansieht. Sie werden Gruppe I oder II, d.h. voll arbeitsfähig, geschrieben. So wurde zum Beispiel Hauptmann von K., der vier Kopfschüsse hat, in die Arbeitsgruppe I zur schwersten körperlichen Arbeit geschickt. Nach ein paar Stunden fiel er bewußtlos um. Nachdem er ein paar Tage im Lazarett gelegen hatte, wiederholte sich dieses Schauspiel noch einige Male. Solche Fälle kommen häufig vor.

Zur Untersuchung selbst müssen wir nackt um den russischen Arzt, oder meist sind es jüdische Ärztinnen, herummarschieren. Dann wird man in den Hintern und in die Rippen gezwickt, ob auch noch etwas Fleisch dran ist, und kann gehen. Mir kommt es jedesmal vor wie bei einer Viehbeschau. – Ich war zuerst in der Arbeitsgruppe I, kam nach einiger Zeit in die Arbeitsgruppe II und später in die III, das bedeutet unterernährt.

Hier im Lager befinden sich viele Zivilisten, die der Russe einfach abtransportiert hat, zum Beispiel solche mit Berufsuniformen, also Eisenbahner, Postbeamte, Feuerwehrleute usw. Auch ein Schweizer Zivilist ist hier. Einen ganz außergewöhnlichen Fall bildet ein Amerikaner, der in Ostpreußen in deutsche Gefangenschaft kam und dann von den Russen einfach ins russische Gefangenenlager gesteckt wurde. Im Lager Demmsen war sogar ein Schwarz-Afrikaner hinter Stacheldraht.

Viele deutsche Kriegsgefangene, die von den Westmächten in die russische Zone entlassen wurden, sind von den Russen wieder in die Gefangenenlager gesteckt worden. Sehr viele alte Männer befinden sich hier; der älteste im Lager ist ein Oberst mit 71 Jahren. Meistenteils sind es von der Wehrmacht entlassene Reserveoffiziere.

Einige Hundert Versehrte müssen hier schmachten. Man sieht traurige Bilder, wie Kameraden auf ihren Krücken nachts 15 bis 20 Mal auf dem Eis oder im hohen Schnee zum Klosett humpeln müssen.

Die Esten sind uns sehr freundlich gesinnt. Viele von ihnen sprechen deutsch. Sie haben unter der russischen Herrschaft sehr stark zu leiden. Unzählig viele Russen kommen in ihr Land und stehlen alles, was sie nur erwischen können. Ein Bauer erzählte mir, daß die Russen auf seinem Hof eines Nachts das ganze Vieh gestohlen haben. Sogar uns Kriegsgefangene betteln die Russen an, wo wir doch selber nichts haben.

Das ist Rußland, das reichste Getreideland Europas! Das Volk hungert genauso wie die »Woina-Plenis«, die Gefangenen. Auf der anderen Seite wird aber exportiert was das Zeug hält, um immer mehr rüsten zu können. Das ist der wahre Sozialismus in Rußland.

WALK, DEN 18. NOVEMBER 1945

Seit dem 15. November liege ich mit einer schweren Grippe im Lazarett. Die höchste Temperatur, die ich hatte, war 40,3 Grad. Das Lazarett ist ein hygienisches Drecknest!

WALK, DEN 2. DEZEMBER 1945 – ADVENT

In der Heimat rufen die Adventsglocken unsere Lieben zum Gotteshaus. Auch wir in der Ferne hören die Glocken. Im Geiste sitzen wir mit unseren Angehörigen am Adventskranz. Die brennenden Kerzen verbinden uns eng mit der Heimat. Advent! – dieser Ruf hat noch nie so stark und sehnsuchtsvoll in unserem Innern geklungen wie hier in der Gefangenschaft. Es ist der Ruf nach dem Frieden in der Welt, nach einem Erwachen unseres geknechteten Vaterlandes und nach persönlicher Vervollkommnung. Unsere ganze Gefangenschaft ist ja nichts anderes als ein einziger Advent, eine Exerzitienzeit fürs Leben, eine Sehnsucht nach dem Reich Gottes. Ist das nicht eigentlich der tiefste Sinn unseres Lebens?

Wir liegen hier in großen Pferdeställen, in die lange, dreistöckige Holzpritschen eingebaut wurden. Etwa 1000 Offiziere liegen in einer Baracke. Nur knapp 40 Zentimeter Platz steht dem Einzelnen zur Verfügung. Wir können nicht auf dem Rücken liegen, sondern nur seitlich, und müssen uns in der langen Reihe nachts auf Kommando umdrehen. Unser Lager bildet das blanke Holz. Jeder von uns hat wundgelegene Beckenknochen. Ein paar Holzstücke, die wir irgendwo aufgelesen haben, bilden das Kopfkissen.

Durch die kleinen Luken dringt so wenig Licht, daß es dauernd dunkel ist. Es regnet regelrecht von Wanzen. Läuse und ein unzähliges Heer von Flöhen vergrößern die Plage. Und nachts werden unsere Ohren und Nasen oft von Ratten angenagt.

WALK, DEN 12. DEZEMBER 1945

Dunkel und Ungewißheit umgibt uns; wir sind in der Verbannung, völlig abgeschnitten von der Außenwelt und unserer Freiheit beraubt. Wir wissen nichts von unseren Angehörigen. Wie haben sie den Einmarsch der Alliierten überstanden? Sind sie überhaupt noch am Leben? Ist das Elternhaus noch ganz? – In dieser Lage stehen wir im Advent. Noch keiner von uns hat den Ruf nach dem Licht so stark gespürt wie hier. Wann kommt dieses Licht, das die Nacht durchbricht? Gibt es denn überhaupt noch den Frieden des Lichts in der Welt, die uns heute vorkommt wie ein brodelnder Hexenkessel, in dem es gärt von Haß und Zwiespalt und der jeden Augenblick explodieren kann?

WALK, AM 3. ADVENTSSONNTAG 1945

Christsein in gesicherter Position ist keine Kunst; in Not und Gefahr aber Christ zu sein, das ist schwer. Wir müssen stärker sein als die Dinge um uns herum, indem wir unser Schicksal bejahen und bezwingen.

Das Licht leuchtet in der Finsternis

WEIHNACHTEN 1945 IM RUSSISCHEN KRIEGSGEFANGENENLAGER WALK AN DER ESTNISCH-LETTISCHEN GRENZE, NAHE DES FINNISCHEN MEERBUSENS

Zuvor ein unvergeßliches Erlebnis. Ein mitgefangener Priester hat eines Nachts heimlich zelebriert. Im Schutze der Dunkelheit teilt er uns, einem kleinen Kreis junger Christen, in einer abseits gelegenen Blockhütte die heilige Kommunion aus. Ringsum haben wir Posten aufgestellt, um vor Überraschungen der Russen und der deutschen Spitzel gesichert zu sein. Zu zweien betreten wir die Hütte, wo uns der Priester die lateinischen Worte zuflüstert: »Corpus domini nostri Jesu Christi custodiat animam tuam in vitam aeternam.« (Der Leib unseres Herrn Jesus Christus bewahre deine Seele zum ewigen Leben.) So vollzieht sich hier inmitten der losgelassenen Hölle dieses Wunder. Es kommt uns vor, als würden wir, wie die Hirten von Bethlehem, in die Hütte gerufen, um das höchste Glück dieser Erde zu schauen. Alles verläuft ohne Zwischenfälle. Wir müssen uns aber vorsehen, weil man uns vorwirft, wir würden uns im theologischen Deckmäntelchen faschistisch betätigen.

Heiliger Abend 1945

Mit Meißel und Hammer muß ich am lettischen Bahnhof Steine klopfen. Es ist 16 Uhr. Durch das Klingen des Meißels höre ich die Glocken meiner Heimatkirche das Fest einläuten. Spätabends marschieren wir ins Lager. Auf dem Weg dorthin halten wir am Haus des russischen Ingenieurs kurz an. Er errechnet uns die Prozente unserer Arbeit, von der unsere Verpflegung abhängt. In dem Haus gegenüber wohnt eine junge lettische Frau, deren Mann als Strafgefangener in Sibirien ist. Das haben einige von uns irgendwoher erfahren. Uns zuliebe hat sie am Fenster ein Christbäumchen aufgestellt und zündet nun, als sie uns dort stehen sieht, die Kerzen an. Mit ihren beiden Kindern auf den Armen winkt sie uns freundlich zu.

»Dawai, marsch!« befiehlt der Posten, und es geht weiter. Leise singen wir das Lied von der Heiligen Nacht vor uns hin. Auf dem Weg zum Lager begegnen uns einige betrunkene Männer, die johlend an uns vorbeitorkeln. Müde und hungrig kommen wir an. Die Russen benützen diesen Tag, um uns besonders zu schikanieren. Bevor wir in die Baracken gehen dürfen, ist zuvor noch Entlausung. Ausgerechnet heute! Die Klamotten kommen in die Heißluftkammer. Uns selber werden am ganzen Körper die Haare abrasiert, und dann geht's in das siedendheiße Loch.

Nun endlich haben wir Ruhe. Hungrig bekommen wir eine dünne Fischsuppe, die uns noch hungriger macht. Zu später Stunde dürfen wir in die Baracke. Otto, der an einem faustgroßen Furunkel im Nakken leidet und nicht zur Arbeit mußte, hatte schon ein kleines Bäumchen geschmückt. Ganz oben, auf dem dritten Stock der Pritsche, sitzen wir eng beisammen. Ich habe ein kleines Kripplein gemalt, das wir unter dem Bäumchen aufgestellt haben.

Mit angezogenen Beinen hocke ich auf der Pritsche und betrachte das kleine Tannenbäumchen, das Otto unter Todesgefahr vom Wald mitgebracht hat. Das verlief so: Eine gewisse Anzahl von Gefangenen mußte am Sonntag zwölf Kilometer durch den Wald marschieren, und das bei Eis und Schnee (!), und jeder einen Baumstamm ins Lager schleppen. Blitzschnell hat Otto mit einem verbotenen Küchenmesser ein auf dem Hinweg ausgekundschaftetes Bäumchen abgeschnitten und unter der Jacke versteckt. Jeder, der bei diesem Höllenmarsch mitmachen muß, sieht aus wie der kreuztragende Christus.

Einige selbstgebastelte Öllämpchen verbreiten einen schwachen Schein in der Baracke. In unseren Herzen aber ist es hell, denn wir wissen, daß das Licht auch zu uns in den elenden Stall kommt. Und nun fängt einer an, ganz leise das Lied von der Heiligen Nacht zu singen. Bald braust es aus 1000 Herzen wie ein einziger Schrei voller Sehnsucht empor zum Himmel: »Christ, der Retter, ist da!«

WALK, DEN 26. DEZEMBER 1945 – STEFANSTAG

Nicht in Reichtum und Prunk kam das Kind zur Welt, sondern in tiefster Not und Armut. Christus spürte die Welt vom ersten Tag an in ihrer Härte. Und weil wir uns hier in ähnlicher Lage befinden, kam uns das Licht so wunderbar nahe, und daher kam auch das Kind zuerst zu uns, wie damals zu den Hirten von Bethlehem, die auch in tiefster Nacht das Licht und den Frieden herbeisehnten.

Nicht sentimentale Gefühlsträumereien, sondern Bejahung des Schicksals und treue Nachfolge durch alle Bitterkeit des Lebens hindurch fordert das Weihnachtsgeschehen von uns. Wie tröstlich ist es, trotz Not und Sorge froh sein zu können. Das vermögen wir aber nur durch ein Leben der unermüdlichen Nächstenliebe. Solange die Liebe nicht in den Menschenherzen ist, so lange wird die Welt keinen Frieden kennen.

In unserer Gruppe wurde ein wunderschönes Weihnachtsspiel vorgelesen, das ein evangelischer Pfarrer hier in Gefangenschaft auf Papier von Zementsäcken geschrieben hat. Papier für unsere Aufzeichnungen herzubekommen ist äußerst schwierig. Ich tausche oft ein Stückchen Brot ein für ein paar Blatt Packpapier.

Draußen war dunkle, tiefe Nacht. Kein einziger Stern stand am Himmel. Der Mond kämpfte mit der Finsternis, konnte aber nicht durchdringen mit seinem Schein. Wie seltsam! Ist denn die Welt so elend schlecht, daß ihr nicht einmal in der Heiligen Nacht ein Licht leuchtet? Vielleicht war dies ein Zeichen der Mahnung an die Menschheit, die keinen Frieden und keine Liebe mehr kennen will.

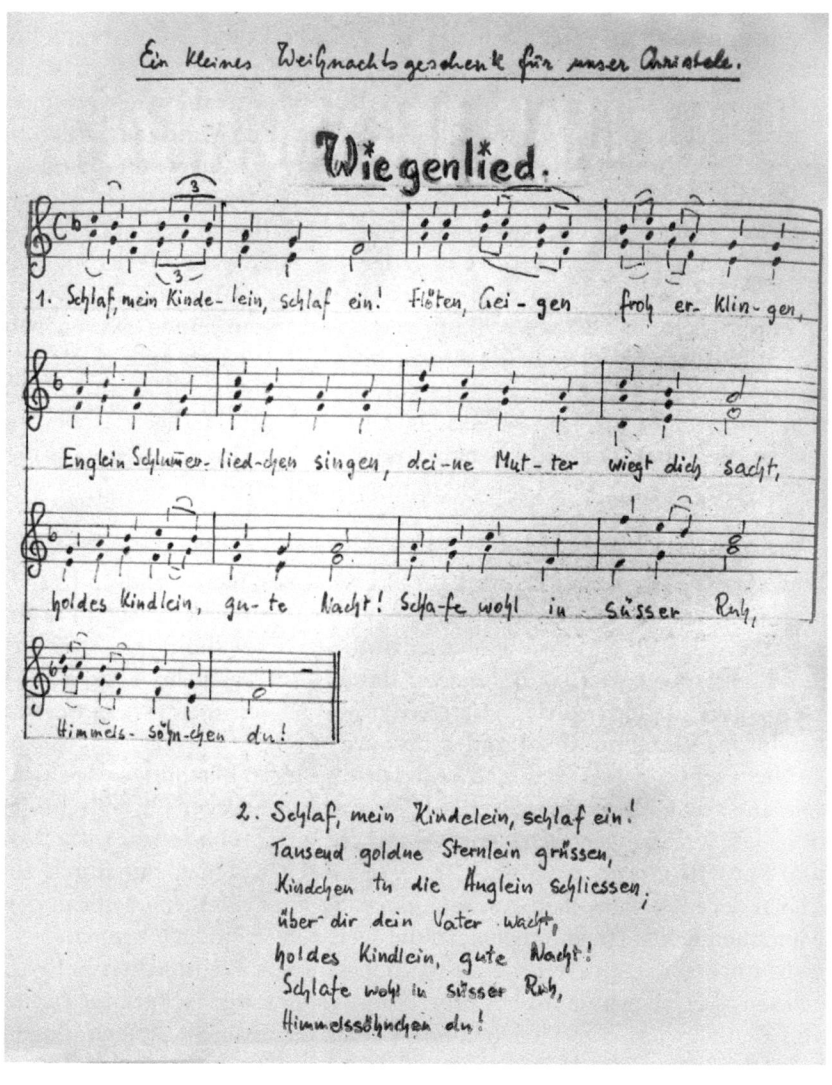

Die Heilige Nacht verbrachte ich mit Otto, Gustav und Eugen zusammen. Als ich am Weihnachtsmorgen erwachte, glaubte ich die Heimatglocken läuten zu hören, und im Geiste ging ich mit meinen Lieben zum Engelamt.

Im Laufe des Weihnachtsmorgens besuchte ich Hans und Joseph, zwei gute Kameraden, in der Nachbarbaracke. Sie haben auch ein kleines Kripplein aufgestellt und ihren Platz mit Tannenzweigen geschmückt.

Gottesdienste oder Andachten abzuhalten wurde uns auch nach nochmaligen Versuchen nicht gestattet. In vielen Lagern durften nicht einmal Weihnachtslieder gesungen werden. Am Weihnachtsabend fand eine Weihnachtsfeier statt, in der Major R. über Weihnachtsbräuche sprach. Der Kammerchor sang wunderbare Lieder. Mit dem gemeinsamen Lied »Stille Nacht, heilige Nacht« klang das Weihnachtsfest aus. Am zweiten Weihnachtstag ging es wieder an die Arbeit. Den ersten Feiertag mußten wir am Sonntag darauf hereinarbeiten.

WALK, DEN 31. DEZEMBER 1945 – SILVESTER

Die letzte Stunde des Jahres. Jeder Tag war hart und kampfreich, und jeder von uns hatte schwere und tiefe Erlebnisse. In solch großer Not waren wir noch nie gestanden. Doch Gott ist uns noch nie so nahe gekommen wie gerade jetzt, und dafür wollen wir ihm, dem Unerforschlichen, heute am Jahresschluß von ganzem Herzen danken.

Wie schnell vergeht die Zeit und wie kurz sind die Jahre! Wir müssen jede Minute nutzen, denn diese kurze Zeit unseres irdischen Lebens bestimmt unsere Ewigkeit. Wie gewaltig ist Gott, vor dem 1000 Jahre wie ein Tag sind. Er ist zeitlos, ewig, und wie klein kommt uns da dieses kurze Erdenleben vor, dem sich eine Ewigkeit anschließt. Sind wir Menschen nicht töricht, wenn wir auf der Brücke zu dieser Ewigkeit sitzenbleiben, anstatt mutig darauf fortzuschreiten und dem Lichte entgegenzugehen?

WALK, DEN 1. JANUAR 1946 – NEUJAHR

Mutigen Herzens gehen wir neuen Hoffnungen entgegen in diesem neuen Jahr. Das Licht muß die Herzen der deutschen Menschen wieder erhellen und allen Menschen und Völkern Frieden und Liebe bringen. Das sehnen wir voller Hoffnung herbei.

Den gestrigen Silvesterabend verbrachten wir wieder im Kerzenschein unter unserem Christbäumchen. Ich habe ein neues und schöneres Kripplein gebastelt, das uns alle erfreute. Otto bereitete uns die »Tafel«: Brotstückchen, die er mit Zucker bestreute, legte er sinnvoll auf einem Brett aus. Die Mitte verzierte ein vierblättriges Kleeblatt mit Glückspilzen. Es ist ein Sinnbild unserer Freundschaft: Gustav, Eugen, Otto und ich.

WALK, DEN 13. FEBRUAR 1946

Gustav feierte heute seinen 27. Geburtstag. Ich habe ihm einen kleinen musikalischen Geburtstagsgruß geschenkt. Abends finden bei uns öfters »Barackenabende« statt, so zum Beispiel gestern ein Bachabend mit wunderbarer Hausmusik, gestaltet von ein paar Kameraden, die auf einigen ganz primitiven Instrumenten, die sie selbst gebastelt haben, die herrlichen Werke des großen Meisters spielten. Sämtliche Noten hat ein Musiker im Kopf auf Papier gebracht.

Dr. B., ein katholischer Theologe, hält viele Barackenabende ab. Er erzählt Theodor Storms Novellen mit einer erstaunlichen Klarheit und Schönheit frei nach. Auch über Homers Odysee und Ilias hält er Abende ab. Es ist erstaunlich, was bei 24000 gefangenen Offizieren alles zutage kommt. Wir haben viele Hochschullehrer und Professoren unter uns. Es ist eine ungeheure geistige Kapazität, die hier im Lager schmachtet.

Ich habe bisher kaum erwähnt, wie schwer der ständige Hunger an uns nagt und wie sehr wir hier schikaniert und gedemütigt werden. Es ist menschenunwürdig, wie man uns behandelt.

Ein großartiges Erlebnis war »Das deutsche Volkslied«, gestaltet vom Kammerchor unter Stabsmusikmeister W. Auch der »Mozartabend« unter Mitwirkung des Chores und der Kammermusik war unvergeßlich. Es sind im Lager auch Theatergruppen aus unseren Reihen entstanden. So spielte eine Gruppe Goethes »Egmont«, Schillers »Räuber«, einige Sketche, unter anderem »Det is Berlin«, und als unvergeßliche Glanzleistung »Kabale und Liebe« von Schiller. Es existieren auch eine österreichische und eine ungarische Theatergruppe.

Major H. rezitierte Goethes »Faust« und Kamerad H. hielt sehr schöne Abende über große Tonkünstler ab. Konrad W. komponierte eine »Fischerkantate«, die sein großer Chor unter Begleitung des Kammerorchesters vortrug.

Wir befinden uns alle zur Zeit auf einem moralischen Tiefpunkt. Offiziere bis zum Hauptmann werden ab sofort als Mannschaften geführt und in den Arbeitsprozeß eingeschaltet. Das hat das russische Ministerium befohlen. Ich bin beim »Bahnhofskommando«, einem ganz üblen Massenkommando, eingeschaltet. Wir müssen härteste Zwangsarbeit nach unmöglich erfüllbaren Normen verrichten. Unser Arbeitsplatz ist ebenfalls von Stacheldraht umgeben. In dicke Pelzmäntel eingehüllte Flintenweiber stehen zur Bewachung an sämtlichen Zaunecken. Die Kälte ist furchtbar, der Hunger fast nicht zu ertragen. Mit ganz dünnen Wassersuppen müssen wir schwerste körperliche Arbeit verrichten.

Vor einigen Tagen wurden uns wieder die Haare abgeschnitten. Das Heimweh ist in uns allen erneut aufgebrochen in dieser eisigkalten Winterszeit. Wir stehen dauernd im Kampf mit unserem harten Schicksal. Manchmal wird man fast erdrückt von der Schwere, man bezwingt die Dinge nicht mehr, alles scheint hoffnungslos! Man muß die ganze Bitterkeit der Not auskosten bis auf den Grund, man will sich aufbäumen gegen dieses grausame Schicksal – und doch, ein kurzes Besinnen auf den Sinn unseres harten Gefangenenlebens führt uns langsam wieder zum Gleichgewicht zurück; und wenn wir Gott nicht hinter diesem Schicksal sehen würden, dann müßten wir verzweifeln. Voller Sehnsucht greife ich in diesen grauen Tagen nach seinem Buch.
»Seid fröhlich in der Hoffnung, geduldig in der Trübsal!« (Röm 12, 12)

Wir haben Geduld gelernt, das schwere Warten in dieser hastigen Zeit. Ich habe mir jetzt vorgenommen, mir in meinem Leben Zeit zu lassen. Ich werde in Zukunft langsamer, dafür aber gründlicher arbeiten und umso mehr in die Tiefe gehen. Ich werde nichts herbeizwingen, denn das ist unnatürlich. Ich werde alles harmonisch in mir entwickeln und heranreifen lassen. Ich werde nichts einseitig bloß von der Warte des Berufes aus betrachten, sondern alles mit einem geistigen Weitblick, mit einer Gesamtschau. Dabei wird die musische Bildung eine große Rolle spielen, denn sie ist in unserer von der Technik in seelischer Beziehung verhärteten Zeit außerordentlich wichtig.

WALK, DEN 2. MÄRZ 1946

Schrecklich ist die lichtlose Zeit, das unheimliche Dunkel, das grau und schwarz sich vor uns auftürmt und immer wieder neues und größeres Leid uns aufbürdet. Wenn wir keine Hoffnung auf den Frühling, auf das Licht und die Wärme hätten, müßten wir verzweifeln. Es ist hier in diesen Breitengraden fast ein halbes Jahr lang dunkel oder nur dämmrig.

Der große, eigentliche Arbeitseinsatz beginnt

LEHTSE, DEN 25. APRIL 1946

Am Karfreitag, den 19. April, wurden wir in Walk verladen und nach Reval, der Hauptstadt von Estland, gebracht. In Walk mußten wir noch einige Schikanen erdulden, so wurden uns unter anderem unsere Stiefel weggenommen. Wir bekamen dafür ein Paar Holzpantoffeln, was beim Marsch zum Bahnhof und in Reval vom Bahnhof zur Stadt einen Skandal gab. Die Esten blieben an den Straßen stehen und starrten uns entsetzt und entrüstet an. Sie hatten Mitleid und fühlten mit uns diese Schikanen.

Die Erinnerung an das Leiden Jesu habe ich zutiefst miterlebt. Beim Marsch am Karfreitag wurde mir plötzlich bewußt, daß auch wir auf einem Kreuzweg gehen. Die Russen verhöhnten uns, und so gingen wir arm und in Schmach und Spott unseren Weg ins Ungewisse, doch mit der einen großen Gewißheit, daß wir dem Herrn auf seinem Kreuzweg noch nie so nahe waren.

Wir kamen abends in Reval an. Der erste Anblick dieser alten Hansestadt hat mich tief beeindruckt. Von der Abendsonne beschienen, lag in glutrotem Gold die Altstadt da, mit ihren hohen Mauern, der festen Zitadelle, den Kirchen, Türmen und Zinnen und den alten, hohen Giebelhäusern.

Der Frühling ist da! Auch in meinem Innern ist wieder Seelenruhe und Friede eingekehrt. Doch zuvor mußte ich noch durch einen harten Kampf hindurch. Zwei Wesen standen in dauerndem Ringen miteinander. Ich wurde aufgerüttelt, durcheinandergeworfen und zutiefst unglücklich, bis endlich das Gute siegte und Ruhe und Seelenfriede wieder eintraten. Nun bin ich froh und glücklich und mit Jesus Christus auferstanden zu einem neuen Leben. Der Frühling ist in mein Herz gezogen, ich spüre wieder neue Kraft und frischen Lebensmut in mir und den festen Willen, mein hartes Schicksal zu bejahen und froh mein Kreuz auf mich zu nehmen. Schon längst ist mir bewußt geworden, daß unser ganzes Leben ein einziger Kreuzweg ist und daß wir nur durch restlose Nachfolge zur Auferstehung gelangen können.

Wir kamen in Reval in ein sehr gutes Lager, in dem es genügend Brot zu essen gab. So etwas kam uns ganz unwahrscheinlich vor; wir konnten fast unseren Augen nicht trauen! Leider war diese Freude nur von viertägiger Dauer.

Am 23. April, Dienstag nach Ostern, wurden wir auf LKWs verladen und hierher gebracht. Lehtse liegt südlich von Taps. Wir befinden uns hier in einem Torflager, ganz abgeschlossen von der Welt. Hier gibt es keine Straßen und Wege mehr, nur noch Feldbahnen durch die endlosen Moore, Sümpfe und Wälder. Zur Arbeit wurden wir noch nicht eingesetzt. Sie soll sehr anstrengend und sehr schwer sein, doch wir werden es schon schaffen.

Auf der Fahrt hierher fuhren wir an der Ostsee entlang. Die endlose Weite des Wassers hat ein Gefühl der Freiheit in uns wachgerufen. Meine Seele wurde erquickt und ganz erfüllt beim Anblick dieser Weite, da doch bisher nur Enge uns umgab.

Am Abend sah ich zum ersten Mal das Nordlicht. Großartig war das Flackern der Lichtreflexe anzusehen, einmal wie Scheinwerfer, dann wie züngelnde Flammenzungen; ein wunderbares Naturspiel in prächtigen Farben!

LEHTSE, DEN 29. APRIL 1946

Die Arbeit war gestern sehr schwer und anstrengend. Wir schaufelten ununterbrochen den schweren Moorboden in die Maschine. In Rußland muß jegliche Arbeit nach Norm verrichtet werden, seien es auch die geringsten Verrichtungen, wie zum Beispiel einen Nagel einschlagen usw. Zur Prozentberechnung gibt es zahlreiche dicke Schmöker, in denen sich natürlich kein Mensch wegen der vielen Klauseln zurechtfindet. Wenn wir unsere Norm (100 Prozent) erfüllen, bekommen wir normales Essen: einen Schöpflöffel voll Wassersuppe und ein Stückchen Brot, d. h. es ist ein Teigklumpen. Und das dreimal am Tag. Ein Vierteljahr hindurch stets die gleiche Suppe, zum Beispiel mit ein bißchen Graupen darin oder Kartoffelschalen, manchmal auch Fischköpfe usw.

Unsere Norm ist, 16 800 Steine (= Torfstücke) zu fördern. Gestern schafften wir in einem mörderischen Tempo 15 800. Soviel hat noch keine Arbeitsbrigade bei ihrem ersten Einsatz gemacht. Die Normarbeit macht den Menschen zu einer Zwangsmaschine.

LEHTSE, DEN 4. JUNI 1946

Wir müssen arbeiten, immerzu arbeiten, ohne Ruhe! Wir kennen keinen Sonntag, es gibt für uns keinen Feiertag mehr, jeden Tag wird gearbeitet. Vergangenen Donnerstag war Christi Himmelfahrt, nächsten Sonntag ist Pfingsten. Nur noch ein kurzes Gedenken an die Heiligkeit der Sonn- und Feiertage ist uns bei der anstrengenden Arbeit möglich.

Ich denke zurück an das Lager Walk, wo mir Otto auf der Pritsche im dritten Stockwerk Alt-Griechisch beigebracht hat. Das ist eine wunderschöne Sprache, die Sprache des Geistes! Ich brachte es soweit, daß ich das Neue Testament übersetzen konnte. Ein Kamerad hat nämlich eine griechische Ausgabe des Neuen Testaments, das wir uns für kurze Zeit ausgeliehen hatten. Trotz ständiger Filzung gibt es noch verborgene Schätze unter uns. Immer wieder finden wir Verstecke für unsere schriftlichen Aufzeichnungen. Und wir hoffen, diese auch nach Hause zu bekommen. Aber wann wird das sein?

Am 2. Juni schafften wir an unserer Maschine den absoluten Rekord von 33700 Steinen; das sind 200,7 Prozent. Der Russe hat es geschickt angefangen, uns zur Arbeit anzutreiben. Er verspricht irgendetwas zum Essen, wenn wir soundso viel Prozente machen. Wir dummen deutschen Michel sind immer noch nicht klug geworden!

Zehnstündige Schichten haben wir. Da bringt es unser Natschalnik noch fertig und fragt uns, ob wir nicht elf Stunden arbeiten möchten! – Wir leben nur noch wie die Tiere: arbeiten, essen, schlafen! Etwas anderes kennen wir nicht mehr, denn zum geistigen Arbeiten sind wir viel zu müde.

Ich hatte einen ganz bösen Hexenschuss, der so schlimm war, daß ich nicht einmal mehr die Schuhriemen lösen konnte. So bekam einer nach dem andern von uns ein Rückenleiden; alle, die in der Grube arbeiten mußten, mit Ausnahme von Gustav B.

Ich denke viel über die Verhaltensweise von uns nach. Niemals darf man bei plötzlichen Gefühlsäußerungen eines andern oder durch das Äußere eines Menschen Abneigungen gegen diesen empfinden. Man muß frei und offen zu seinem Herzen durchstoßen und sein Inneres bis auf den tiefsten Grund zu erkennen versuchen. Manchmal ist Nachgeben besser, als mit Donnergetöse gegen jemand anrennen. Man sollte sich angewöhnen, sachlich und in aller Form zu reden und nicht gedankenlos und rein gefühlsmäßig nur so daherzuplappern. Besonders wichtig scheint mir zu sein, daß man nicht da drauflos schimpft, wo es nicht angebracht ist, sondern an anderer Stelle, wo es mehr Überlegung bedarf.

Kalte Winde heulen von der See her über dieses rauhe nordöstliche Land. Wie wogende Schiffe, die von Norden kommen, ziehen sie heran. Dichte Nebelschwaden hängen bleischwer am schwarzen Moor. Doch es gibt auch Tage, an denen die Sonne heiß und unerbittlich auf die Erde sticht, so als wolle sie das ganze Land aufsaugen. Schwere dunkle Gewitterwolken bilden sich dann in kurzer Zeit über dem Moor, und plötzlich regnet es in erquickenden Güssen. Es ist ein ewiger Kreislauf der gewaltigen Wassermassen. Bisweilen, wenn die Sonne nach dem Regen die schweren, zerfetzten Wolkenmassen durchbricht, zieht der Nebel wie ein feiner, durchsichtiger Schleier, weiß, zart und seiden, ja wie der Hauch Gottes, über das dampfende Gewässer. Seltsam herb und schwer, geradezu erdrückend schwer, ist die Luft nach solch einem Regen. Sie ist erfüllt von den scharfen und herben Gerüchen der Heideflora.

Man findet hier im Moor keine prächtigen Blüten in südlicher Pracht und Üppigkeit, sondern nur unscheinbare, kleine und zähe Gewächse, die wie die Menschen dieser Gegend hart und widerstandsfähig sind und in dauerndem Kampf mit den Naturgewalten um ihr Dasein ringen müssen.

Da steht zum Beispiel der scharf und herb riechende Rosmarin. Hier blüht ein zartrotes Blümlein, das aussieht wie unser Maiglöckchen; ich würde es Heideglöckchen nennen. Und dort verbirgt sich ein weißes Blütenkind in den dunklen Rissen des Moorbodens, ähnlich unseren Erdbeerblüten, dem ich den Namen Moorröslein geben würde.

LEHTSE, DEN 10. JUNI 1946

Feierabend am Pfingstmontag! Gestern, am heiligen Pfingstfest, hatten wir Arbeitsschicht bis 21 Uhr. Und heute war Schichtwechsel; um 1.30 Uhr in der Nacht war Wecken, also nur viereinhalb Stunden Pause! O dieses Land, das uns keine Stunde Ruhe gönnt, das keine Zeit mehr findet, um Gott die Ehre zu geben.

Eine ganz wichtige Erkenntnis: Man sollte die Menschen so nehmen, wie sie sind, nicht wie man wünscht, daß sie sein sollten.

LEHTSE, DEN 12. JUNI 1946

Immer wieder schieben sich dunkle Wolken zwischen uns und die Heimat, die so unendlich weit von uns entrückt ist. Schwerer und drückender wird unser Schicksal; es ist von wilden Stürmen und dunklen Gewittern umgeben. Dieses harte Schicksal mit Frohsinn zu begehen und mit frischer Kraft zu bezwingen, ist wahrhaftig nicht leicht.

LEHTSE, DEN 26. JUNI 1946

Wenn man jemanden erziehen will, darf das nicht durch viele Worte geschehen, durch ängstliche Ermahnungen, durch ein allgemeines Geschwätz, durch dauernde Beschulmeisterung oder durch Humanitätsduselei, sondern durch knappe, reale und überzeugende Worte sollte der zu Erziehende zur Begeisterung gewonnen werden, so daß er plötzlich von selbst, aus sich heraus, Feuer fängt und den richtigen Weg wählt. Man muß den jungen Menschen heranreifen lassen, ihm ein praktisches Beispiel geben und ihn so ganz allmählich gewinnen. Man soll ihm durch das Beispiel nur den Anstoß geben, so daß er selbst das Gute findet.

Meine Verwundungen machen mir zur Zeit bei der schweren Arbeit sehr große Beschwerden. Ich muß mit aller Gewalt auf die Zähne beißen, um diese körperlichen und seelischen Strapazen tragen zu können. Jeder Tag bedeutet einen gewaltigen Kampf gegen dieses harte Schicksal.

LEHTSE, DEN 30. JUNI 1946

Heute darf ich meinen 23. Geburtstag begehen, den zweiten in der Gefangenschaft. Mein Leben steht in Gottes Hand. Er wird mich mit seiner starken Hand durch all die Schicksalskämpfe sicher hindurchführen. Dieses große Vertrauen ist ganz tief in mein Inneres eingegraben. Je härter die Not, die Stürme und die Kämpfe sind, durch die ich mich hindurchbeißen muß, desto stärker und widerstandsfähiger macht ER mich, desto näher kommt Gott zu mir und desto tiefer brennt sein Licht in meiner Seele.

LEHTSE, DEN 16. JULI 1946

Ich habe tiefes Heimweh. Das Sehnen nach der Heimat verzehrt mich fast. Mit drei Kameraden hatte ich einen Plan ausgearbeitet, um auszureißen. Die Vorbereitungen waren alle getroffen, doch es ging nicht. Wochenlang habe ich kaum ein Auge zugemacht, immer waren meine Gedanken mit Fluchtplänen beschäftigt.

Da kommen uns zwei Gefangene zuvor: Sie gehen los, kurz bevor wir ausreißen wollten. Daraufhin greift der Russe zu Maßnahmen, die jegliche weitere Flucht unmöglich machen. Die ganze Brigade, in der die beiden Ausreißer waren, wird eingesperrt. Sämtliche Schuhe, auch Holzschuhe, werden uns abgenommen und wir bekommen Holzpantoffeln dafür, mit denen man nur mit großer Mühe gehen kann. Und noch was: Die Bewachung wird enorm verstärkt.

Unser Lager ist von dreifachen Stacheldrahtzäunen umgeben. Und an jeder Ecke stehen Wachtürme mit schwerbewaffneten russischen Soldaten. Ein Durchkommen ist hier unmöglich. Die einzige Möglichkeit abzuhauen gibt es bei der Arbeit außerhalb des Lagers. Aber auch dort werden wir von russischen Soldaten ganz scharf bewacht. Die russischen Posten, ganz junge Burschen, machen sich einen Spaß daraus, uns Gefangene mit ihren Gewehrkolben zu schlagen.

Der russische Lager-Natschalnik »fängt« uns zur Höchstleistung, indem er uns tolle Versprechungen macht, und wir lassen uns ködern! Wir opfern unsere Gesundheit für die ruhmreiche Sowjetunion, weil wir dadurch ein klein wenig mehr zu essen bekommen, was aber in keinem Verhältnis zur Arbeitsleistung und zum Kalorienverbrauch steht. Unsere Muskeln schwinden zusehends, die Backen sind eingefallen, viele sind nur noch Haut und Knochen. Und immer wieder stirbt einer vor lauter Erschöpfung und Hunger.

Ein russischer Arzt schlägt ein paar Gefangene, die ausgerissen waren und wieder geschnappt wurden, in übelster Weise. Solche Ausreißer werden immer zu halben Krüppeln geschlagen, so daß sie meist einen dauerhaften Schaden davontragen. Sie werden auf den Boden geworfen und die Russen trampeln mit ihren Stiefeln auf ihnen herum und schlagen mit Gewehrkolben auf sie ein, bis sie keinen Mukser mehr machen. Es ist ein grausames Spiel, das da abläuft.

Der Lagerarzt schreibt nur eine gewisse Prozentzahl vom Lager krank. Alle übrigen Kranken müssen mit zur Arbeit. Wenn er diese Bestimmungen einhält, bekommt er von Zeit zu Zeit eine Prämie dafür.

LEHTSE, DEN 18. AUGUST 1946

Es ist erstaunlich, wenn man so hautnah zusammenlebt wie wir, daß man sich gegenseitig bis auf den tiefsten Grund seines Inneren kennenlernt und durchschaut. Es ist unmöglich, daß sich einer verbirgt. Man lernt jeden Menschen kennen, so wie er wirklich ist! Es ist eine Vielfalt unter uns Menschen, die uns in Staunen versetzt.

LEHTSE, DEN 10. SEPTEMBER 1946

O, wie sehnen wir uns nach der Heimat! Wie lange waren wir nicht mehr in der Umgebung von weiblichen Wesen, die geblümte, lustig sich bauschende Kleider tragen! Wann sehen wir wieder Augen, die glänzen und lachen? Wie schön muß es sein, von Menschen umgeben zu sein, in denen ein Strom von Leben ist? Wann dürfen wir wieder in Zimmern und Kammern sein, die voll Liebe und Duft sind und mit bunten Blumen froh geschmückt sind? O Heimat, wie weit bist du uns entrückt?

Ich denke viel über Lebensfragen nach. Hier einige Beispiele:

Man darf sich nicht selbst in die Asche legen, sonst sieht man alles grau!
Das Lachen erfrischt; wir müssen es wieder lernen!
Nie soll man rechthaberisch sein, sondern muß die Meinung und den Standpunkt anderer achten und ehren lernen.
Man soll sich hüten, die Schönheit auf Kosten der Wahrheit höher zu setzen; man muß die nackte Wirklichkeit sehen und darf nichts verschönern. Daher Realismus und nicht übertriebener Idealismus!

Es ist erstaunlich, wie wir hier im Offizierslager, wo so viele Menschen auf einem Haufen beisammen sind, die Erkenntnis gewonnen haben, daß hier alle gleich sind: der Hochschulprofessor, der Oberst, der Psychologe oder Arzt, der Philosoph oder Stabsmusikmeister genauso wie der kleine Leutnant. Da zählt kein Rang, kein Titel oder Berufsstand mehr. Alle sind gleich und keiner kann sich verbergen hinter seinem Wissen und Können. Jeder schaut dem andern ganz tief in sein Inneres hinein. So wie sich einer gibt, so wie er lebt und handelt, so ist er in Wirklichkeit. Hier in der größten Not helfen keine schönen Worte mehr, alles liegt offen und für jeden ersichtlich da. Diese Erkenntnis haben wir hier gewonnen.

Heute veranstaltete die Hafenkapelle von Reval eine Abendveranstaltung mit Gesang, Musik, Tanz und Spiel. War das für uns eine erfrischende Abwechslung!

Die erste Post aus der Heimat!

LEHTSE, DEN 12. SEPTEMBER 1946

Endlich ist diese heißersehnte Stunde gekommen, ich habe Nachricht von meinen Lieben bekommen! Anderthalb Jahre lang habe ich mit bangen Sorgen gewartet. Jetzt weiß ich endlich, daß sie alle noch am Leben sind und daß alles in Ordnung ist. Nun will ich gerne alles froh ertragen, da ich weiß, daß daheim alle gesund sind.

LEHTSE, DEN 25. SEPTEMBER 1946

Bevor man den Charakter eines anderen Menschen zu ergründen versuchen will, muß man sich erst selbst erkennen mit allen seinen Charaktereigenschaften, den guten und den schlechten. Man sollte alles ganz real sehen, nie soll man etwas idealisieren, denn das geht immer auf Kosten der Wahrheit.

Um einen Menschen verstehen zu können, muß man sich in seine Lage hineinversetzen. Es bedarf einer Intuition; man muß mit ihm fühlen. Wir besitzen in uns von sämtlichen Charakteren etwas, das manchmal bloß im Unterbewußtsein in uns ist. Daher sind wir auch in der Lage, uns in das Wesen eines anderen Menschen hineinzufühlen.

Man muß vor jedem Menschen Ehrfurcht haben, selbstverständlich auch vor Kindern, und ganz besonders vor geistig Schwachen, denn jeder Mensch ist ein Geschöpf Gottes. Bei längerem und engerem Zusammensein mit einem Menschen kommt oft eine gewisse Gleichgültigkeit zustande. Diese muß unbedingt überwunden werden, indem man sich zu einer gewissen Distanz zwingt, indem man Ehrfurcht vor dem anderen hat. Die Rede »Das ist ja nur ein Kind!« ist verwerflich, denn gerade dem hilfsbedürftigen Wesen gegenüber ist man zur Achtung und zur Hilfe verpflichtet.

LEHTSE, DEN 29. SEPTEMBER 1946

Meine Aufgabe in der Welt ist, Mensch zu sein. Ich muß nicht so sein, wie mich meine Erzieher oder Eltern wollten, sondern einzig und allein wie Gott mich will. Und er will, daß ich ganz Mensch bin, daß ich »Ich« werde, d. h. mein ureigenstes Wesen suche und danach lebe.

Ich muß die Kräfte, die vielleicht im Unterbewußtsein in meinem Wesen schlummern, wachrufen, immer mehr in mein tiefstes Inneres eindringen und so mein wahres Wesen, mein »Ich«, finden. Nach Gottes Willen und Ordnung will ich als ganz individueller Mensch leben.

In großen Heeren zogen die Wildgänse und die Kraniche nach Südwesten, unserer Heimat entgegen.

LEHTSE, DEN 12. OKTOBER 1946

Einige Gedanken über das Kind.

Prinzip muß sein: Man muß Ehrfurcht vor dem Kind haben. Man darf es nicht geringschätzen, sondern muß es achten. Daher muß man die Fragen des Kindes ernstnehmen und helfen, daß es die Antwort findet, daß es mitdenkt und nachforscht. Man muß die Kinder viel erzählen lasssen und selbst mit gutem Beispiel vorangehen.

Man darf aber kindliche Sprachfehler, Ausdrücke und Redewendungen nicht belächeln und korrigieren, sonst verliert das Kind die Lust und Neigung zum Erzählen. Nur das Kind hat Freude am Erzählen, das alles in seiner Sprache und in seiner kindlichen Art sagen darf, dem kein verkehrter, selbstgemachter Ausdruck übelgenommen wird.

Kinder sind wie Wachs, besonders in Stunden des stillen Familienglückes. Das ist die Zeit, wo in die Kinderherzen der Samen alles Guten, Edlen und Schönen gesät werden kann und soll, und wo Worte ihre Wurzeln tief in die Seelen senken – und ihren Segen werden die Kinder spüren bis zum Lebensende.

Das Verlangen der Kinder nach Märchen und Geschichten beweist, wie durstig die Herzen sind nach Schönheit und allem Guten. Und wer mit Takt die Sehnsucht des Kindes zu nutzen weiß, der gewinnt sein Herz und kann sein Inneres formen und gestalten. Die Erziehung der Kinder ist mit Hilfe der Literatur, besonders der Dichtung, die natürlichste und ungezwungenste.

Man sollte nicht moralisieren, ständig ermahnen und predigen. Die Kinder merken die Absicht und werden verstimmt oder abgestumpft.

Man muß dem Kind in immer neuen Bildern das Wahre, Schöne und Gute zeigen und ihm selber die Wahl überlassen. Instinktiv trifft es das Richtige. Je besser es dem Erzähler gelingt, seine erzieherische Absicht zu verstecken, je unbefangener, je objektiver er erzählt, umso sicherer und nachhaltiger wird der gewünschte sittliche Einfluß einer derartigen Erzählung sein.

Zwang und Strenge machen die Kinder unselbständig. Sie bewirken, daß das Kind seine Fehler aus Furcht vor Strafe scheu verbirgt. Aber dieses scheue Verbergen ist nur ein Unterdrücken der Fehler, keine gründliche Heilung. Das Kind beugt sich zuletzt sklavisch den ewigen Verboten und wagt überhaupt nichts mehr oder tut unbekümmert das, was es einem inneren Zwang nach tun muß. Eine Moral, die gepredigt werden muß, ist Unmoral! Moral muß vorgelebt werden, und wenn das nicht immer möglich ist, muß sie angeschaut werden im Leben selbst.

Mit der Freude ist es so ein eigenes Ding. Die Sonne, die im Herzen scheint, muß von Zeit zu Zeit auch einmal untergehen, gerade wie die Sonne am Himmel. Auch im Herzen gibt es verschiedene Wetter, auch da gibt es säen und ernten, Frost und Hitze, Sommer und Winter, Tag und Nacht.«

Wir reden mit Kindern viel zuviel über Gott und göttliche Dinge und dadurch bewirken wir, daß sie von Gott und göttlichen Dingen nichts erleben. Daher bleibt ihnen Religion Hypothese und wird ihnen nicht zur unumstößlichen Wahrheit. Ein starkes, bewußt religiöses Leben aber ist die stärkste Kraft im Menschen. Ohne freiwillige, aus tiefinniger Neigung erfolgte Anerkennung Gottes ist keine Befreiung aus dem engen Zirkel, in den uns unsere fünf Sinne spannen, möglich.

LEHTSE, DEN 20. OKTOBER 1946

Meine lieben Kameraden, Gustav B. und Eugen H., sind weggekommen. Beide sind mir sehr ans Herz gewachsen. In ihnen habe ich Kameraden und Freunde fürs Leben gefunden.

Ich habe wieder Post bekommen. Mein bester Kamerad, Paul B., lebt noch! Er war seit Juli 1944 vermißt. Das bedeutet für mich eine ungeheure Erleichterung! Er hat sich zu Hause aus der russischen Gefangenschaft gemeldet.

Die rauhen Herbststürme beherrschen mit Macht und Stärke das Land. Wir stehen täglich im Kampf mit den Unbilden des Wetters. Die Arbeit ist hart und schwer. Aber auch schon der Aufenthalt bei diesem Wetter ist ein ständiger Kampf. Hier habe ich die Kraft der Winde und Stürme zum erstenmal so richtig kennengelernt.

LEHTSE, DEN 17. NOVEMBER 1946

Seit einiger Zeit wirke ich bei einer Theatergruppe mit. Es macht mir ganz großen Spaß. Das Auswendiglernen ist für mich kein Problem, es funktioniert wie im Schlaf. Nach wochenlangen Vorbereitungen nach Arbeitsschluß haben wir jetzt die Posse »Der Nachtwächter« von Theodor Körner gespielt. Ich selbst spielte die Hauptfigur, den Nachtwächter, Heinz M. das Röschen, die Muhme des Nachtwächters, Heinz E. und Horst K. spielten die beiden Studenten Wachtel und Zeisig. Die Bühne bauten wir uns selbst. Ich habe ein großes Bühnenbild gemalt, das den Marktplatz einer deutschen Kleinstadt darstellt. Es war ein schönes Gefühl, den mitgefangenen Kameraden diese Freude bereiten zu dürfen.

LOKSA, DEN 25. NOVEMBER 1946

Am 23. November abends kamen wir vom Lager Lehtse weg. In strömendem Regen wurden wir in einem Torfzügle zum Bahnhof gefahren, wo wir die Nacht verbringen mußten. Am 24. November wurden wir dann auf LKWs verladen und hierher gebracht. Loksa liegt am Finnischen Meerbusen zwischen Reval und Narwa. Wir müssen dort im Hafen eine zerstörte Mole wiederaufbauen. Große Steinbrocken müssen wir bewegen und am richtigen Platz deponieren, teils mit Brechstangen, teils mit bloßen Händen. Oft stehen wir bis zum Bauch im eiskalten Wasser. Es ist eine harte und fast unmenschliche Arbeit.

LOKSA, DEN 29. NOVEMBER 1946

Ich muß seelisch kämpfen, um mit der Stärke des Meeres fertigzuwerden. Welch große Macht besitzt der Wind über der Weite des Meeres. Wie mit einem Messer, so schneidet der Wind uns ins Gesicht. Jede Sekunde Aufenthalt hier ist die wahre Hölle.

Gegen Abend, kurz vor Feierabend, sitzen wir täglich auf den riesigen Steinblöcken um das Feuer am Meeresstrand. Gewaltig rauscht das Meer um uns. Der helle Schein des Feuers liegt auf unseren Gesichtern. Kühn schwingen sich die Möwen in der Luft und unruhig flattern die Wildenten über das Wasser.

Ich bin jetzt zu einem Waldkommando gekommen. Täglich fahren wir in der strengen Kälte auf offenen LKWs 24 Kilometer weit in den Wald. Diese Fahrt ist eine regelrechte Tortur. Die Kälte schneidet uns unbarmherzig ins Gesicht. Viele haben die Nase oder das Kinn erfroren. Wir müssen dort im Wald große Bäume fällen, zu zweit mit der Säge und mit einer Axt. Herrlich sind die großen, weiten Wälder. Diese Arbeit fällt uns leichter als die harte Arbeit am Meer, wo wir im eiskalten Wasser standen. Strafgefangene Russen, ehemalige Offiziere, die in deutscher Gefangenschaft waren, müssen neben uns dieselbe Arbeit leisten.

Der Wechsel der Farben des Meeres ist unbeschreiblich. Einmal ist es grün, dann wieder wunderbar blau, und am Abend, wenn die Sonne am Horizont des Wassers untergeht, schillert es in allen Farben.

Heiliger Abend 1946 – Das zweite Weihnachten hinter Stacheldraht

Nach mühsamer Arbeit im Wald sitzen wir schweigend um das Feuer und warten auf den LKW, der uns ins Lager bringen soll. Spätabends werden wir endlich abgeholt. In eisiger Kälte geht es durch die Nacht. Wir kommen an einer estnischen Kirche vorbei, aus der uns ein herrliches Lichtermeer entgegenstrahlt. Es ist wie ein Blick in den Himmel, den wir in den wenigen Sekunden bei der Vorbeifahrt werfen dürfen.

Nachdem wir kurze Zeit im Lager sind, müssen wir zu einer sogenannten »Weihnachtsfeier« antreten. Ein deutscher Aktivist vom Nationalkomitee Freies Deutschland hält eine politische Ansprache. Er spricht vom angeblichen Licht in dem ruhmreichen Sowjetparadies. Seine Worte stoßen auf taube Ohren.

Dann aber feiern wir in unserer kleinen Barackenstube, in der wir mit 35 Gefangenen eingepfercht sind, auf unsere Art Weihnachten. Ich lese das Weihnachtsevangelium vor aus einer kleinen Bibel, die ich wie durch ein Wunder durch die vielen Filzungen und durch zahlreiche Gefahren gebracht habe. Ich spreche zu meinen Kameraden über das wahre Licht, das durch Jesus Christus in unsere Welt gekommen ist.

Wir singen das Lied von der Heiligen Nacht. Unsere Gedanken sind ganz bei unseren Lieben daheim und bei dem, der uns trotz der über 3000 Kilometer, die uns räumlich von unseren Angehörigen trennen, durch seine Liebe mit ihnen verbindet. Hunger, Heimweh und dieses Ungewisse über unser weiteres Schicksal – sie nagen wie ein Wurm an unserem Gemüt. Viele von uns sind schon wahnsinnig geworden.

Die Esten sind prächtige Menschen. Sie helfen uns, wo sie nur können. Ein Kamerad von uns mußte über Weihnachten im Karzer sitzen, weil er von den Esten ein kleines Geschenk angenommen hat.

Loksa, Neujahr 1947

Mit frischem Mut gehe ich frohen Herzens ins neue Jahr. Aufrecht und fest will ich allem, was kommen wird, entgegentreten. Wir hoffen alle, daß unser sehnlichster Wunsch, die Heimat wiederzusehen, in diesem Jahr erfüllt wird.

Gestern, am Silvesterabend, mußte ich bis 23 Uhr im Hafen Ölschiefer aus dem Dampfer »Duhan« entladen. Auch am vierten Adventssonntag und natürlich am zweiten Weihnachtstag mußten wir arbeiten.

LOKSA, DEN 12. JANUAR 1947

Heinz E. und ich halten seit einiger Zeit unter Mitwirkung der Lagermusik sogenannte Balladen-Abende ab. Ich gebe dabei die Einführung und spreche die verbindenden Worte dazu. Es macht uns große Freude, auch wenn wir das bißchen Freizeit, das wir haben, dafür verwenden müssen, manchmal bis spät in die Nacht hinein.

LOKSA, DEN 15. JANUAR 1947

Am 13. Januar marschierten wir spätabends vom Wald bis in eine Ortschaft, weil uns der Lastwagen nicht abholte. Mit Erlaubnis der russischen Bewachung ging ich mit Tilo A., übrigens ein ganz toller, treuer Kamerad, in ein Haus zu den Esten. Wir bekamen dort eine Kohlsuppe vorgesetzt. Der russische Wachtposten lag draußen auf der Lauer. Als wir gegessen hatten, kamen die beiden Wachsoldaten plötzlich hereingestürmt und wollten den estnischen Bauern abführen, weil er uns zu essen gegeben hatte. Schließlich verlangten sie Schnaps, und als der Bauer verschwand, um ihn zu holen, sprangen sie in die Stube und stahlen aus der Tischschublade, was ihnen in die Finger kann.

Auf der Straße stand ein LKW. Die Russen stahlen daraus im Schutze der Dunkelheit drei Kannen. Sie glaubten, es sei flüssiger Honig, und tranken in vollen Zügen daraus. Ein Arzt von uns stellte später fest, daß es Glyzerin war. Den Russen wurde sterbenselend.

Ein russischer Kapitän, der in Lehtse war, klaute dort in einem Lager wie ein Irrer. Als er umzog bestand sein Hausrat jedoch nur aus einem Tisch, zwei Stühlen und zwei Zentner Kartoffeln. Alles, was irgendwie zu gebrauchen ist, wird von vielen gestohlen und weiterveräußert.

Eines Abends war der russische Fahrer, der uns ins Lager bringen sollte, volltrunken. Durch den Wald fuhr er etwa zehn Fichten um. Zuerst scherzten wir darüber, bald wurde es aber ernst. Zum Glück ging alles nochmals gut ab.

LOKSA, IM FEBRUAR 1947

Auch wir empfinden, was ein römischer Kaiser vor nahezu 1800 Jahren gefühlt hat. Hier einige Auszüge aus Marc Aurels »Selbstbetrachtungen«:

»Was jedem Menschen begegnet, hat das Geschick als ihm dienlich angeordnet. Lasset uns mithin derlei Schickungen so hinnehmen wie die Mittel, die ein Arzt verordnet. Schmeckt ja auch unter diesen vieles bitter, und doch heißen wir's in Aussicht auf Genesung willkommen. Denke also das, was die gemeinsame Natur für vollständige Erreichung des Zieles dir bestimmt, als etwas deiner Gesundheit Ähnliches und heiße alles, was geschieht, wenn es dir auch noch so hart erscheint, willkommen, weil es zum Ziele hinführt, nämlich zur Gesundheit der Welt und zum gedeihlichen Wirken und zur Seligkeit des höchsten Gottes. Denn er würde einem Menschen nichts der Art schicken, wenn es nicht dem Ganzen nützlich wäre.

Aus zwei Gründen mußt du also mit dem, was dir widerfährt, zufrieden sein, fürs erste nämlich, weil es dir bestimmt und verordnet wurde und in Verkettung mit einer langen Reihe vorhergegangener Ursachen auf dich irgendwie Bezug hatte; fürs andere aber weil es für den Beherrscher des Ganzen der Grund seines gedeihlichen Wirkens, seiner Vollkommenheit, ja sogar seiner Fortdauer ist.

Denn das Weltganze würde verstümmelt werden, wenn du aus dem Zusammenhang und Zusammenhalt wie der Bestandteile so denn auch der wirkenden Ursachen auch nur das Geringste lostrennen wolltest. Du trennst es aber los, wenn du unzufrieden damit bist und es gewissermaßen wegzuräumen suchst.«

Johann Sebastian Bach schrieb an seinen Sohn Friedemann:

»Du hängst deiner trüben Stimmung zu störrisch nach und wirst dich immer mehr deinen Mitmenschen entfremden. Wenn du wirklich fromm wärest, würdest du im Gottvertrauen Kraft finden, dich erheben aus deiner Betrübnis zur Hoffnung, und dies würde dir Kraft geben, fröhlich zu arbeiten. Das bloße Mühegeben hilft dir nichts. Du quälst dich ab und willst die Arbeit erzwingen, darum glückt sie dir nicht. Ohne innere Frömmigkeit, ohne Hoffnung ist jedes Kunstwerk schon in der Geburt tot.«

LOKSA, DEN 14. FEBRUAR 1947

Ich versuche immer wieder, allen Dingen, und wenn sie noch so sehr vom Düsteren des Alltags umgeben sind, ein klein wenig Freude abzugewinnen.

Ein Mensch, der sagt: »Ich möchte wohl!«, will in Wirklichkeit nicht ernstlich. Man muß in jedem Augenblick des Lebens bereit sein, frisch und froh und mit wahrer Liebe zur Tat zu schreiten. Nie darf man sich von einer Gleichgültigkeit befallen lassen.

LOKSA, DEN 18. FEBRUAR 1947

Mein Leben hier in der Gefangenschaft war bisher nichts anderes als ein immerwährender Kampf der Liebe gegen den Egoismus. Die Auswirkungen des Selbsterhaltungstriebes in der Enge des Gefangenenlebens sind bei sehr vielen Gefangenen grauenhaft; Mißtrauen, Neid, Geiz, Rücksichtslosigkeit usw. sind sehr stark ausgeprägt bei vielen. Es ist erschütternd, wie wenige sich hier zu der reinen, wahren Liebe Mühe geben.

LOKSA, DEN 23. FEBRUAR 1947

Zur Zeit halte ich hier im Lager abends nach der Arbeit öfters Kulturabende auf den Baracken ab, meist mit Kammermusik verbunden; so zum Beispiel Abende über das Nibelungenlied, über das Gudrunlied, über alt- und mittelhochdeutsche Literatur, über Dichter wie G. A. Bürger usw.

Dabei habe ich auch einige Erfahrungen in der Rhetorik gemacht: kurze, knappe Sätze, Nebensätze statt Partizipalkonstruktionen, da diese gekünstelt wirken. Laut und deutlich und nicht zu schnell sprechen. Die Gedanken nicht nur verstandesmäßig vortragen, sondern innerlich mitfühlen und in den Gedanken aufgehen. Schüchternheit und Befangenheit durch ruhiges Sprechen überwinden und dann sich ganz hineinfühlen. Genaueste Gliederung des Vortrages, am Schluß nochmal in knappen Sätzen den Gesamtinhalt wiederholen, ruhige, lockere äußere Haltung, Beine schließen, nicht zuviel mit den Händen sprechen, nicht ins Manuskript hineinstarren, sondern Kopf hoch und zu den Hörern sprechen. Bei Störungen darüber hinweggehen und ruhig weitersprechen. Bei Erzählungen oft die direkte Rede anwenden, das wirkt lebendig.

LOKSA, DEN 9. MÄRZ 1947

Von Mitte bis Ende Februar lag unser ganzes Lager in Quarantäne, weil bei den Zivilisten Fleckfieber ausgebrochen war. Fast täglich war Entlausung und Barackenschrubben, so daß buchstäblich alles in Wasser schwamm. Auch sämtliche Haare wurden wieder am ganzen Körper abgeschnitten, und das nicht nur bei uns, sondern auch bei der russischen Bevölkerung, die Frauen nicht ausgenommen. Die Russen fürchten das Fleckfieber. Es wird von Läusen, die uns zu Hunderten Tag für Tag plagen, übertragen – und auch von den Ratten.

Eine Pflanze, die man übermäßig pflegt und künstlich hochtreiben will, verdirbt nach einiger Zeit. Man muß sie langsam wachsen lassen und ihr immer nur das richtige Maß an Nahrung geben, damit sie sich selbst soviel davon nehmen kann, wie ihr zuträglich ist. Jede übermäßige Pflege ist verderblich.

So ist es auch auf dem Gebiet der Pädagogik. Dem jungen, heranreifenden Menschen soll man nur das Beispiel geben, man soll ihn durch das Vorbild unbewußt hinweisen auf das richtige Ziel, damit er daraus selbst das Richtige erkennt und den für ihn allein richtigen, ganz individuellen Weg erwählt. Natürlich soll man sprechen und unterweisen, wie es für ihn persönlich nötig ist.

Oft ist es doch der Fall, daß die eifrigsten Kirchenbesucher die schlimmsten Heuchler sind. Entweder haben sie sich in völliger Einseitigkeit oder in wahnsinnigem Fanatismus restlos abgeschlossen von allem, was nicht ihre Religion und Kirche betrifft (zum Beispiel andere Konfessionen). Sie erfüllen somit nicht einmal das wichtigste Gebot der Schriften, die Nächstenliebe, weil bei ihnen alles, was nicht die Kirche betrifft, falsch und schlecht ist und von ihnen gehaßt wird.

Die anderen Kirchenspringer sind die, welche nicht aus wahrer Religiosität, sondern nur nach außen hin fromm sind, deren Frömmigkeit also nichts anderes ist als übelste Heuchelei.

»Und wenn ihr Fasten haltet, so dürft ihr nicht trübselig erscheinen, wie die Heuchler. Sie entstellen ja ihr Angesicht, damit die Menschen sehen, daß sie fasten. Du aber, wenn du fastest, salbe dein Haupt und wasche dein Gesicht, damit die Menschen ja nicht merken, daß du fastest, vielmehr nur dein Vater, der im Verborgenen ist.« (Matth 6, 16–18)

So ist es auch bei vielen anderen Dingen: beim Beten nicht scheinheilig Theater spielen, Opfer so bringen, daß sie niemand sieht, Schmerzen durch Frohsinn zu verbergen suchen und bei schwerer, anstrengender Arbeit, wenn der Körper schlapp werden will, scherzen und fröhlich sein.

Liebe und Egoismus liegen oft dicht nebeneinander:

1. Jemand, der Gutes tut und dafür einen Lohn oder eine Vergeltung erwartet, handelt nicht aus Liebe, sondern aus Egoismus.
2. Wer nur deshalb liebt und gute Werke verrichtet, um sich als Wohltäter hinzustellen und sich zu rühmen – dies braucht nicht einmal durch Worte geschehen, ist ebenfalls ein Egoist. Wahre Liebe fordert nichts und bläht sich nicht auf, sondern gibt sich restlos und bedingungslos hin für den Nächsten.

Man darf sich nicht mit Stumpfsinn und Unlust dem Düsteren des

Alltags nahen, sondern muß sich einen inneren Ruck geben und mit Lust, Freude und frischem Mut an alles herangehen!

Ein Gedicht von mir:

> Aufrecht geh dem Kampf entgegen,
> den das Schicksal dir bestimmt,
> Frohsinn soll dein Herz bewegen,
> der dir Sorg und Kummer nimmt!
>
> Laß das Jammern und das Klagen,
> was dir bestimmt, das mußt du tragen!
> Freude, Licht und Sonnenschein
> laß leuchten dir ins Herz hinein!

LOKSA, DEN 2. APRIL 1947

Ich arbeite zur Zeit mit meiner Brigade bei einem Taucherkommando im Hafen. Der Finnische Meerbusen ist bis hinüber nach Finnland total zugefroren. In unserem Hafen ist das Eis 1,5 Meter stark. Auf dem Eis wurde eine Hütte aufgebaut für das Tauchgerät. Wir haben auf dem Eis ein Feuer angezündet, wo sich die Taucher und manchmal auch wir uns ein wenig erwärmen können. Ein großes Loch mußten wir in das Eis hacken. Ein Kran, der die Taucher auf den Meeresgrund transportiert, wurde ebenfalls auf dem Eis installiert. Daran müssen wir einen riesigen Stahlkorb an einer Winde hinunterlassen. Unten im eiskalten Wasser müssen die Taucher große Steinbrocken in den Korb fassen, den wir dann mit vereinten Kräften nach oben transportieren müssen. Die Mole wurde im Krieg zerstört, wobei die riesigen Steinbrocken meist auf dem Meeresgrund versanken.

Wir Gefangene müssen dann die Körbe entladen und mit den Steinbrocken die Mole wieder aufbauen. Dabei stehen wir mit unseren spärlichen Kleidungsfetzen herum und frieren wie die Schneider. Der Wind hier ist etwas ungeheuer Schreckliches. Man meint, er würde uns wie mit Messern ins Gesicht schneiden. Jeder Aufenthalt an der Meeresküste ist bei diesem Sauwetter ein Kampf. Die Sekunden und Minuten wollen nicht vergehen. Es ist unbeschreiblich anstrengend und mühsam. Und das Heimweh nagt in der Seele. Aber wir müssen durchhalten, und ich bin der festen Überzeugung, daß wir es schaffen werden. – Aber vor lauter Sinnieren vergessen wir, unseren russischen Tauchern Luft in die Lungen zu pumpen, sonst ersticken sie dort unten. So weit sind wir nun doch noch nicht gekommen, denn sie sind ja Menschen wie wir und haben ein nicht leichtes Schicksal zu tragen, denn diese Arbeit ist nicht ganz einfach.

Viele nennen sich hier in Rußland »Ingenieur«. Sie haben oftmals nicht einmal die Kenntnisse eines deutschen Meisters, nicht mal die eines Facharbeiters bei uns.

Das russische Stachanov-Normsystem macht die Menschen zu Maschinen. Der Arbeiter muß 100 Prozent erfüllen, um einigermaßen leben zu können. Da aber die Normen allgemein viel zu hoch sind, wird die Arbeit unordentlich ausgeführt, um auf 100 Prozent zu kommen. Das ist der Grund der ungeheuren Pfuscharbeit in Rußland.

Das Siedlungskommando bei uns hatte beim Baumstuppenroden eine Norm, die tagelang keiner erfüllen konnte. Ein Mann sollte an einem Tag sage und schreibe 64 Stuppen roden. Geschafft hat in Wirklichkeit ein Mann ein bis höchstens zwei Stück. Die Russen schlugen Krach wegen »malo prozente«!

Bei einer Lagerversammlung trug ein Dolmetscher die Sache dem Natschalnik vor. Lächelnd gab er zu, daß sich herausgestellt habe, 64 Stuppen sei die Norm für Traktoren! Ein schallendes Gelächter begleitete seine Worte. Aber die arme Brigade wurde auf niedrigste Essensnorm gesetzt und hungerte noch mehr als wir anderen Gefangenen, die eh schon am Hungertuch nagt.

LOKSA, DEN 6. APRIL 1947 – OSTERN

Ich fühle mich am heutigen Osterfest wie neugeboren und bin voller Frohsinn und Zuversicht. Der Herr hat mich zu einem neuen Menschen erweckt; mit ihm bin ich auferstanden zu einem neuen Leben. Er wird mir die Kraft geben, der kommenden Schwierigkeiten des Gefangenenlebens Herr zu werden.

Ich habe heute auf meiner Stube eine verbotene kleine Osterfeier abgehalten. Inhalt: Fausts Osterspaziergang, Ansprache, Gedichte und dazwischen das Oster-Evangelium. Ich wollte auch einige Frühlingslieder mit Gitarrenbegleitung singen. Das »Antifaschistische Aktiv« hat mir aber diese Dinge ausdrücklich verboten. Nach einer Weihnachtsfeier, die ich am Heiligen Abend hielt, gab es einen Riesenspektakel. Und die Mitglieder dieses Aktivs sind mitgefangene deutsche Offiziere!

Meinem »Herzensblümlein«, der kleinen Christa, dem Töchterchen meiner Schwester Wally fern in der Heimat, habe ich das folgende Gedicht geschrieben:

HEIMATFRÜHLING

Schauervolle, eisigkalte Winde sausen
mächtig, hier im fremden Land – mit Sturmesbrausen;
unter starrem, kaltem Eis und tiefem Schnee
liegt versunken und begraben tief die See.

Doch ich weiß ein stilles Plätzchen auf der Welt,
wo von einem blauen Frühlingshimmelzelt
lacht so froh und frei der liebe Sonnenschein;
und vom Schlaf erwacht ein kleines Blümelein.

Oh, wie weht sein Duft so süß mir in mein Herz
von der fernen Heimat her. Und Sorg und Schmerz,
die mich drücken von des Winters kalten Hand,
lindert mir das Blümlein aus dem Heimatland.

LOKSA, DEN 19. APRIL 1947

Heute nacht hat sich hier im Hafen eine Katastrophe ereignet. Das Eis des Meerbusens ist gebrochen. Gewaltige Eisschollen, vom Nachtsturm getrieben, haben die Mole total zerstört. Starke Steinmauern wurden eingedrückt, dicke Eichenbalken sind wie Streichhölzer geknickt worden, ganze Schienenstränge der Klein-Transportbahn wurden einfach ausgerissen und in die Luft geschleudert, Lichtmasten schlugen um, ganze Kräne und ein Dieselmotor liegen auf dem Meeresgrund.

Es ist ein Bild furchtbarer Zerstörung. Wie gewaltig ist Gottes Urkraft in der Natur! Das, was wir Kriegsgefangene in mühevoller Arbeit in einem halben Jahr aufgebaut haben, ist in einer Nacht zerstört worden. Übrigens ist auch die Gerätehütte, die auf dem Eis stand, in der Tiefe versunken.

Eine große Zahl modernster deutscher Maschinen ist hier angekommen. Es handelt sich hauptsächlich um wertvolle Drehbänke und Bohrmaschinen, die die Russen in Deutschland abgebaut und einfach mitgenommen haben.

LOKSA, DEN 1. MAI 1947

Herrlich lacht die Frühlingsonne am heutigen Maientag. Sie kündet das Lob der Gottesmutter, der der Monat Mai geweiht ist. Ich bin der festen Überzeugung, daß sie einmal die im Chaos liegenden Völker wieder zum Lichte emporführen wird. Sie ist uns persönlich ein Vorbild des Glaubens und Vertrauens. Ich denke, an ihrer Hand dürfen wir den Weg durch unser Gefangenenleben gehen.

LOKSA, DEN 10. MAI 1947

Ich lag mit einer Grippe im Lazarett. Man packte mich in eine Holzwollekiste und hüllte mich in lauter dicke Decken ein, so daß ich kaum noch atmen konnte. Dann gab man mir das berüchtigte »blaue Wasser« zu trinken. Und siehe da, nach einer Schwitzkur war ich am Abend wieder geheilt und »durfte« wieder zu meiner Arbeitsbrigade zurückkehren und weiterschuften.

REVAL, DEN 29. MAI 1947

Gestern kamen wir ins Hafenlager nach Reval. Sämtliche kriegsgefangenen Offiziere wurden hier zusammengezogen. Die russischen Offiziere erzählten, wir kämen nach Moskau zu einer kurzen politischen Schulung und würden dann in die Heimat entlassen. Im Lager Pirita wurden die kriegsgefangenen Offiziere von einem russischen Polit-Offizier feierlich verabschiedet. Ob das tatsächlich alles stimmt, wissen wir nicht. Was uns auch noch bevorsteht: Ich lege mein Leben gelassen in Gottes Hand. Er wird mich sicher weiterführen!

An Pfingsten wollte ich im Lager eine Pfingstandacht mit Chorgesang und Kammermusik halten. Alles war schon genau vorbereitet, das ganze Lager war voller freudiger Erwartung. In letzter Minute wurde es vom Antifa-Leiter strengstens verboten.

Ich muß zur Zeit nicht zur Arbeit, weil ich mir vor einigen Tagen beim Steinesetzen an der Mole in Loksa den Finger zwischen zwei großen Steinblöcken gequetscht habe.

Gottes starker Geist gibt uns Gefangenen, denen man die äußere Freiheit geraubt hat, die Kraft, innerlich frei zu sein. Wird unser äußerer Mensch auch hinter dickem Stacheldraht in Ketten gelegt, so ist doch unsere Seele frei. Die innere Freiheit kann uns niemand rauben. Gottes Geist gibt uns die Kraft zu einem frohen und freien Leben inmitten von Not, Hunger, Schmach und Hohn!

REVAL, DEN 2. JUNI 1947

Gestern wurde hier im Lager von einer Theatergruppe die »Komödie der Irrungen« von Shakespeare aufgeführt. Es war einfach herzerfrischend. Uns drängt es, uns neben der schweren körperlichen Arbeit auch kulturell zu betätigen. Wir haben ja viele unter uns, die beruflich damit zu tun hatten und nun versuchen, hier ihr Bestes zu geben. Aber die Russen sind hochempfindlich und vermuten gleich das Schlimmste.

AUF DEM TRANSPORT ZWISCHEN WITEBSK UND SMOLENSK, DEN 8. JUNI 1947

(Auf Packpapier von Zementsäcken mit einem Bleistiftstummel geschrieben!)

Am 4. Juni wurden alle Offiziere in Reval verladen und über Pleskau, Dno, Newel und Witebsk ins alte Rußland transportiert. Eine furchtbare Enge ist hier im Waggon. Jeder hat nur 37 Zentimeter Platz. Die Luft ist schlecht und die Hitze unerträglich, da die Luken verschlossen sein müssen. Sie sind die einzige Lichtquelle in diesem Viehwaggon. Wir wurden mit 50 Mann hier eingepfercht. Es ist einfach nicht zum Aushalten. Wir bekommen kaum etwas zu essen und nichts zu trinken. Die Flohplage ist entsetzlich!

Ein russischer Kapitän hielt in Reval vor unserer Abfahrt zweimal eine ganz gemeine Filzung ab. Was dem Russen passte, nahm er uns weg. Als beim zweiten Mal ein russischer Oberst kam, beschwerten wir uns bei ihm. Sofort ließ er die Filzung einstellen und stellte den Kapitän zur Rede. Unter anderem sagte er zu ihm: »Was wir in zwei Jahren in politischer Beziehung bei den Gefangenen aufgebaut haben, haben Sie in einer Stunde zerstört!«

Ein anderer russischer Offizier kam und nahm mir mein Gesangbuch weg. Als ich ihn fragte, was das soll, fauchte er mich an und sagte: »Jubt biomatt! Ninada, knis nim!« Es sind die übelsten Flüche, die man nicht in den Mund nehmen soll.

AUF DER FAHRT, 9. JUNI 1947

Wir müssen wieder zum Urchristentum zurückkehren! Niemals dürfen wir an äußeren Formen hängen, sondern müssen uns frei machen von allem Äußeren, damit wir das Wichtigste, den Herrn, nicht übersehen. Wie viele, die sich »gute Christen« nannten, sind hier in Gefangenschaft haltlos geworden, da hier alle äußeren Formen vollkommen fehlen. Ihr Gaube bewährte sich nur so lange, als sie sich wohlbehütet und geborgen fühlten. Hier in Not und Gefahr aber finden sie nicht die Kraft, aufrichtig die Hand Gottes zu ergreifen, sondern jammern dem Unwesentlichen nach, das sie hier vermissen müssen. Jesus will uns als aufrichtigen und tatkräftigen Christen, der den Mut hat, der Gefahr ins Auge zu sehen, und der keiner Not ausweicht.

MOSCHAISK, DEN 12. JUNI 1947

Am 10. des Monats kamen wir in das hiesige »Erholungslager«, das ungefähr 90 Kilometer vor Moskau liegt. Bereits heute wird der größte Teil von uns wieder in ein Arbeitslager abgestellt. Abends standen wir vor dem Lagertor und wurden bis zum anderen Morgen um 3 Uhr gefilzt. Moschaisk wurde zum Grab unserer Aufzeichnungen. Die Russen wüteten furchtbar. Wie die wilden Tiere wühlten sie in unseren Sachen. Im Lager wurden wir besonders abgesperrt. Es ist ein richtiges Nervenaufpeitschungslager!

In der Knochenmühle von Tutschkowo!

TUTSCHKOWO, DEN 19. JUNI 1947

Am 16. Juni kam ich ins hiesige Arbeitslager, das 70 Kilometer westlich von Moskau, direkt an der Hauptbahnlinie Brest – Moskau, liegt. Die Verhältnisse sind hier verheerend! Es herrscht bei Deutschen und Russen die Ansicht, wir seien alle SS-Offiziere. Dementsprechend ist auch die Behandlung. Wir sind wieder besonders abgezäunt und werden schlimmer als die übelsten Verbrecher behandelt. Der deutsche Lagerführer Sch. aus Ludwigshafen empfing uns mit dem Ausruf: »Ich werde euch auf der Seele herumknieen!« Schon in den ersten Tagen wächst in uns ein ungeheurer Groll gegen ihn, den aber die meisten noch nicht offen zeigen. Er war es, der durch Mißhandlung den Tod von 20 bis 30 deutschen Kameraden verschuldet hat.

Zu uns sagte er: »Wenn ihr nicht spurt, bringe ich euch dahin, wo ich schon so manchen hingebracht habe« – und zeigte nach dem Gefangenenfriedhof.

Das Lager hier wurde im Oktober 1944 eröffnet. Bereits im Dezember 1944 zählte es von 1000 Insassen 250 Tote. In anderen Lagern der Gegend war es noch verheerender. Von den 90 000 Stalingrad-Gefangenen leben heute im Höchstfall noch fünf Prozent. Alle anderen sind verhungert oder an Seuchen gestorben.

In einer Nachtschicht müssen wir arbeiten. Wir müssen in einer großen Lehmgrube Fundamente für die Trockenanlage einer Ziegelei ausheben. Die Arbeit ist sehr schwer und die Arbeitsverhältnisse sind sehr schlecht!

Vor einigen Tagen durften wir zum Baden in die Moskwa. Das Tal der Moskwa ist wunderschön. Wieder einmal durften wir in Gottes freier Natur atmen, wo die Blumen blühen und die Vögel singen. Wir kamen an einer alten orthodoxen Kirche vorbei, von der nur noch die Mauern stehen. Laut Verfassung darf sich die Kirche in Rußland frei betätigen. Wie aber sieht es in Wirklichkeit aus? Die Kirchen wurden als Magazine, Pferdeställe oder Klubs (Theater, Kinos usw.) ausgebaut.

Vorgestern haben wir unter großer Begeisterung der Zuschauer unseren »Nachtwächter« von Theodor Körner im Freien aufgeführt.

TUTSCHKOWO, DEN 26. JULI 1947

Sch. ist als Lagerführer gestürzt. Wir Offiziere gaben ihm »Kontra«. Die Sache kam vor den Russen. Auch andere Verbrechen (zum Beispiel Verhältnisse mit russischen Frauen), die die Landser aus Furcht vor Sch. bisher verschwiegen hatten, wurden vorgebracht. Nachdem er einige Tage im Karzer saß, kam er nach Moschaisk, wo ihn die Landser totschlagen wollten. Jetzt soll er nach Sibirien abtransportiert worden sein.

Ich bin jetzt in der Spielgruppe. Hans T. ist Leiter davon. Er hält Literaturvorträge und stößt mit seinen Gedanken bis auf den tiefsten Kern vor.

TUTSCHKOWO, DEN 23. AUGUST 1947

Es herrscht hier im Lager eine allgemeine körperliche und seelische Depression. Die früheren Lagerinsassen sind geistig völlig abgestumpft. Viele leben nur noch wie die Tiere, ohne jegliches Gefühl für etwas Höheres. Wir Offiziere sind bestrebt, einen neuen, frischen Geist ins Lager zu bringen. Die Länge der Gefangenschaft macht sich zu stark bemerkbar. Der Hunger ist furchtbar. Sehr viele denken an nichts anderes mehr, als an das Essen. Sie sprechen nur noch übers Essen. Wenn wir abends von der Arbeit kommen, ist Zählung, wo wir oft stundenlang stehen müssen, trotz vollkommener Ermüdung. Das alles zehrt furchtbar an unseren Nerven. Auch morgens vor dem Heraustreten, beim Heraustreten aus dem Lager, auf der Arbeitsstelle vor dem Wegtreten zur Arbeit, beim Antreten am Mittag, beim Hereinrücken zum Essen, wieder vor dem Heraustreten, beim Heraustreten, am Abend vor dem Einrücken und beim Einrücken ins Lager finden täglich Zählungen statt. Dabei müssen wir immer stehen. Wenn die Zählung vorbei ist, muss man zum Essenfassen anstehen! Viele sind bei diesem endlos dauernden Anstehen schon in Ohnmacht gefallen, die meisten werden nervös.

Es ist hier manchmal wie in einem Kahn auf wilder See, in dem fünf Menschen um ihr Leben ringen, der aber nur drei trägt und wo deshalb einer den andern wegstößt, um sich selbst zu retten!

Mit der Spielgruppe führen wir einen Jahrmarktsrummel auf, bei dem Otto K. und ich »Karle und Ernstle«, zwei lustige Schwaben, vorführen. Ein Chorkonzert unter dem Motto »Eine Reise durch Deutschland« mit poetischen Einlagen fand großen Anklang. Das Doppelquartett trug wunderbare Volkslieder vor, die Lagerkapelle spielte schöne Volksmelodien. Als wir im Schwabenland angekommen waren, gab ich eine Beschreibung des Geislinger Kinderfestes.

Meine Angehörigen waren acht Monate ohne Nachricht von mir. Alles erwartet mich zu Hause mit großer Sehnsucht! Meine liebe Mutter feierte am 10. August ihren 55. Geburtstag.

TUTSCHKOWO, DEN 7. SEPTEMBER 1947

Elf Tage lag ich mit Brechdurchfall und hohem Fieber im Lazarett.

TUTSCHKOWO, DEN 13. SEPTEMBER 1947

Am »Kabussta-Bunker« ereignete sich durch Einsturz einer Mauer ein Unfall, bei dem einige Kameraden ums Leben kamen. Große Vernehmungen und Bestrafungen sind die Folge. Verantwortlich werden natürlich wir Deutschen gemacht.

TUTSCHKOWO, DEN 28. SEPTEMBER 1947

Heute und vor einer Woche führten wir den »Neffen als Onkel« von Friedrich Schiller auf, in dem ich den Oberst von Dorsigny spielte. Das Spielchen erfrischte mit seiner leichten französischen Heiterkeit und seiner Lebensfreude mal wieder so richtig die eingetrockneten Gefangenengeister.

Wir bauen jetzt von der Tuschilka zum Tale der Moskwa eine Elektrolinie. Die Herbstlandschaft ist sehr schön!

TUTSCHKOWO, DEN 23. OKTOBER 1947

Es hat geschneit! Das ganze Land ist in Weiß gehüllt. Gestern wurde ich plötzlich von Schüttelfrost befallen und am Abend mit 39,2 Grad Fieber ins Lazarett eingeliefert.

Seit 14 Tagen bin ich nun als zweiter Baß im Doppelquartett. Leider dürfen wir keine religiösen Chöre singen oder Lieder, bei denen nur ein Wort von Gott vorkommt!

TUTSCHKOWO, DEN 27. NOVEMEBER 1947

Wir bekommen bei hundertprozentiger Arbeitssollerfüllung »normal-normal!« d.h. 650 Kubikzentimeter Suppe und ein Stück Brot (Teigbatzen!). Unter 100 Prozent gibt es »klein-klein!«, d.h. kleines Brot und einen halben Liter noch schlechtere Suppe und ab 125 Prozent gibt es »groß-groß!«, einen Liter Suppe. Für 140 Prozent gibt es »übergroß«!

Mit Wolfgang W. zusammen schrieb ich ein Weihnachtsmärchenspiel, das aber leider nicht vom Antifa-Leiter genehmigt worden ist. Das Singen im Doppelquartett macht mir immer mehr Freude, denn es sind für mich Stunden der Besinnung.

Tutschkowo, den 6. Dezember 1947 – Nikolaustag

Ein richtiger Nikolaus kommt zu uns. Wir halten eine schöne Feier ab, die alle mal wieder in Frohsinn versetzt. Über jeden Stubenangehörigen verliest der Nikolaus ein paar Verse, die Otto K., Lambert M. und ich schrieben. Über mich hat »Nikolaus« folgendes berichtet:

Hans Egle ist ein Schwabensproß,
in vielen Künsten wahrhaft groß.
Er spielt und singet, bastelt, malt,
und braucht man etwas, alsobald
stellt er sich zu der Arbeit ein,
gleichgültig, ob sie groß, ob klein.
Adventskränze macht er wie keiner,
baut Krippen, größer und auch kleiner.
Sein Adventshäuschen ist ganz groß,
sein Weihnachtsmärchen ganz famos.
Auch malt er nette Kostbarkeiten,
versteht es, Freude zu bereiten.
Singt seinen Baß in vollem Ton
– ein vielseitiger Musensohn!
Jetzt startet er die Ausstellung
der Bastler, mit viel Fleiß und Schwung!

Geislingen, den 8. Juli 1948

Ich mußte meine Niederschrift leider für einige Wochen unterbrechen. Am Sonntag, den 20. Juni, habe ich abends um 6 Uhr plötzlich einen Nervenzusammenbruch bekommen, der mich ins Bett warf. Außerdem habe ich auch Wasser. Nachdem ich bis jetzt die meiste Zeit im Bett lag, stehe ich seit einigen Tagen ein paar Stunden auf und mache täglich einen kleinen Spaziergang. Wöchentlich zweimal bekomme ich je eine Salyrgan-Spritze gegen das Wasser. Außerdem muß ich in der Woche zwei Fichtennadel-Wannenbäder in Bad Überkingen nehmen. Leider fühle ich mich immer ziemlich schlapp und matt. Das Schlimmste ist, daß ich nachts stundenlang wach liege und nicht schlafen kann. Bis zum 31. Dezember 1948 bin ich arbeitsunfähig geschrieben.

Jahrelang habe ich in der Gefangenschaft auf die Zähne gebissen und habe bis zum Schluß durchgehalten. Die innere Spannung wurde gegen Ende immer stärker, zu lange schon dauerte die harte Gefangenschaft! Die ersten drei Wochen in der Heimat lebte ich ganz unter dem Eindruck der Heimkehr. Dann aber, als der Alltag wieder begann, stürzte plötzlich alles in mir zusammen. Rußland läßt mich noch nicht los. Immer wieder suchen meine Gedanken die zahlreichen Unschuldigen hinter Stacheldraht, die immer noch in Hunger und Kälte, in Not, Leid und unvorstellbaren Entbehrungen schmachten müssen.

Nun will ich wieder die Erlebnisse meiner Gefangenschaft weitererzählen. In bin bei der Nikolausfeier 1947 stehengeblieben:

> Auch ist er ein Genießer!
> Sortiert die Speisen, bis er lukullische Gerichte hat.
> Auch als Konditor ganz auf Draht
> in Festtagstortenherstellung.
> Die ißt er mit Genugtuung in schlemmerischer Einsamkeit,
> wozu er eine Ulmer Maid als Partnerin erkoren,
> der er sein Herz verschworen
> zu Bempflingen, am Neckarstrand.
> Von früher her ist noch bekannt,
> dass er »Nachtwächter« von Beruf.
> Kurz, alles, was er tat und schuf,
> geschah mit sinnigem Gemüte!
> – Das Christkind schenkt ihm seine Güte!

Am dritten Adventssonntag spielten wir den »Geburtstag im Goldenen Ochsen zu Bempflingen«, einen schwäbischen Schwank, den Otto K. geschrieben hat. Ich spielte dabei den Frieder, einen jungen Bräutigam, mit meinem Klärle, der obigen Ulmer Maid! Das Spielchen besitzt einen köstlichen Humor und zeigt echte schwäbische Typen, unter anderem einen Wirt, einen Büttel, einen Oberlehrer usw. Es ist wieder mal ein Stückchen Heimat!

Verbotenerweise halten wir im Lazarett und auf einigen Stuben mit dem Doppelquartett Adventsfeiern ab. Hans T. spricht die verbindenden Worte. O, wie leuchten da manche Augen rauher, halb stumpfsinniger Kriegsgefangener wieder auf bei den schönen Melodien unserer alten Adventslieder!

Am vierten Adventssonntag lese ich unser Weihnachtsmärchenspiel vor, das ich mit Wolfgang W. geschrieben habe. Die Aufführung ist deshalb nicht genehmigt worden, weil es »Heimatsehnsucht unter den simplen Landsern erwecken würde«, wie mir vom Antifaschistischen Komitee mitgeteilt wurde.

Ich bin Leiter der »Bastelausstellung«, die großen Anklang gefunden hat, die mich aber auch unter zahlreichen Schwierigkeiten (auch den Russen gegenüber) viel Mühe und Scherereien gekostet hat.

Lassen wir Dr. Hans T. in seiner Kritik über den Eindruck der Ausstellung sprechen (die eingeklammerten Stellen wurden vom Antifa-Komitee gestrichen!):

»Unser Volk ist arm, und nicht nur vom Brote her, wie dies gerade oft erschütternd aus den Stimmen der deutschen Zeitungen über das Weihnachtsfest in unserer Heimat klingt. Wir selbst sind arm. (Ärmer als unsere Ärmsten sind wir! Welche Armut wäre auch ärger als wie die eines seiner Freiheit beraubten Menschen?! Er, Krone der Schöpfung, ausgezeichnet durch Körperschönheit, Seelenkraft und Licht des Geistes, ist als Gefangener in eine Situation gestoßen, die ihn hilfloser macht als jedes andere Lebewesen in der gleichen Lage.) Denn wer ist ärmer als ein Gefangener? Und doch waren wir Abendländer des 20. Jahrhunderts schon vor unserer Zeit hinter dem Stacheldraht in wachsender Gefahr einer anderen Gefangenschaft: der des blinden Zivilisationsglaubens.

(Einen jeden von uns nahm sein Beruf in Beschlag, was an »Freizeit« verblieb, wurde irgendwie erfüllt, wie wir die täglichen Bedürfnisse befriedigen, mit so billig zu kaufenden Fertigwaren. Wie Fleisch gab es »Musik in Dosen«, technisch immer vollkommenere Apparate, Grammophon, Radio usw.; Photographie, Illustrierte, Filme nehmen uns jede »Bemühung« um ein Er-leb-nis (etwas, das fruchtbar aus uns steigt) ab. Kampf bis zum Gott der »Langeweile«, (einem dieser Teufelchen an der Wand des Existenzialismus! Die Armut unserer Zeit, unseres Jahrhunderts!)

Da erreichte uns das Robinsonschicksal! Wir sind mit uns allein auf der Insel der Gefangenschaft. Da wird auf einmal das Herz geprüft, ob es auch lebt! Ob unter dem Asphalt der Zivilisation noch Leben der Erde, der Natur ist! Ob sich einer mit sich selbst unterhalten kann – und mehr! Prüfung letztlich, ob in unserem Volk noch Keimkraft eigenen Lebens wach ist, ob wir sterben müssen oder weiter zu leben vermögen – trotz allem.

(Seht, Kameraden, zu solch Gedanken gibt ein anscheinend so kleines Beginnen wie die Weihnachtsausstellung Anstoß. Auch sie ist ein kleines Licht, wie die vielen so lieben Bekundungen der Volkssolidarität zu Weihnachten daheim in dem Adventsdunkel unseres Volkes. Es glimmt von Funken unter der Asche, wir haben noch Leben aus einem eigenen Innern.

War es nicht das vor allem, was uns – unbewußt – froh machte bei dem Besuch der Ausstellung, dies Bekenntnis der Innerlichkeit, der Liebe, darüber hinaus deutscher Begabung und Gründlichkeit? Nicht die Geschicklichkeit der Hände war das Entscheidende, vielmehr war es das schöpferische Tun, das eigene Tun, das dann erst Verständnis der großen Kunst, Weiterleben, Nacherleben der von begnadeter, berufener Hand geschaffenen Werke möglich macht. Bei solchem Tun entscheidet vor der Hand das Herz! Das Herz ist wach! Dies ist die größte Freude!)

Eine solche Prüfung war auch die Ausstellung der Bastelarbeiten. Rund 50 Kameraden hatten 90 liebevoll geschaffene Arbeiten in unserem weihnachtlich schön geschmückten Klub ausgestellt. Der Aufbau selbst dieser Arbeiten war schon ein Bekenntnis zum Fest unseres Herzens. Laien und Berufene hatten mit und ohne Werkzeug, mit und ohne technische Hilfen, aus passendem Material wie auch aus Material, das Erfindungsgabe erst passend machen mußte, in erstaunlich kurzer Zeit mitunter Schönstes geschaffen!

Als Ausstellung, die ersonnen und gestaltet worden war. Was Wunder, daß die Weihnachtskrippen – auch der Zahl nach – im Mittelpunkt standen?! Da standen sie, naiv, kindlich, bieder und unbeholfen, doch so echt und herzlich ehrlich gebaut. Daneben die aus feinem Gefühl für innere Richtigkeit, Ausgewogenheit der Maße, Erfühlung des Werkstoffes, Aufteilung der Farben und Formen. Eine war da mit schlichten Mitteln, dabei so eigenartig in der lebendigen Auffassung des Baues, der Menschen und Tiere, der ganzen Welt des Krippengeschehens! Und dann wieder eine kinderbuntfarbige mit einem Gebirge aus Indianerzeiterinnerungen an die Vielfalt der Sehnsucht, Vielfalt der schöpferischen Offenbarung! Und so bei allen Arbeiten, sei es aus Holz, Metall, Pappe, Papier bei den Bildern und allem anderen.

Wie erfinderisch war Christbaumschmuck gefertigt worden! Wie auch auf den Bäumen in den Baracken und Speisesälen leuchtete alles bunt und formenreich.

Eine Tabaksdose – auch den Nichtraucher beglückt die Wärme des Holzes und die Liebe der Arbeit! Tabakspfeifen, Zigarettenspitze bis zum Feuerzeug. (Ausspruch eines russischen Offiziers: »Sperr den

Deutschen drei Tage nackt in einen Karzer, am vierten Tag kommt er mit einem Panzer heraus!«) Einige Sachen will ich aufzählen: Bürsten, Flaschenkorken, Kalender, Notizbücher, Bilderrahmen, Photoständer, Kerzenhalter, feinste Arbeiten in Metall, das Teekesselchen, das aus einer kleinen Münze hergestellt wurde, ein Amulett, sorgfältige Holzarbeiten, Dosen, Schachbretter, Reißzeug, Rechenschieber, zwei von einem Schneider gefertigte Mützen, dann der liebevoll überlegte und sorgfältig gefertigte Lampenschirm. Wir erfreuten uns an den zarten Scherenschnitten. Und nicht zuletzt waren es die Zeichnungen, die Aquarelle und Ölbilder, die bekundeten, wir sind noch lebendig, das Herz ist noch wach, es bekennt unser ureigenstes Wesen, die Liebe zur Natur und Landschaft, auch wie sie hier uns umgibt, wie für die Heimat! Vor unserer Seele steht Tag um Tag das Bekenntnis zu unseren Lieben: zu Braut und Frau, Schwester und Mutter.

Groß war und ist die Freude: Wir sind im Kern noch aufrecht und stark, die Gefangenschaft hat doch nur wenige zu »Dauerschläfern« gemacht. Die meisten von uns leben hier in tatkräftiger Arbeit, in schöpferischer Freizeitgestaltung, leben lebendig der Erfüllung des Weihnachtswunsches zu: wieder daheim zu sein.

Es ging mit jedem Kameraden, der aus der Ausstellung in die Winterklarheit, die leuchtende Schneewelt, über die der Tannenbaum des Lagers strahlte, hinaustrat, ein Zauber mit, der Zauber des deutschen Weihnachtsfestes, das auch ein Bekenntnis ist zum Glauben an das weiterwachsende Leben, das Schöpferische des Lebens in allem Dunkel.«

Ich selbst habe während der Adventszeit mit großer Begeisterung Tag für Tag gebastelt, manchmal bis tief in die Nacht hinein. Zur Ausstellung gab ich eine große und zwei kleine Krippen, ein Adventshäuschen, einen Weihnachtsmann, Baumschmuck, Tischschmuck – und vor allen Dingen mein Herz, denn das war ganz dabei.

Tutschkowo, den 24. Dezember 1947 – Heilige Nacht

Endlich: Heilige Nacht! – nach langer, erwartungsvoller Adventszeit, nach sehnsuchtsvoller Erwartung, nach dunkler, lichtloser Zeit! Nun ist das Licht mit seiner ganzen Fülle in uns. Es hat uns frei gemacht, wir sind keine Gefangenen mehr! Aber die Welt liegt im argen und in dunkler, tiefer Nacht. Doch auch ihr leuchtet heute das Licht. Friede den Menschen! Einmal wird auch auf unserer Erde wieder Friede sein, denn das Licht leuchtet in der Finsternis.

Heute habe ich die Stube ausgeschmückt. Unser Christbaum ist der schönste vom ganzen Lager. Darunter steht meine Krippe. Die Tische sind mit mannigfaltigem weihnachtlichem Schmuck verziert. O, wie freuen sich meine Kameraden über unser weihnachtliches Heim, und deshalb freut es auch mich noch viel mehr.

Zum »Stollenempfang« gingen wir 280 Offiziere in den Speisesaal. Vorher war eine kleine Feier. Laut und erhebend erklang der Gesang von uns 280 Mann! Wir sind noch wach! Christ ist in uns, der Retter aus der Not! – Nachmittags sangen wir im Lazarett einige Weihnachtslieder. Spätabends saß ich bei Wolfgang und Bubi. Frohen Herzens lasen wir das Weihnachtsevangelium. Beim Singen unserer schönen alten Weihnachtlieder waren unsere Gedanken ganz bei denen, die heute mit wehmutsvollem Herzen an uns denken! Auch hier in Gefangenschaft haben wir an den schönen alten Brauch des Schenkens gedacht. Ich bekam einen Kalender aus Birkenholz, einen kleinen Spruch auf Holz gemalt: »Der Heimat Rauch ist leuchtender denn fremde Feuer!«, Tabak, Zigaretten, eine Unterhose und ein paar Füßlinge.

Wolfgang habe ich Dürers »Betende Hände« und Otto Dürers »Madonna« geschenkt. Ich habe diese Bilder selbst gemalt und ließ vom »Tischlersepp« helle Holzrähmchen dazu machen. Wie hilft doch die enge Freundschaft, in der Not zusammenzustehen.

Jetzt geht es dem Weihnachtsmorgen entgegen. Es ist zwischen 4 und 6 Uhr, ich habe Nachtwache! Die Lieben in der Heimat machen sich wohl fertig zum Engelamt! O meine liebe, gute Mutter! Ich kann fühlen, was in ihrem Herzen heute vorgeht! Ganz alleine sitze ich unter dem Christbaum vor der Krippe und wache. Meine Kameraden schlafen alle. Es ist die schönste Stunde in der Heiligen Nacht, ganz allein das Weihnachtswunder erleben zu dürfen. Und wie stark darf ich die ganze Fülle des Lichtes in meiner Seele spüren. Wie groß ist doch die Barmherzigkeit Gottes, daß Er uns in unserer Armut solch große Gnade und Freude schenkt! Wie mächtig ist doch das Gebet der Heimat, das uns hilft, trotz aller Not froh zu sein!

TUTSCHKOWO, DEN 25. DEZEMBER 1947

Kurz vor dem Wecken singen wir mit dem Doppelquartett auf unserer Stube einige Weihnachtslieder und tragen ein kleines Singspiel mit dem Weihnachtsevangelium vor. Dies ist alles verboten! Aber was kümmert uns das Verbot der Menschen, wenn Gott es uns geboten hat! Mit leuchtenden Augen erwachten unsere Kameraden bei den frohen Melodien unserer Lieder!

Am Weihnachtsmorgen ist Gottesdienst, den ein evangelischer Pfarrer hält. Auch dazu singen wir wieder einige Lieder. Danach gehen wir in die Stuben des Lazaratts, um auch unseren kranken Kameraden ein klein wenig Frohsinn zu bringen.

Nachmittags und abends führen wir die Operette »Das weiße Rössel« auf. Das Doppelquartett singt dabei und tritt mit seinen Leuten als Gäste auf. Das Lager ist begeistert! O wie hungern meine Kameraden nach geistigen Anregungen! Dürften wir Weihnachten feiern, wie wir wollten, wir wüßten schon, was tun – aber da sind die Russen und die deutschen Aktivisten, die alles Religiöse verbieten, ja ausrotten wollen. Aber: »Sie können zwar das Fleisch töten, nicht aber den Geist!«

Der Geist lebt! Das Herz ist wach!

Das Jahr der Heimkehr!

TUTSCHKOWO, AM NEUJAHRSTAG 1948

Meinem Schöpfer danke ich für das Gute, das Er mir im vergangenen Jahr geschickt hat, und auch für die Härten, die ich erleiden durfte! Ihm habe ich mein Leben geweiht, in Seinem Namen habe ich das neue Jahr begonnen, mit Ihm allein will ich meine Straßen ziehen! Ich habe die Hoffnung, daß dieses Jahr das schönste meines ganzen Lebens wird, denn es wird mir und allen Kameraden die Freiheit bringen. Möge es hoffentlich auch unserem Vaterland und der ganzen Welt den Frieden bringen! Das erbitten wir von Ihm, dem Lenker der Geschicke!

Zum Jahreswechsel brannten die letzten Stummel unserer selbstgegossenen Kerzen am Christbaum. Hoffnungsstark sangen wir vor der Krippe zu Seiner Ehre!

TUTSCHKOWO, DEN 30. JANUAR 1948

Es herrscht zur Zeit im Lager eine Grippe-Epidemie. Auch mich hat es erwischt! Vorgestern wurde ich aus dem Lazarett entlassen.

Viele Entlassungsparolen gehen durchs Lager. So ist es nun bald schon drei Jahre lang, und keine von all den schönen Versprechungen ist Wahrheit geworden. Auch der Russe brachte manchmal solche Hoffnungsparolen in Umlauf, damit keiner von uns ausreißt.

Ich habe Heimweh! Manchmal ist es kaum noch auszuhalten, so groß ist die Sehnsucht. In allen Farben und bis aufs Kleinste malt man sich die Heimkehr aus. Das Warten wird langsam zur Qual. Man muß alle Kraft zusammennehmen, um die Geduld nicht zu verlieren.

Die Kälte ist furchtbar! Wenn man abends von der Arbeit ins Lager kommt, friert man weiter. Zitternd sitzen wir beieinander. Oft können wir nachts vor Kälte nicht schlafen und stehen deshalb auf, um uns warm zu laufen.

TUTSCHKOWO, DEN 1. FEBRUAR 1948

In meinem Geislinger Landsmann Erwin S. habe ich einen treuen Kameraden gefunden. Dieser Arme! Er hat einen sehr schweren Kopfschuß, der ihm ungeheuer zu schaffen macht. Allabendlich plaudern wir vor dem Einschlafen miteinander. So helfen wir uns gegenseitig, die schwere Last zu tragen. Einer muntert den anderen auf, denn immer trägt einer von uns an einer seelischen Not, die ihn verzagt macht.

Was haben wir deutschen Kriegsgefangenen schon alles gearbeitet für die Sowjetunion? Unzählig viele Fabriken sind neu gebaut worden. Und mit welcher Gründlichkeit wir gearbeitet haben. Da staunten die Russen! Der deutsche »Michel« mußte Leib und Gesundheit opfern für diesen Staat. Es hat sich aber erwiesen, daß wir einfach nicht anders können. Ein inneres Gesetz treibt uns zur Gewissenhaftigkeit und Genauigkeit!

TUTSCHKOWO, DEN 18. FEBRUAR 1948

Wiederum liege ich im Lazarett. Ich hatte mir gestern beim Holzhakken durch ein wegspringendes Holzscheit die Nase zertrümmert, so daß ich genäht werden mußte. Es sind für mich Tage der inneren Ruhe und Sammlung.

Die allmonatliche Kommissionierung war diesmal mit Wiegen verbunden. Ich wiege 60 Kilogramm, habe also bei meiner Größe von 1,77 Meter etwa 17 Kilogramm Untergewicht.

Täglich müssen einige Brigaden abends länger arbeiten, weil sie die Norm nicht erfüllten.

Monatlich führt der Russe eine Filzung durch. Er betrachtet uns immer noch als Faschisten, Reaktionäre usw.

Seit Neujahr zählen wir die Tage bis zum 31. Dezember 1948, dem Endtermin der Entlassung. Wir haben einen »Entlassungszug« an der Wand hängen. Leider schleicht er gar zu langsam dahin!

TUTSCHKOWO, DEN 22. FEBRUAR 1948

Unsere Gefangenschaft ist ein dauerndes Auf und Ab! Richard H. wollte sich aufhängen. Zum Glück wurde es bemerkt. Dr. D. wurde in den Karzer gesperrt, weil er während der Arbeit ein paar Minuten dastand, um auszuruhen. Theo S. bekommt vom russischen Arbeitsoffizier Schläge, weil er seine Norm nicht erfüllt hat. Leutnant S. rast täglich durchs Lager und sucht Leute zum »Scheißfahren«. Wer auf der Baracke raucht, ist dran! Stundenlang muß mit einem Eimer aus der Jauchegrube geschöpft werden. Diese Arbeit muß nachts gemacht werden, weil wir tagsüber außerhalb des Lagers arbeiten müssen. Jetzt ist wenigstens ein Auto da, das die Jauche abführt. Vorher mußten wir nächtelang mit einem Karren ein paar Kilometer weit fahren. Es ist ein trauriger Anblick, die hungrigen Kriegsgefangenen, denen der Tod aus den Augen schaut, mit ihren letzten Kräften den schweren Wagen ziehen zu sehen. Wie viele sind hier schon vor Erschöpfung gestorben! Damals stand noch der deutsche Lagerführer Sch. dahinter und trieb uns an. Nach solchen Nächten wurden wir am andern Morgen todmüde wieder zur Arbeit getrieben!

Das Brot, das wir bekommen, ist ein regelrechter Teigklumpen. Es muß mit 65 Prozent Wasser in einer Form gebacken werden. Der Teig wird, da er so flüssig ist, in die Form gegossen. Dieses Brot liegt wie Blei im Magen. Aber wenn wir nur hiervon genug bekommen würden! Brotrösten ist verboten und wird mit Karzer bestraft. Es ist erschreckend, wie viele Kriegsgefangene seit Anfang bewußt ihren Körper ruinieren, um früher entlassen zu werden. Mit allen möglichen Mitteln gehen sie vor: Nicht schlafen, viel rauchen, Salz essen, Maschinenöl, Machorkabrühe einnehmen, literweise trinken! Viele ruinieren ihren Körper für ihr Lebtag. Richtige Disstrophie ist unheilbar, und viele sind davon befallen!

Willi E. erzählte mir, dass sie in Posen auf Kommando »hinlegen – aufstehen!« machen mußten. Die Russen schossen dabei mit ihren Maschinenpistolen immer über die Köpfe weg. Wer sich nicht früh genug auf den Boden warf, wurde dabei erschossen. Sind das noch Menschen, die an solchen Dingen eine satirische Freude finden?

Seit einiger Zeit besteht eine Strafbrigade, die von den Russen besonders schikaniert wird. Hierbei tut sich der junge Kapitän S. besonders hervor. Auch Leutnant S. gebärdet sich oftmals wie ein Tier.

Tutschkowo, den 19. März 1948

Gestern beging ich mein dreijähriges »Gefangenenjubiläum«!

Fastenzeit, Stacheldraht, Schikane, Hunger, Kälte, Ichsucht, Leid, Not und Entbehrungen! Jedes Wort enthält soviel Schreckliches! Und trotzdem: Welch beglückendes Gefühl, Ihm, dem Gekreuzigten, ganz nahe sein zu dürfen!

Vor etwa acht Tagen fuhren einige meiner Kameraden in die Heimat. O, diese Glücklichen!
Mit eisiger Kälte kämpft der Winter gegen die Frühlingssonne. Noch liegt meterhoher Schnee!
Bei der heutigen Filzung wurden mir unter anderem auch mein Rosenkranz und einige Medaillen weggenommen, die mich schon Jahre durch den Krieg und die Gefangenschaft begleitet haben.

Tutschkowo, den 28. März 1948 – Ostern

Der Herr hat uns von der Ewigkeit her gerufen! Nach langer lichtloser Zeit schickt Er uns sein Licht, das uns wieder aufweckt zum frohen, neuen Leben.

Am Karsamstag beerdigten wir einen tödlich verunglückten Kameraden auf unserem Gefangenenfriedhof. Gott hat ihn am Karfreitag zu sich gerufen und ihn zu einem neuen und schöneren Leben auferweckt. Wir sangen mit dem Doppelquartett ein paar Lieder an seinem Grab.

Genau wie an Weihnachten müssen auch an Ostern wieder viele Brigaden zur Arbeit.

Tutschkowo, den 27. April 1948

Vor einigen Tagen lag ich mit einer Bronchitis wieder mal im Lazarett. Wir sind gegen Thyphus geimpft worden. Die Nadeln waren so stumpf, daß die Ärzte manchmal zwei bis dreimal ansetzen mußten, bevor sie in die Haut hineingingen. Viele bekommen Fieber, jeder fast wahnsinnige Schmerzen, manche bekommen bis zu faustgroße Knollen an der Impfstelle. Und trotzdem müssen wir arbeiten wie die Tiere!

Am 23. des Monats fuhr ein Heimkehrertransport vorbei, der 4000 Kilometer weit von Sibirien kam. Die Leute hatten noch nie nach Hause geschrieben und erhielten auch keine Post. Sie mußten in einem Kupferbergwerk arbeiten.

Die russischen Frauen müssen arbeiten wie die Männer. Jeden Morgen ziehen sie wie die Herden zur Arbeit. Familienleben kennen sie nicht; das ist Gleichberechtigung der russischen Frau! »Wer nicht arbeitet, soll auch nicht essen!« heißt es in der russischen Verfassung. Sie sind also gezwungen, mit Brechstange, Vorschlaghammer, Pickhacke und Schaufel zu arbeiten, wenn sie im »Ersten sozialistischen Staat der Welt« einigermaßen existieren wollen. Mit ihrem geringen Lohn können sie sich nicht einmal genügend Brot kaufen, geschweige denn Fleisch, Butter usw. Und trotzdem muß man staunen, wie glücklich sich diese Menschen in ihrer Armseligkeit fühlen, wie sie trotz eigenem Hunger noch gastfreundlich sind!

Nachdem einige Tage die Sonne schien, ist das Wetter jetzt wieder rauh und kalt. Heftige Schneestürme fegen über die weiten Ebenen. Wie freuen wir uns an der Sonne! Sie gibt uns Freude und Frohsinn ins Herz und weckt uns auf aus dem Dunkel und Ungewissen der lichtlosen, kalten Zeit.

Tutschkowo, den 2. Mai 1948

Endlich ist er da, der liebe Wonnemonat! O, wie wird unser Herz wieder jung in dieser wonnigen Frühlingszeit! Ich möchte wandern, immerzu wandern durch die jungen, grünen Wälder. Mein Herz sehnt sich nach Freiheit, nach der Sonne, nach dem Licht!!!

Es muß doch schön sein, wieder ganz und gar die Freuden des Lebens genießen zu dürfen, ohne dabei immer ans Essen denken zu müssen. Es kommt mir manchmal so erbärmlich, so niedrig, ja tierisch vor, die Gedanken dauernd an die Suppenschüssel zu hängen. Man muß sich in dieser traurigen Lage regelrecht zwingen zu höheren Gedanken, ja manchmal sogar zu einem andächtigen Gebet!

Mit frohem Gesang trugen wir heute zum Wecken den Maien in die Baracken.

Tutschkowo, im Mai 1948 – Muttertag

Meine liebe, gute Mutter, die so unendlich viel für mich geopfert, gesorgt und gearbeitet hat! Ihr liebes Bild ist mir tief ins Herz gegraben. Sie ist mir der liebste Mensch auf Erden!

Wie stark fühle ich den Segen der Muttergottes in diesen Maientagen! Sie bringt uns das helle Licht ins Herz und hütet es in uns, daß es nimmermehr erlöscht.

Gestern abend brachten wir ein Chorkonzert zum Muttertag. Das Singen bedeutet für mich Gottesdienst!

> »Eilende Wolken, Segler der Lüfte,
> wer mit euch wandert, wer mit euch schiffte.
> Grüßet mir freundlich mein Jugendland!
> Ich bin gefangen, ich bin in Banden.
> Ach, ich hab keinen andern Gesandten.
> Frei in den Lüften ist eure Bahn,
> Ihr seid nicht dieser Königin untertan!«
>
> *(Schiller in Maria Stuart)*

Tutschkowo, den 8. Mai 1948 – Samstag

Ich habe das sonderbare Gefühl, als ob dies heute meine letzte Arbeit in Tutschkowo wäre. Ich lache über mich selbst und versuche, diese Gedanken auszuschlagen. Sie verfolgen mich aber ständig.

Abends: ärztliche Untersuchung.

Tutschkowo, den 9. Mai 1948

In der Nacht habe ich kein Auge zugebracht, weil ich das sichere Gefühl habe, diesmal dabei zu sein. Morgens erfahre ich von Werner H., daß ich auf der Liste stehe. Abends ist Einkleiden. Nochmals setze ich mich mit meinen Kameraden zusammen. Zahlreiche Adressen notiere ich mir, um die Angehörigen meiner Kameraden zu benachrichtigen. Dann halte ich nochmals Rückschau über die schwerste Zeit meines Lebens.

Wenn ich jetzt meine Gefangenschaft betrachte, dann kommt es mir vor, als hätte mir Gott am Anfang dieser Zeit tief in die Seele gegriffen und mich in einen dunklen, tiefen Abgrund gestürzt, in den wirbelnden Strudel der Welt, mitten hinein in das gärende Chaos der Zeit. Da lag ich nun, wie Adam, ein nackter Mensch, auf dem Urgrund des Lebens, wie ein Klumpen blinden Fleisches; und hier kam mir das Bewußtsein, was es heißt, allein zu sein. Eine innere Stimme sagte mir, daß ich diese Welt nicht umgehen kann, sondern daß sie mich ruft, daß ich mitten durch sie hindurch muß.

Ganz allein mußte ich mich durchkämpfen durch die Wirrnisse der Zeit und das Chaos der Welt, losgerissen von der Vergangenheit und von der Geborgenheit in der Familie und in der Kirche, wie ein junger Bär, der zum ersten Mal aus seiner dunklen Höhle ans Licht tappt, um den Weg in die Freiheit zu suchen. Urempfindungen wurden in mir wach, ich suchte Gott und die Wahrheit des Lebens und ich fand beide: Gott als den Würdigen, Heiligen und Liebenden und die Wahrheit des Lebens in einem aufrichtigen Ja zur Welt im Geiste Gottes. Wie ein Bergsteiger kam ich mir vor, der mühsam einen hohen Gipfel zu ersteigen versucht, dessen Pfad aber umgeben ist von drohenden Klüften und dunklen, gähnenden Abgründen. Gar manchen Stein, an dem ich Halt suchte, um mich an ihm aufzurichten, glitt ab und riß mich mit sich in die Tiefe. Aber immer wieder raffte ich mich auf und nahm den Kampf mit der Härte und der Not, mit Hunger, Sorge und Entbehrungen auf. Tief in meiner Seele drinnen sprach die Stimme Gottes und hielt mein Herz wach! Gottes Nähe war es, die mich immer wieder frohen Herzens emporblicken ließ zu dem reinen Lichte der Vollkommenheit. Und darum bin ich Ihm, dem Gütigen, heute aus tiefstem Herzen dankbar.

MOSCHAISK, DEN 10. MAI 1948

Um 10.30 Uhr wurden wir mit Musik auf die LKWs geladen. Daneben filzten die Russen unsere letzten Habseligkeiten. Ein Kamerad wurde vom Polit-Offizier aus unbekannten Gründen vom Tor wieder zurückgeschickt. Wir sind 49 Mann der Arbeitsgruppe III von Tutschkowo. Gegen Mittag waren wir in Moschaisk. Es ist dies das Sammellager. Viele Kameraden, die schon monatelang vom Russen zurückgehalten werden, trafen wir dort. Ob wir es wohl schaffen? Es herrscht eine allgemein nervöse Stimmung im Lager.

MOSCHAISK, DEN 12. MAI 1948

Heute mußten wir nochmals bis spät abends zur Arbeit in eine Teerfabrik. Noch einmal erlebe ich das tierische Arbeitssystem der Russen. Bis zum letzten Augenblick müssen wir unter dauerndem Antreiben der Russen, wobei sie abscheuliche Flüche gebrauchen, wie die Tiere arbeiten. Die Hoffnung auf Heimkehr ist allgemein gedrückt. Doch in mir ist ein sicheres Gefühl!

Viele sind schon enttäuscht worden, indem sie auf der Entlassungsliste standen und wieder gestrichen wurden. Heute kam ein Transport aus Moskau mit Bestarbeitern. Sie wurden in Moskau von russischen Offizieren feierlich entlassen, mit Musik zum Tor hinausgelassen und sollten nun hier in Moschaisk mit einem größeren Transport entlassen werden. Als sie heute ankamen, wurden sie sofort ärztlich untersucht und in einem Arbeitstransport in ein Arbeitslager geschickt. Viele standen so schon einige Male kurz vor der Entlassung. Daß dies eine allgemeine Nervenkrise hervorruft, muß wohl verständlich sein. Viele haben hier in Moschaisk schon den Verstand verloren!

MOSCHAISK, DEN 13. MAI 1948

Um 5 Uhr werden wir geweckt mit dem Ruf: »Sofort zur Sauna und zum Einkleiden für den Heimtransport!« Nachmittags erfahre ich, daß ich auf der Liste der Heimkehrer stehe. Vor Freude mache ich einen geistigen Luftsprung!

Heute kamen Waggons, diese werden aber vom russischen Transportführer weggeschickt. Es folgen Appelle auf Appelle! Das Warten ist furchtbar! Viele werden vom russischen Polit-Offizier vernommen. Einige werden von den Listen wieder gestrichen. Wird es wohl klappen? Es sind nervenaufreibende Stunden. Die Parolen überschlagen sich, günstig und ungünstig. Alles fiebert vor Erregung und Erwartung. Dazu kommt noch die furchtbare Enge. Eine Pritsche ist mit zwei Mann belegt, man kann kaum noch gehen!

MOSCHAISK, DEN 15. MAI 1948

Heute nacht wurden wir von einem furchtbaren Spektakel aufgeschreckt: »Die Bäckerei brennt!« Wir springen heraus. Hoch schlagen die Flammen auf über der Bäckerei. Unter gemeinsamem Einsatz bringen wir das Feuer zum Erlöschen, nachdem der Dachstuhl abgebrannt ist. Anschließend ist Zählung, bei der wir bis zum Morgengrauen stehen müssen. Dann geht das nervöse Hexenspiel wieder weiter! Nachts schläft kaum noch einer von uns vor lauter Spannung und Erwartung!

Es wird Wahrheit!
Auf der Heimfahrt zwischen Moschaisk und Minsk

AM PFINGSTMONTAG, DEN 17. MAI 1948

Endlich ist unser sehnlichster Wunsch in Erfüllung gegangen, wir fahren heim! O dieses herrliche Gefühl, mit jedem Kilometer der Heimat näher zu rücken! Ich kann es nicht in Worte fassen. Ich habe den Glauben, daß die Gottesmutter das Gebet meiner Lieben erhört hat und mir in ihrem Monat die Gnade der Heimkehr schenkt.

Am Pfingstsonntag, den 16. Mai, ging es morgens in aller Frühe aus dem Stacheldraht heraus. Zuvor war am Tor nochmals Filzung. Auf dem Bahnhof wurden wir, bevor wir in russische Viehwaggons gepfercht wurden, nochmals gefilzt. Aber wir lachten nur noch innerlich über die armseligen Russen, die uns bis zur letzten Stunde mißtrauten. Wir haben alle das Gefühl, als würden wir uns auf der längsten und schönsten Pfingstfahrt unseres Lebens befinden. Um halb drei Uhr rollte unser Transport ab. Ein paar Stunden später bekamen wir ein dünnes Süppchen, das erste Essen am Pfingstsonntag!

Am 18. Mai kommen wir um 16 Uhr in Brest-Litowsk an und werden dort in einen deutschen Zug verladen. Es erscheint eine russische Ärztekommission und holt nach einer Untersuchung fünf Heimkehrer von uns heraus, bei denen sie das SS-Zeichen festgestellt hatten. Sie werden in Brest ins Lager gesteckt. Dann werden wir nochmals gründlich gefilzt. Besonders scharf sind die Russen auf sämtliche Aufzeichnungen und auf Soldatenphotos. An der polnisch-russischen Grenze finden große Zählungen statt.

Am 19. Mai geht es weiter über Warschau, Kutno und Posen. Die Stimmung wird immer froher! Die Polen haben eine erstaunliche Sauberkeit und Ordnung in ihrem Land. Im ehemaligen deutschen und jetzt polnischen Gebiet sieht es aber verheerend aus. Die Felder liegen brach, die Häuser sind ausgeschlachtet und keine Menschenseele ist zu sehen.

FRANKFURT AN DER ODER, DEN 22. MAI 1948

Gestern mittag um 12 Uhr sind wir hier angekommen. Schon tagelang regnete es in Strömen. Kalte, rauhe Winde peitschen über das Land. O wie wohl tat mir dieser deutsche Sturm, als wir tiefbewegt über die Oder, den deutschen Schicksalsfluß, fuhren und mir der Regen ins Gesicht peitschte. Als wir in Frankfurt ankamen, läuteten die Mittagsglocken. Die ersten Glocken seit vielen Jahren! Wir jubelten auf bei diesen reinen Klängen, die unsere Herzen so froh erregten. Lange stand unser Transport am Bahnhof. Kein Mensch war zu sehen, nur die erste deutsche Frau, der wir begegnet sind. Unaufhaltsam brachte sie uns trotz des strömenden Regens heißen Kaffee. – Liegt nicht eine tiefe Symbolik in unserer Heimkehr? Der Sturm, die läutenden, uns grüßenden Glocken und das liebevolle Vorbild dieser Frau!

In der Hornkaserne werden wir untersucht, registriert usw. und erhalten um 2 Uhr anderentags, also am 22. Mai, unseren Entlassungsschein. Mit Musik geht es zum letztenmal aus dem Tor hinaus. Deutsche Rotkreuzschwestern übernehmen uns und führen uns ins deutsche Heimkehrerlager Gronenfelde. Nach Erledigung aller Formalitäten sprechen begeisterte deutsche Kommunisten in ganz geschickter Weise zu uns.

Abends bekommen wir noch ungeteilte Marschverpflegung. Und nun wiederholt sich noch einmal dieses furchtbare, unwürdige Schauspiel von Mißtrauen, Betrügereien usw. beim Teilen der Verpflegung bis zum anderen Morgen um 3 Uhr. Es geht schlimmer zu als bei den wilden Tieren!

Am 23. Mai werden wir, die in die amerikanische Zone fahren, morgens um 6 Uhr verladen und fahren mittags ab. Es geht über Cottbus und Dresden in das Umsiedlerlager Ölsnitz bei Plauen im Vogtland.

ÖLSNITZ, DEN 25. MAI 1948

Wir sind hier auf einer hohen, festen Burg. Groß ist das Leid der Umsiedler, die in die amerikanische Zone wollen. Ausgezehrte Frauen, hohlwangige Kinder, alte Greise, uralte Mütterchen, die ihre notdürftigsten Habseligkeiten zusammengepackt haben, sind aus ihrer Heimat vertrieben worden und hoffen bangen Herzens, irgendwo aufgenommen zu werden. Das Herz könnte einem brechen bei diesem Bild!

HOF IN BAYERN, DEN 26. MAI 1948

Heute früh fuhren wir ab von Ölsnitz. Die Bevölkerung in der Ostzone ist sehr bedrückt. Die Knute Rußlands liegt zu schwer auf ihr. Wo ist die Freiheit, von der die Russen predigen? Ich habe mit einigen Zivilisten gesprochen. Viele deutsche Männer sind einfach in unbekannter Richtung (Sibirien) aus unbekanntem Grund abtransportiert worden. Der Russe hat auch in der Ostzone das Normsystem eingeführt. Die Bevölkerung hungert! Sehnsüchtig winken uns die Zivilisten und rufen uns zu: »Nehmt uns mit!«

Gegen Abend kommen wir in Hof an. Es gibt im amerikanischen Lager eine sehr gute Verpflegung.

ULM, LAGER KIENLESBERG, DEN 27. MAI 1948

Heute ist Fronleichnam. Um 6 Uhr fahren wir in einem deutschen D-Zug (wir kommen uns vor wie die Fürsten) über Nürnberg und Crailsheim nach Ulm. In Aalen haben wir drei Stunden Aufenthalt und werden in die Bahnhofswirtschaft geführt. Unvergeßlich bleibt mir der herzliche Empfang meiner lieben Landsleute. Dichtgedrängt stehen sie an der Sperre, begrüßen uns aufs Herzlichste und nehmen innigen Anteil an unserem Schicksal. Wir bekommen Sachen, worüber wir nur staunen können: süßen Kaffee, Bier, jeder ein Ei, Butter und einen Viertellaib Brot. Auch die Zivilisten stecken uns noch Sachen zu: So drückte mir eine Frau eine ganze Handvoll Bonbons zu. Wir fahren weiter. Auf allen Bahnhöfen stehen die Leute und winken uns zu. Abends kommen wir in Ulm an und werden auch dort herzlich empfangen.

FREITAG, DEN 28. MAI 1948

Vormittags Erledigung der Formalitäten! Kurz vor Mittag ruft mich Kurt an, der Bräutigam meiner Schwester. Um 17 Uhr kommt er mit meiner Mutter und meinem Bruder zu mir, um mich mit dem Auto abzuholen. O dieses unbeschreibliche Gefühl, als ich in den Armen meiner lieben, guten Mutter lag!

Wie eben die Mütter sind, so packte sie sogleich aus: Hutzelbrot, Gebäck und Äpfel, und verteilte viel unter meinen Kameraden, die sich herzlich darüber freuten.

Gegen Abend fahren wir über Dornstadt und Bollingen heim und kommen dort um halb neun Uhr an. Es kommt mir alles vor wie im Traum, das prächtig mit Blumen geschmückte Heim, meine Lieben ...

Herzlich willkommen

Magnifica anima mes Dominum ...

Ich sehe sie alle wieder, meinen lieben, guten, altgewordenen Vater, meine Schwester Wally, unser Christele, meine Schwester Amalie und meinen Bruder Alban. Da kennt meine Freude und mein Dank an Gott keine Grenzen mehr! In einem Strom von Freudentränen verschaffen sie sich Platz.

Nun ist der Psalm 126, *unser* Psalm, den wir Kriegsgefangene so oft gebetet haben, Wirklichkeit geworden:

»Als der Herr Sions Heimkehrer Heimkehr gab,
waren wir wie die Träumer geworden;
da war unser Mund voller Lachen
und unsere Zunge jauchzend.
Da sagten sie unter den Heiden:
Der Herr hat Großes an ihnen getan!
Ja, Großes hatte der Herr an uns getan,
des waren wir fröhlich.
O Herr, gib uns Wiederkehr
so wie den Bächen im Mittagsland!
Die da jetzt mit Tränen säen,
mit Jauchzen mögen sie ernten!«

Mein erster Gang am andern Tag führt mich in meine Heimatkirche. In vollem Schmuck des Fronleichnamstages begrüßt sie mich. Groß ist die Freude des Wiedersehens meines Herrn Stadtpfarrers, den ich wie einen älteren Bruder in Gefangenschaft an meiner Seite spürte. Und nun lege ich vor dem Herrgott Rechenschaft ab über die schwerste Zeit meines Lebens. ER läßt mich das Leben durch das heilige Bußsakrament wie einen Neugeborenen wieder beginnen. Und nachher, in der heiligen Kommunion, da spürte ich, wie er den Funken, den ER in der Finsternis in meine Seele gelegt hat, aufflammen läßt zu einem hellen und klaren Licht!

Im Laufe des Tages sehe ich meinen lieben Kameraden Paul B., der vor vier Wochen ebenfalls aus Rußland heimgekehrt ist, seine Eltern und meinen Kameraden Hanspaul E. wieder. Mit heiterem, froh beschwingtem Gang begrüße ich die altbekannten Häuser, Straßen und Gäßchen der Stadt, die unversehrt den Krieg überstanden hat. Vielen bekannten Menschen begegne ich, die ich freudig begrüßen darf. So manches Gesicht ist in den dreieinhalb Jahren seit meinem letzten Urlaub älter geworden. Besonders verändert haben sich die Jugendlichen, die durchweg einen Kopf größer geworden sind.

Am Sonntag, den 6. Juni 1948, feiern wir mein Heimkehrerfest. Heiter und ungezwungen ist sein Verlauf. Wir essen und trinken, erzählen, spielen, tanzen und singen! Es ist eine wahre Lust, Menschen zu sehen, die einmal wieder so richtig von Herzen lachen können. Hocherfreut bin ich darüber, daß mein Vater seit vielen Jahren wieder zum erstenmal die Mauern der Sorgen durchbricht und wie ein Junge lacht und singt. Mein Vater lebt seit den wenigen Tagen, die ich hier bin, von Stunde zu Stunde mehr auf!

Und nun will ich alle Gäste aufzählen, die mich bei meinem Fest durch ihren Besuch beehrt haben:

Mein Stadtpfarrer Nagel, unser Kaplan Windisch, mein Kamerad Paul und seine Eltern, meine Kameraden Hanspaul und Hermann, Herr Oberlehrer F., Herr B., ein Heimatvertriebener, der uns mit seinem Violinspiel erfreute, Herr Direktor B. mit seiner Frau und seinen beiden Kindern.

Unvergeßlich wird dieser heitere Tag in meinem Gedächtnis bleiben!

Die ersten drei Wochen stehe ich ganz unter dem Eindruck der Heimkehr! Dann aber, als der Alltag wieder beginnt, bricht plötzlich alles in mir zusammen. Die Spuren der Gefangenschaft sind noch lange nicht verweht! Ich ringe zur Zeit darum, Abstand zu bekommen, um über den Erlebnissen zu stehen. Aber leider will es mir nicht gelingen; ja, es ist mir manchmal, als würde ein Kranz von Stacheldraht mein Herz umfassen. Immer wieder steht mir das Bild meiner zurückgebliebenen Kameraden und die große soziale und seelische Not unseres Volkes vor Augen. Und das ist es, was meine Seele aufwühlt, was mich bis zum Grunde erschüttert und mich nicht zur Ruhe kommen läßt.

GEISLINGEN, DEN 8. SEPTEMBER 1948

Nach langer Zeit will ich einmal wieder zur Feder greifen, um das niederzuschreiben, was mich bewegt. Mein körperlicher Zustand hat sich mit der Zeit gebessert. Das Wasser ist zum größten Teil weg, das Rheuma in den Schultern ist auch besser, nur in den Knien habe ich oft noch erhebliche Schmerzen. Furchtbare seelische Kämpfe habe ich hinter mir. Des öfteren wiederholen sich Nervenzusammenbrüche. Nie hätte ich geahnt, daß es in unserem menschlichen Leben solche Tiefen geben würde. Zwei Mächte in meiner Seele rangen auf Leben und Tod. Mein Inneres wurde durcheinandergerüttelt und so erschüttert, daß ich glaubte, man hätte mir die Seele zerrissen. Ich mußte den Stachel des Schmerzes bis zum Grunde spüren und auskosten. Das Erleiden des Schmerzes war so heftig, daß ich anscheinend keinen Trost mehr fand. Schon glaubte ich, auf dieser Erde nie mehr froh werden zu können, sondern vielleicht erst in der anderen Welt. Da nahm ich meine ganze Kraft zusammen und flehte IHN, den Allmächtigen, an, ER möge mir in meiner Trostlosigkeit die Kraft seiner Gnade schicken. Langsam löste sich nun die Spannung in meinem Innern, die leidenschaftliche Sehnsucht nach allem Göttlichen wird gemildert und die öde Leere, die mich manchmal überfällt, wird erfüllt von Seiner Liebe. Es wird wieder licht in meinem Herzen! Ich kann mich wieder freuen über all das, was ER uns geschenkt hat. Es ist eine andere Freude, eine Freude, der eine tiefe Sehnsucht innewohnt! Es kommt mir manchmal vor, als ob mich manche, selbst meine Nächsten, nicht mehr verstehen können.

Vor einiger Zeit machten wir eine Autofahrt ins Allgäu, meine Schwester Wally, ihr Bräutigam Kurt, mein Freund Helmut, der zur Zeit Semesterferien hat (er wird Franziskanerpater), und ich. Am Abend fuhren wir los über Ulm, Illertissen, Kempten, Immenstadt und Sonthofen nach Bad Oberdorf bei Hindelang. Helmut und ich hatten in einem alten Bauernhaus unser Quartier. Es war dort eine herrliche Landluft, dieser Heugeruch, Apfelduft und die vielen starken und kräftigen Gerüche in dem alten Haus! Der Anblick am anderen Morgen war entzückend! Wir lagen mittendrin in Gottes herrlicher Bergwelt! Die Sonne meinte es gut mit uns und spendete uns die ganze Fülle ihres Lichts. Helmut und ich besuchten in dem Dorfkirchlein, das ganz neu erbaut wurde und mit vielen alten, kunsthistorisch sehr wertvollen Gegenständen ausgeschmückt ist, die heilige Messe. Danach fuhren wir nach Füssen, an dem schöngelegenen Weißensee vorbei. Nach einer Kahnfahrt auf dem Alpsee besuchten wir erst Hohenschwangau, dann Neuschwanstein. Unvergeßlich bleiben mir diese Schlösser in Erinnerung. Es war wie in einem Märchenland! Ludwig II., der damalige König von Bayern, der das neue Schloß erbauen ließ, wohnte kaum ein halbes Jahr darin, als er im Starnberger See ertrank. Von all seiner Pracht und seinem Prunk hat er nicht das Geringste mit hinüber nehmen können! Der Rückweg führte uns über Oberjoch.

Tags darauf, es war ein Sonntag, fuhren wir nach der heiligen Messe nach Lindau am Bodensee. Auf dem Dampfer »Augsburg« machten wir eine Rundfahrt in die Bregenzer Bucht, am Schweizer Ufer entlang bis in die Rorschacher Bucht und fuhren von dort aus wieder quer über den See nach Lindau zurück. Frohe Menschen winkten uns überall von ihren Booten und vom Ufer aus zu.

Am Montagmorgen: Herrlich war der Anblick der Berge, an denen weißer Nebel aufstieg! Nachmittags bestiegen wir gemeinsam durch den Wildbachtobel den Iseler. Ich mußte mich sehr zusammennehmen, um mitzukommen; es ist nicht leicht, dieses Himmelstürmen! Der Schweiß rann mir in Bächen herunter, der ganze Körper dampfte wie ein siedender Kessel. Aber welche Wonne, dem Herrgott so nah sein zu dürfen! Ganz tief empfand ich es dort oben, wie nah er uns ist. Ich staunte aber auch beim Anblick der gewaltigen Bergriesen ringsherum über seine Macht und Stärke, die ER uns hier offenbarte. Und dieser Allmächtige ist unser Vater!

Schon am Dienstag fuhren wir wieder heim. Die Fahrt ging über Füssen, Oberammergau, Kloster Ettal, München und Augsburg. Bei Oberammergau machten wir einen Abstecher zur Wieskirche. Dieser Wunderbau läßt sich nicht in Worten beschreiben. Es ist eine weltbekannte Rokokokirche. Alles ist Freude und Jubel und Lob des Allerhöchsten. Man glaubt, ein Stück Himmel auf Erden zu haben! Und wollten diese Menschen nach der damaligen Schreckenszeit des 30-jährigen Krieges, nach all dem furchtbaren Leid, nicht den Himmel auf die Erde herunterholen, um nicht länger Krieg, sondern Frieden zu haben und IHM mit immerwährenden Jubelgesängen zu dienen? Und stehen wir heute nicht in einer ähnlichen Zeit?

GEISLINGEN, DEN 28. SEPTEMBER 1948

Seit ein paar Wochen habe ich in unserer Gemeinde wieder die Leitung der Jugendgruppe übernommen. Ich bin voller Zuversicht, daß der Herr sie in Seinen Bann ziehen wird. Die Jungen sind nicht schlecht! Es fehlt ihnen nur der letzte Schwung. Natürlich ist die Arbeit nicht leicht und erfordert viel Geduld, aber es ist für mich eine Freude, diese Aufgabe in die Hand bekommen zu haben. Am vergangenen Sonntag hielten wir eine Michaelsgebetsstunde ab, zu der sie zahlreich erschienen sind!

Meine Schwester Amalie ist unter der weiblichen Jugend sehr aktiv. Ich muß staunen, mit welch großer Begeisterung und mit welcher Aufopferung sie ihre Aufgabe erfüllt.

GEISLINGEN, DEN 12. OKTOBER 1948

Am Samstag und Sonntag machte ich mit meiner Mutter eine Autofahrt nach Mannheim. Es waren zwei schöne Herbsttage. Die Fahrt ging über Stuttgart, das alte romanische Kloster Maulbronn und Bruchsal. Am Sonntagmorgen gings zu einem »Viertele« in die Pfalz. Es waren unvergeßliche Eindrücke, die ich in Mannheim und Ludwigshafen bekam. Trümmer, Schutt und nochmals Trümmer, das Nationaltheater, vor dessen Platz die Schillerstatue, die selbst an vielen Stellen von Bombensplittern getroffen ist, ernst auf die Trümmer herabschaut, der Gottesdienst in der Jesuitenkirche, zu deren Kuppeln der offene Himmel hereinschaut; dürftig gekleidete Menschen, die in dunklen Kellern hausen müssen (es sind noch Tausende!), schreiende Plakate von nervenaufpeitschenden Sensationsfilmen; Jazzmusik; sauber uniformierte Neger in eleganten amerikanischen Autos, durch das Elend schlaksende Neger, Mädchen unterm Arm und die daraus entstandenen Mischlingskinder nebenher tippelnd: Es sind die krassesten Gegensätze! Licht und Dunkel! Der Heimweg führte uns über Weinheim an der Bergstraße, Heidelberg und das Neckartal abwärts an den schönen, zahlreichen Burgen und Ruinen vorbei!

GEISLINGEN, DEN 3. NOVEMBER 1948

Allerseelenmonat – Sie schauen auf uns, die Millionen, die die Schuld gesühnt haben. Es ist nicht leicht, als Christ zu leben. Die Erlösung durch Christus legt uns eine große Verpflichtung auf. Nicht große Worte und schöne Gebete sind ausschlaggebend für das Fortschreiten in der Vollkommenheit, sondern das stille, liebende Tun im täglichen Leben.

Auch ich wurde schon einmal für tot geglaubt, als meine Angehörigen gegen Kriegsende die amtliche Nachricht bekamen, ich sei gefallen. Sie trugen schon Trauerkleider, bis dann nach etwa einem halben Jahr ein Lebenszeichen aus der Gefangenschaft von mir kam. Vielleicht werde ich gerade deshalb einmal alt.

Ich will ein Leben aufbauen, das unabhängig ist von allen äußeren Dingen. Damit meine ich nicht nur das Familienleben, Wohnung, Kleidung, Essen, die täglichen Gebrauchsgegenstände, Bücher, Musik, Lieblingsbeschäftigungen usw., sondern auch alles, was uns hilft,

Gott näherzukommen, also das christliche Gemeinschaftsleben, die ganzen Feierlichkeiten, der Gottesdienst, die heiligen Sakramente, das Gebetbuch, das Weihwasser usw. Ich würde natürlich, wenn es meine Lebensverhältnisse gestatten, dies alles möglichst oft gebrauchen. Ich will mich aber nicht an diese Dinge klammern, weil sie nicht am wichtigsten sind. Es kommt vielleicht wieder einmal die Zeit, in der ich das alles nicht mehr habe, und dann heißt es: sich bewähren! Deshalb will ich mich innerlich unabhängig machen von allem Äußerlichen, um vor diesem Wohl an Äußerem das Wichtigste nicht zu übersehen. Ich will ein Leben verwirklichen, das dauernd auf dem Sprung ist, so daß ich immer der Lebenssituation gewachsen bin. Es fehlt bei mir noch viel zu dieser Lebensführung. Ich glaube aber, daß es für den, der das fertigbringt, keine Schicksalsschläge mehr geben kann, weil er sich ja schon von vornherein auf das Schlimmste eingestellt hat. Hinter allem und in allem sieht er aber das liebende Antlitz Gottes.

Alles Wissen, Sinn, Reichtum und Wohlstand nützen nichts, wenn wir das Hauptgebot Christi nicht erfüllen. Wie engherzig wir sind, daß wir es nicht sehen wollen, wie oft uns Christus täglich begegnet! Und wir gehen vorüber und sprechen vielleicht schon im nächsten Augenblick ein schönes Gebet. Aber schlagen wir in Wirklichkeit nicht Gott im selben Moment mit der Faust ins Gesicht? Ruhig, sachlich und großzügig muß unser Benehmen in der Welt sein; mit einem Wort gesagt: liebend!

Meine Aufgabe in der Welt ist es, in dem Stand meine Pflicht zu erfüllen, der meinen geistigen und charakterlichen Anlagen entspricht. Man soll über sein Lebensniveau nicht hinausgehen, soll sich aber auch nicht zuwenig zumuten.

Seit Monaten versuche ich, mit den Erlebnissen der Vergangenheit fertigzuwerden und aus diesem Vergangenen einen neuen Weg in die Zukunft zu finden. Ich kann keinen Tag aus meinem Leben streichen: Was einmal war, hat auch für die Zukunft Bedeutung!

GEISLINGEN, DEN 21. DEZEMBER 1948

Advent! Wann endlich kommt Ruhe über mein unruhiges Herz? Einmal ist eine leidenschaftliche Sehnsucht in mir, so daß ich oft glaube, der Bogen könne sich einmal überspannen. Meine Seele schreit auf zu IHM vor lauter Freude und Schmerz. Doch dann kommen wieder Tage, in denen mir alles leer und schal ist, wo ich glaube, meine Seele sei tot, so gefühllos ist mein Gebet. Komm, mein Herr, reiß auf mein armseliges Inneres und erfülle es mit der Ruhe deines Lichts!

Weihnachten 1948

Nach acht Jahren das erste Weihnachten wieder in der Heimat! Wer kann diese Freude beschreiben? Wie grenzenlos ist aber dabei mein Schmerz über die, bei denen ich noch vor kurzer Zeit war. Innerlich kann ich nicht teilhaben an all dem Äußeren des Weihnachtsfestes. Es widert mich alles an, wenn ich an die Ärmsten der Armen denke, zu denen ich gehören will, mein Leben lang! Denn er, unser Herr und Schöpfer, hat die bitterste Armut auf sich genommen, schon damals in der Krippe zu Bethlehem. Und unsere Zeit? Man sucht »Weihnachtsstimmung«! Wo aber sind der Friede und die Voraussetzung dafür, der gute Wille? Und wer öffnet sein Herz für die Wiedergeburt des Kindes in uns? Wer fragt heute noch nach SEINER Wiederkunft? Daher beten und hoffen, daß Weihnachten wieder wesenhaft wird!

Geislingen, den 29. Dezember 1948

Nun will ich kurz den äußeren Verlauf der Festtage aufnotieren. Am Nikolausabend hielten wir eine gemeinsame Nikolausfeier der gesamten Altenstädter Jugend ab. Seit Ende Oktober bis kurz vor Weihnachten bastelten sämtliche Jungen- und Mädchengruppen für arme Kinder unserer Gemeinde, vor allem für die Heimatvertriebenen. Am vierten Adventssonntag stellten wir die Sachen öffentlich aus und einige Tage vor Weihnachten nahmen die Mädchen die Bescherung vor.

In stiller Freude durfte ich den Heiligen Abend im Kreise meiner Lieben erleben. Meinem Christelchen bastelte ich das »Schlößchen der sieben Zwerge«.

Um 24 Uhr war in unserer festlich geschmückten Heimatkirche die Christmette. Danach hielt ich mit meinen Jungen auf dem Michelsberg eine kurze, eindrucksvolle Weihnachtsfeier. Die heilige Nacht war sehr sturmreich, so daß die Kerzen an unserem Baum nicht brannten. Dafür trug einer in unserer Mitte eine Fackel.

Am Johannestag hielt ich mit sämtlichen Jungen unsere Weihnachtsfeier ab.

Die Arbeit für die Vorbereitung der Feste und Feiern hat mich sehr viel Nervenkraft gekostet. Dafür ist aber die Freude, anderen Frohsinn und Kraft schenken zu dürfen, umso schöner!

Geislingen, den 2. Januar 1949

Das Jahr meiner Heimkehr ist vorbei. Noch kann ich es nicht verstehen, daß gerade ich die Gnade der Heimkehr hatte, während noch Hunderttausende hinter Stacheldraht schmachten müssen. Dies erfüllt mich immer mit einem tiefen Schmerz. Von Herzen bin ich IHM dankbar für SEINE Schickungen.

Voller Hoffnung begann ich das neue Jahr. Als wichtigste persönliche Aufgabe habe ich mir gestellt, in der Liebe zu IHM fortzuschreiten. Ich will IHN auch bitten, ER möge mir Klarheit über den Beruf schenken, in dem er mich haben will. So wird das neubegonnene Jahr wahrscheinlich entscheidend über die Zukunft meines Lebens sein.

Die Jahreswende erlebte ich ganz allein, an einem ruhigen Waldplätzchen an der Schildwacht, von wo aus ich eine schöne Aussicht auf die friedlich daliegende Stadt hatte. Von allen Dörfern ringsumher erklangen die Glocken. Mein Blick war oben bei den Sternen, bei dem, der allein die Macht besitzt, unsere dunkle und trostlose Welt zu erlösen.

BAD MERGENTHEIM, DEN 30. JANUAR 1949

Seit dem 19. des Monats bin ich hier im Caritaskrankenhaus zu einer vierwöchigen Erholungskur. Ich hoffe, danach vollends restlos gesund zu sein. Wir werden hier von katholischen Ordensschwestern (Deutschorden) liebevoll betreut. Es sind sehr viele Tbc-Kranke hier, auch Kinder.

Das Wetter ist seit vielen Tagen wie im Frühling. So haben ich und meine Kameraden, ebenfalls Rußlandheimkehrer, täglich Gelegenheit, in der schönen Umgebung Bad Mergentheims herumzuwandern. Das Städtchen selbst hat den Krieg unversehrt überstanden. Wenn man durch die Gassen und Straßen geht, kommt es einem vor wie in einem mittelalterlichen Traum. Die beiden gotischen Kirchen, das Kapuzinerkloster, das Deutschmeisterschloß mit der Schloßkirche im Renaissancestil, der prächtige Marktplatz mit dem stilvollen Rathaus, den gotischen Brunnen und den eindrucksvollen Fachwerkbauten, die alten Gaststätten und Kaufhäuser mit den malerischen Schildern, viele schöne Plätze und Winkel. Sie alle zeugen von dem hohen Kunstsinn unserer Vorfahren. Erfreulich ist auch, daß man den lauten Umtrieb des Weltgeschreis noch nicht so sehr spürt wie anderswo.

Vor einigen Tagen wanderten wir auf die Burgruine Neuhaus, die teilweise noch sehr gut erhalten und auch noch bewohnt ist. Wir stiegen auf den Turm, der wohl der Burg als Wachturm gedient hat, denn von seiner Höhe aus sieht man in alle Täler der Gegend. Gestern wanderten wir in das Dörfchen Stuppach, das sechs Kilometer weit von hier entfernt liegt. Der Anblick der Madonna von Matthias Grünewald (1516) hat mich zutiefst beeindruckt. Jede Phantasie erblaßt vor der lebendigen Wirklichkeit dieses Bildes. Alles ist Leben an diesem Kunstwerk! Es strahlt eine solche Lieblichkeit aus, daß es jeden mit einem unnennbaren Gefühl im Herzen in seinen Bann zieht.

BAD MERGENTHEIM, DEN 9. FEBRUAR 1949

Am vergangenen Sonntag fuhren wir mit dem Zug durch das schöne Taubertal nach Creglingen. In einem einsamen Wiesental steht einen Kilometer von dem Städtchen entfernt die Herrgottskirche, die im 14. Jahrhundert als Wallfahrtskirche erbaut wurde. Das schöne gotische Kirchlein birgt Tilmann Riemenschneiders schönstes Werk, den Muttergottesaltar. Wie brachte es dieser Meister fertig, das Innerste der Heiligen in Gestalt, Ausdruck und Bewegung darzustellen! Es ist so schön, man könnte meinen, die Figuren würden leben. Sind wir Gott dankbar, daß er diesen Künstler hat so etwas schaffen lassen! Welch zarte Anmut spiegelt das Gesicht der Muttergottes wieder, die vor den Augen der Apostel in den Himmel auffährt! Wie engelrein strahlt das Gesicht des heiligen Johannes, das uns die ewige Anbetung der Heiligen des Himmels erahnen läßt! Welch tiefe Sehnsucht drücken Gesicht und Hände des heiligen Phillipus aus, der es nicht so leicht hat, der in einem immerwährenden Ringen zwischen den beiden Wächtern in seiner Seele steht, dem nichts erspart blieb auf dem mühsamen Weg durchs Leben.

Creglingen besitzt noch viele alte Fachwerkhäuser, Teile der Stadtmauer, Türme und eine schöne gotische Kirche.

Auf der Rückfahrt hatten wir in Weikersheim Aufenthalt. Es ist ein großartiges, residenzähnliches Städtchen, das sich den Charakter des Spätmittelalters noch durchaus bewahrt hat. Der Marktplatz mit der aufragenden gotischen Kirche, dem zierlichen Rokokobrunnen und den alten Bürgerhäusern ist ein seltenes Kleinod aus einer vergangenen Zeit. Die schönste Perle Weikersheims ist aber das Schloß der Fürsten von Hohenlohe im Renaissance- und Barockstil, das in einer einzigartigen Pracht dasteht.

BAD MERGENTHEIM, DEN 15. FEBRUAR 1949

Die Not unseres deutschen Volkes ist groß. Ich liege hier mit Menschen auf einem Zimmer, die aus ihrer Heimat vertrieben worden sind. Einer wohnt seit seiner Heimkehr bei seiner Mutter in Esslingen. Er kann sich zu Hause nie richtig sattessen, weil nicht einmal genügend Kartoffeln da sind. Seine Frau wohnt in der Ostzone. Ein anderer muß mit seiner Mutter und seiner Schwester in einem einzigen kleinen Zimmer wohnen, kochen und schlafen. Er selbst hat noch kein Bett, sondern muß auf dem Boden schlafen. Überall, wo man hinblickt, starrt einem das Elend entgegen! Wer trägt da die Schuld, wenn solche Menschen nicht mehr die Kraft aufbringen, sich an Gott aufzurichten? Wie würden wir, die noch alles besitzen, in einer solchen Lage zu IHM stehen?

Die schöne Erholungszeit hier in Bad Mergentheim ist nun zu Ende. Das Städtchen und seine Umgebung sind mir fest ans Herz gewachsen. Die vier Wochen hier im ruhigen Taubertal kamen mir vor wie ein herrlicher, unvergeßlicher Frühlingstraum.

Hinweis – statt eines Nachwortes

Da mein Mann starb, bevor er die Abschrift der Tagebücher zu Ende bringen konnte, existiert leider kein Nachwort. Aber ich bin mir sicher: Er hätte bestimmt ein solches geschrieben mit einem mahnenden Aufruf zum Frieden und zum Verzicht auf jegliche Gewalt. Mögen seine Tagebuchaufzeichnungen zur Erhaltung von Frieden und Freiheit beitragen.

Irmgard Egle

Das weitere Leben von Johannes Egle

Nach seiner Rekonvaleszenz wurde mein Vater dringend im elterlichen Lebensmittelgeschäft gebraucht. Er spürte, dass dies nun sein Platz im Leben sein sollte und übernahm die Geschäftsleitung.

Meine Eltern heirateten im Jahr 1952. Für meine beiden Schwestern und mich war er stets ein liebevoller und fürsorglicher Familienvater.

Sein Wunsch aus der Jugendzeit, einen pastoralen Beruf auszuüben, wurde doch noch Wirklichkeit: Er gehörte zum ersten Diakonatsweihekreis in Ulm und wurde 1968 zum Ständigen Diakon (im Nebenamt) geweiht. Trotz des enormen Arbeitspensums als Unternehmer (das Geschäft wurde etliche Male umgebaut, erneuert, vergrößert – die Gene meiner Großmutter!), stellte er seine Kraft und Kreativität voll in den Dienst seiner Heimatgemeinde St. Maria in Geislingen/Altenstadt.

Nach einer schweren Krebsoperation war er acht Jahre auf den Rollstuhl angewiesen. Aber auch in dieser schwierigen Lebensphase gab er nicht auf. Voller Schaffenskraft engagierte er sich weiterhin in vielfältiger Weise in der Pfarrei. Mein Vater verstarb im Oktober 2006 im Alter von 83 Jahren.

Circa ein Jahr vor seinem Tod entdeckte mein Sohn die Tagebücher meines Vaters, die in Sütterlinschrift verfasst worden waren. »Opa, du musst sie unbedingt für uns lesbar machen!« Und so begann er, auf Wunsch seines Enkelkindes, seine Tagebuchaufzeichnungen mit der Schreibmaschine abzuschreiben.

Ich bin drei Menschen dankbar dafür, dass dieses Buch erscheinen kann: zuerst meinem Vater. Es war für ihn nicht einfach, sich diesen schrecklichen Erlebnissen der schlimmsten Zeit seines Lebens nochmals zu stellen und sie zu durchleiden. Als nächstem danke ich meinem Sohn. Ohne sein Drängen wäre es wahrscheinlich zu keiner Abschrift der Tagebücher gekommen. Und drittens danke ich meiner Mutter, die sich der schwierigen Aufgabe gewidmet hat, unmittelbar nach dem Tod meines Vaters die Abschrift der Tagebücher zu Ende zu bringen.

Ich denke, es ist im Sinne meines Vaters, dass wir seine Aufzeichnungen veröffentlichen. Für ihn war der Glaube an eine friedvolle, gerechte und humane Welt, die auf christlichen Werten basiert, immer das größte Anliegen. So kann dieses Zeitzeugnis auch uns im 21. Jahrhundert zeigen, dass selbst in größter Not und tiefstem Dunkel »Sinnerfahrung« möglich ist, und dass es Kräfte gibt, die uns über Abgründe tragen können.

Bärbel Fischer